河南省社科规划项目"运用新兴文化业态传承创新华夏历史文明对策研究"（2014GXW016）、郑州大学基础与新兴学科方向"新媒体与公共传播"研究项目

新兴文化业态与
华夏文明传承研究

汪振军　著

中国社会科学出版社

图书在版编目（CIP）数据

新兴文化业态与华夏文明传承研究／汪振军著 . —北京：中国社会科学
出版社，2017.2
ISBN 978 - 7 - 5161 - 9783 - 7

Ⅰ.①新…　Ⅱ.①汪…　Ⅲ.①地方文化—文化事业—发展—研究—河南
Ⅳ.①G127.61

中国版本图书馆 CIP 数据核字（2017）第 018744 号

出　版　人	赵剑英
选题策划	刘　艳
责任编辑	刘　艳
责任校对	陈　晨
责任印制	戴　宽

出　　　版	中国社会科学出版社
社　　　址	北京鼓楼西大街甲 158 号
邮　　　编	100720
网　　　址	http://www.csspw.cn
发　行　部	010 - 84083685
门　市　部	010 - 84029450
经　　　销	新华书店及其他书店

印　　　刷	北京明恒达印务有限公司
装　　　订	廊坊市广阳区广增装订厂
版　　　次	2017 年 2 月第 1 版
印　　　次	2017 年 2 月第 1 次印刷

开　　　本	710×1000　1/16
印　　　张	17
插　　　页	2
字　　　数	263 千字
定　　　价	62.00 元

凡购买中国社会科学出版社图书，如有质量问题请与本社营销中心联系调换
电话:010 - 84083683

目　　录

第一章 序论

2011 年 9 月国务院颁布《关于支持河南省加快建设中原经济区的指导意见》，将"华夏历史文明传承创新区"作为建设中原经济区的五大战略定位之一。《意见》指出："传承弘扬中原文化，充分保护和科学利用全球华人根亲文化资源；培育具有中原风貌、中国特色、时代特征和国际影响力的文化品牌，提升文化软实力，增强中华民族凝聚力，打造文化创新发展区。"因此，本书的研究定位是：如何利用新兴文化业态传承华夏历史文明。着力探讨在当今时代，传统文化如何实现创造性传承和创新性发展。

一 国内外研究现状

新兴文化业态既是一种文化形态，也是一种经济形态，在某种意义上更是文化与经济的综合体。新兴文化业态的发展离不开创意，而创意在西方已经转变成一种经济形式。西方创意经济的先驱，著名德国经济史及经济思想家熊彼得（Joseph Alois Schumpeter）早在 1912 年就明确指出，现代经济发展的根本动力不是资本和劳动力，而是创意。1986 年，著名经济学家罗默（P. Romer）撰文指出，新创意会衍生出无穷的新产品、新市场和财富创造的新机会，新创意是推动一国经济增长的原动力。另一位经济学家霍金斯（Howkins）在《创意经济》（*The Creative Economy*）一书中提出了"创意经济"的概念，他认为专利、版权、商标和设计这四种工

1

业组成了创造性产业和创造性经济。另外，David R. Koepsell（2003）、Scott Lash 与 Celia Lury（2007）、Campbell Peter（2011）从不同角度利用传播学知识、文化研究成果与政治经济的理念，分别探讨了新兴文化业态对社会文化、国家规制、商业经济等领域产生的深刻影响。

与本书较为密切的理论研究主要集中于国内学者近年的学术文献，内容包括：清华大学教授熊澄宇认为新兴文化业态是文化内容、科技和资本的产物，关键是内容，内容的价值在于其原创性、差异性以及不可替代性。著名创意经济学家厉无畏提出了创意产业跨界融合与创意点石成金的观点。河南本土学者的研究有：河南省社科院课题组（2011）、河南省社科联课题组（2013）分别从不同角度阐述了华夏历史文明传承创新区建设的主要任务与路径选择；李庚香、张新斌、卫绍生、王保国等专家学者的文章分别探讨了推进华夏历史文明传承创新区建设的思路建议。

综合国内外研究，不难发现：与本书较为密切的研究成果主要是从宏观的视角，围绕华夏历史文明传承创新区如何建设这一主题展开，研究内容侧重建设路径。从与选题的相关性而言，目前学术界对运用新兴文化业态传承创新华夏历史文明尚未给予充分关注，特别是运用新兴文化业态传承创新华夏历史文明的战略与对策有待进一步全面、深入和系统地研究。

二　什么是新兴文化业态

1. 内涵：新兴文化业态是与传统文化业态相对的概念，是指现代科学技术发展为了满足消费者和市场发展需要而产生的新的产业形态，是新的文化内容、新的表现或展现形式、新的销售和盈利模式以及新的生产者和消费者的参与和互动模式的组合。主要表现为文化创意、影视、动漫、游戏、网络新媒体、山水实景演出、主题公园、现代设计等。

2. 特征：与传统文化业态相比，新兴文化业态传播速度快，信息量大，传播范围广，视听性、互动性与体验性强，具有新经济特征与产业组织特征。新经济特征，即以知识、技术、信息、智力、媒介和符号为主要运营资本，体现为非物质化的文化消费新业态及新技术与文化资源组合形成的新兴产业集群；产业组织特征，即新兴文化业态具备数字经济、规模经济、范围经济、网络经济等产业组织特征。

3. 类型：按照文化与科技结合的不同特点，新兴文化业态大体包括：以工业设计为突破口的创意产业、基于因特网的互动文化业、基于移动通信技术的动漫游戏业、以新媒体为载体的文化服务业、以全球市场为目标的数字内容产业、以高科技推动的传统业态更新与延伸等。依照创意经济学家熊彼得的创新的五种模式，新兴文化业态应包括：引进新产品或提供一种产品的新质量；采用新技术新生产方法；开辟新市场；获得原材料的新来源；实现企业组织的新形式。

4. 意义：新兴文化业态的不断涌现是文化发展的客观规律，也是文化生产和传播领域革命的重要表现。推进新兴文化业态发展，是解放和发展文化生产力、促进产业结构升级的迫切需要，是全面提升文化软实力、提高中华民族文化凝聚力、实现文化强国的重要途径。

三　华夏历史文明的内涵与传承

目前华夏历史文明处在新的传承语境中。我们需要站在现实和历史的高度看待我们的文化积淀；我们需要在东方与西方、本土化与全球化的全球视野中看待华夏文明；我们需要在传统与现代、文明延续与文明转化中重新看待华夏历史文明；我们需要在全国区域文化发展和竞争中看待华夏文化的复兴与繁荣；我们需要在经济文化化、文化经济化、文化经济一体化中看待华夏文明的现实效应；我们需要在文化的产生与发展之中看待文明的传承与创新。

（一）什么是华夏文明

"华夏"一词最早见于《尚书·周书·武成》，"华夏蛮貊（mán mò 古称南方和北方落后部族），罔不率俾（lù bǐ，'俾'同'比'，顺从）"（《左传·定公十年》）。孔子曰："裔不谋夏，夷不乱华。"孔颖达为《春秋左传正义》作疏："中国有礼仪之大，故称夏；有服章之美，谓之华。"梅颐《伪孔传》："冕服采装曰华，大国曰夏。"《尚书正义》："冕服华章曰华，大国曰夏。"《说文》曰："华，荣也。夏，中国之人也，即中原之人。"《辞海》华夏条为："中国古称华夏。"《新唐书舆服志》曰："中华者，中国也。亲被王教，自属中国，衣冠威仪，习俗孝悌，居身礼义，故谓之中国。"可见，华夏族是以服饰华采之美为华；以疆界广阔与文化繁荣、礼仪道德兴盛为夏。从字义上来讲，"华"字有美丽的含义，"夏"字有盛大的意义，"华夏"本义即有文明的含义。华夏文明的主要特征就是道德礼仪，关于这一点，史学家钱穆在《讲学札记》中说："所谓华夏与戎狄，前者以耕稼为生，后者以游牧为生。大家同是中国人，等于一家人中有两兄弟，一为教书，一为经商。并不能视华夏为高尚民族，戎狄为野蛮民族。所分别者，乃华夏民族之生活、文化程度较高，戎狄较低而已。"在这段话里，钱穆清楚地说明了华夏民族自身的特点。

华夏民族拥有自己的活动区域。华夏为古汉族的自称，在先秦典籍中多称为"夏"或"诸夏"，又称为"华"或"诸华"，用以区别四夷（东夷，南蛮，西戎，北狄），现被用作中国和汉族的称呼。章太炎在《中华民国解》一文中指出："华夏"之"华"为"华山"。其实，"华夏"之"华"出自夏人旧居嵩山之古称，这一点在历史学家钱穆那里已有论述。钱穆在《国史大纲》一书中指出："而夏人则起于今河南省中部，正是所谓中原华夏之地。鲧与禹则又别为一族，其居地殆起于河南嵩山山脉中。曰'有崇伯鲧'，崇即嵩也。《山海经》：'南望禅渚，禹父之所化'，禅渚在河南陆浑。禹都阳城，《世本》：阳城在嵩山下。华夏连称者，嵩山山脉亦得华名。《国语》:'前华后河,左洛右济',华在洛东,即今嵩山。又史记魏有华阳,司马彪曰:'华阳,亭名,在密县。'《周礼·职方》豫州'其山镇华'。皆其证。"①禹都阳城,阳城就在嵩山下。夏朝开国君主大禹,禹都阳城。《国语》描述阳城有:"前华后河,左洛右济"之说。华在洛东,华地与有夏之居在一起。《孟子·万章上》载"禹避舜之子于阳城";《古本竹书纪年》载"禹居阳城";《世本·居篇》载"禹都阳城"或"夏禹都阳城,避商均也";《史记·夏本记》则说"禹辞避舜之子商均于阳城"。历史学家唐兰考证,"华,地名,在今河南密县(今属新郑),西为嵩山,为夏族旧居,所以华即夏,中华民族起源于此"。

(二)华夏文明与中原文化

中原是一个地域概念,它以河南为中心,包括山西、安徽、湖北、陕西等交界地区。以河南为主体的中原地区是中华民族的摇篮和血脉之根,是华夏历史文明的重要发祥地和核心地带。河南地处黄河中下游,承东启西,连接南北。处于中国之中,有着非常重要的地理部位。河南历来是政治、经济、文化的中心,盘古开天、女娲补天、伏羲画八卦、黄帝铸鼎、愚公移山等神话传说皆发生于此。夏商周等二十多个朝代在此建都,儒、道、释文化根深蒂固。以河南为代表的中原拥有考古文化、政治文化、名人文化、宗教文化、工艺文化、演艺文化、戏曲文化、庙会文化、红色文化、山水文化、饮食文化、武术文化等文化类型,具备根源性、原创性、包容性、辐射性、延续性等典型特点,中原文化具有很高的历史价值、思想价值、审美价值与产业价值。

(三)华夏历史文明传承创新区建设概况

经过多年的发展,河南的文化事业和文化产业都取得了突出的

---

① 钱穆:《国史大纲》之《中原华夏文化之发祥》,商务印书馆1996年版,第12页。

成绩。文化基础设施建设稳步发展，文化产业总体情况良好，形成了一批有实力的文化企业集团，建设了一批文化改革试验区和文化产业园区，涌现了一批知名文化品牌。但与发达地区相比，目前河南文化产业的总体规模仍然较小，新兴文化业态比例较低，文化创新滞后，文化与科技融合存在广度、深度、高度与跨度上的不足，大量的文化资源未能充分转化为现实生产力，对经济发展的贡献还十分有限。

四 新兴文化业态传承创新华夏历史文明的机理与机制

1. 机理：新兴文化业态与信息技术、传播技术的运用密切相关，它以精神生产开发为主，以创新为核心理念，通过依靠人的智慧、灵感、想象力及创造力，借助高新技术对华夏历史文化资源进行再创造和提升，为产品和服务注入新的文化元素，从而提升华夏历史文化产品和服务的技术含量和文化价值。此外，新兴文化业态丰富和影响了人类物质文明与社会文化的内容与形态，拓宽了人们获取和消费华夏历史文化产品的渠道，并通过网络技术、数字技术、虚拟现实技术等高新技术增强了华夏历史文化产品的可视性、可触性与可感性，同时凭借其强大的产业渗透性与融合功能，进一步提升了华夏历史文化产品的表现力、传播力与影响力，从而推动华夏历史文明的演进。

2. 机制：运用系统科学理论，根据产业组织运行是否受到外界干预的影响，将新兴文化业态传承创新华夏历史文明的机制划分为自组织、他组织两种类型。自组织机制强调市场经济的作用，他组织机制强调政府调控的功能。课题将进一步讨论自组织机制与他组织机制的各自适用条件、影响因素以及二者的关系。

五　运用新兴业态传播文化的意义

理论价值和意义：华夏历史文明凝聚着中华民族自强不息的精神追求和不断创新的精神财富，是发展社会主义先进文化的深厚基础，是建设中华民族共有精神家园的重要支撑。运用新兴文化业态保护、展示、传承、传播、创新华夏历史文明，有利于弘扬中华文明优秀传统文化，增强文化自觉与文化自信。

实践价值和意义：华夏历史文明源自中原，运用新兴文化业态传承创新华夏历史文明，是推动华夏历史文明传承创新区建设、促进中原经济区经济社会协调发展、传承与创新中原文化的重大战略举措，具有重大的现实意义。

六　研究思路

本书拟在界定新兴文化业态与华夏历史文明的基础上，从华夏历史文明传承创新区建设的现状、问题与困境出发，分析探讨新兴文化业态传承创新华夏历史文明的机理与机制，在此基础上提出运用新兴文化业态传承创新华夏历史文明的对策建议。

七　研究方法

1. 理论研究与实证分析相结合。
2. 总体研究与个案研究相结合。
3. 问题研究与对策研究相结合。
4. 学术研究与业界访谈相结合。

八　创新之处

1. 全面、系统和深入研究新兴文化业态与华夏历史文明之间的内在联系与对策建议，特别是新兴文化业态传承创新华夏历史文明的机理与机制分析，是一种新的探索。

2. 统筹产业经济学、新闻传播学、历史学、系统科学等多学科知识，实现学科交叉与融合。

3. 本研究引入 10 个业界学术访谈，这在河南是首创，它能够对"学"与"理"相结合的理论研究和学院研究给予有效的实证补充，从而使研究真实、客观、全面地反映情况。

第二章　河南新闻出版与
华夏文明传播

新闻出版是河南文化产业的支柱产业，主要分为报纸、期刊和出版三个分支，它们分属于不同的媒介形态，并运用不同的符号体系进行信息传播。随着新媒体时代的到来，新媒介形态不断地涌现，为传承和创新中原历史文化提供了丰富的物质基础和技术条件。本章节主要通过个案分析，讲述河南新闻出版运用自身特性传播华夏历史文明的传承和创新之处。

一　河南报纸、期刊、出版发展的总体情况

文化具有符号性和象征性，不同的文化符号蕴含着不同的寓意，代表整个民族特有的文化个性。美国文化人类学家 C. 吉尔兹曾为文化下过这样一个定义：所谓文化，即人们为了传达关于生活的知识和态度，使之得到传承和发展而使用的继承性观念体系①。在河南，不同的文化符号形成了中原独有的文化特色，反映了半部中国文化史，成为中国历史的缩影。中原文化的源远流长、博大精深，在新闻出版上得到了很好地呈现。

近年来，河南在新闻出版方面取得了巨大的发展。2015 年河南统计年鉴显示：2014 年，河南省图书出版种数达 7705 种，总印数达 19714 万册，总印张 1512488 万印册，定价总金额 225316 万

---

① 郭庆光：《传播学教程》，中国人民大学出版社 2011 版，第 45 页。

元；期刊出版种数 241 种，总印数达 8674 万册，总印张 401568 万印册，定价总金额 53890 万元；报纸出版种数 121 种，总印数达 210240 万册，总印张 6857270 万印册，定价总金额 208351 万元；音像及电子出版物种数 221 种，出版数量 144 万盒，发行数量 279 万盒，发行金额 2602 万元①。与往年相比，报纸、期刊、出版的种数以及数量呈逐年增长态势，出版规模与实力的增强，为文化产业的发展不断注入新的活力。

河南的报纸出版种类丰富，门类齐全。比如机关报《河南日报》《开封日报》《洛阳日报》等，都市类报纸《大河报》《河南商报》《郑州晚报》等，经济类报纸《大河财富》《今日消费》《经济视点报》等，文化生活类报纸《大河文摘报》，等等。河南日报报业集团作为河南文化产业的重要支柱之一，现已拥有"十报两刊一网络"媒体，成为一个影响力强、辐射力大和覆盖范围广的传媒体系。由它主办的第一份以"关切民生、倡导时尚、贴近生活、服务大众"为宗旨的《大河报》，经过自身不断的实践和创新，实力日益增强，在承担及时传递信息、报道新闻责任的同时，也承担着传播文化，提供娱乐的重要职能，打造出了具有深厚文化底蕴和品牌特色的系列报道——《厚重河南》。从 2002 年创办至今，《厚重河南》在报道角度、写作手法等方面独具特色，并形成了自己的独特风格，首创一种小说体的新闻报道方式，在读者中获得良好的口碑和支持。由河南日报报业集团主办的第二份以"兴商润民，影响河南"为办报理念的《河南商报》，在 2014 年刊登了"根亲文化"系列报道《我从哪里来》，在社会上引起了强烈的反响，受到读者广泛的关注。"根亲文化"系列报道从姓氏的起源、变迁和发展的脉络一一讲述，为海内外华人寻根祭祖、知根知源提供了依据和路线，也为中原姓氏文化的传承起到了积极的推动作用。

---

① 河南省统计网：《河南统计年鉴 2015》，http：//www. ha. stats. gov. cn/hntj/lib/tjnj/2015/indexch. htm。

　　河南的期刊出版内容丰富，博采众长。由河南省社会科学院2013 年初主办的文化类学术期刊《中原文化研究》，立足河南，面向全国，采众家之长、聚各方之智，服务于华夏历史文明传承创新区建设，深入挖掘中原文化资源、传承弘扬华夏历史文明，促进中原地区经济文化发展，为提升我国的文化软实力贡献力量①。《寻根》是由大象出版社于1994 年创办的综合类文化期刊，它以文化、血缘为纽带，以探索中国传统文化为内容，以两岸三地、全球华人为范围，结合学理，突出思想性、知识性、可读性，融文化寻根、血缘寻根和山水文化、文化遗产的探寻为一体，突出同文同种、同根同源、同山同水的办刊理念，全方位、多视角探寻中华民族的文明之源，获得第二届国家期刊奖百种重点社科期刊、河南省一级期刊称号，入选全国期刊方阵"双效期刊"行列②。由河南省文联1981 年主办的大型文学双月刊《莽原》，成为中国原创文学的重要阵地，主要刊发原创性文学作品，比如小说、诗歌、随笔散文和文学评论等，于2008 年入选全国"中文核心期刊"。"与郑州一起思考"的精英阶层读本《郑周刊》DM 杂志，经历了自1999 年以来郑州 DM 发展的全部过程，于2006 年12 月创刊，适应"读图时代"与"快文化时代"的发展需要，与国际相接轨，形成一种既具有本土化又与国际化接轨的风格特色。河南的文学期刊在国内外学术界和文学界都产生了较大的社会影响力，不断将自身的本土特色与时代发展相结合，适应时代发展的新潮流和读者的需要。

　　河南的图书出版集团支撑，多向发展。目前全省有中原出版传媒集团、河南日报报业集团两大新闻出版传媒集团公司，有 12 家图书出版社，5 家音像电子出版社，光盘复制企业 3 家，122 种报纸，241 种期刊，互联网出版单位 8 家，各类印刷单位约 7635 家，

---

　　① 河南省社会科学院:《中原文化研究》杂志社简介，http://www.hnass.com.cn/plus/view.php? aid = 2662，2016 年 1 月 26 日。

　　② 《寻根》简介: http://xgzz.daxiang.cn/company.aspx? newsid = 11&baohu = 1&superid = 10。

出版物发行网点约 8701 家①。成立于 1953 年，以出版哲学社会科学类图书为主的河南人民出版社，出版的关于中原文化的重要图书有《河南通史》《河洛文化研究十年》《碧血中原》《中原文化集萃》《比干文化研究》《道家与中国文化精神》《中国豫剧》《华夏审美风尚史》等，其中汉民族的长篇叙事诗《郭丁香》打破了汉民族无史诗的"定评"，《中原考古大发现》也被改编为 40 集电视纪录片在央视"探索与发现"栏目连续播出。中州古籍出版社建立于 1979 年，出版有"百年记忆——河南文史资料大系"（全套二十册）、"中国百姓文库"（全八册）、"四书五经解读"（全六册）、"中国禅宗典籍丛刊"（全四册）、《资治通鉴》（全四册）等系列丛书和《20 世纪河南考古发现与研究》《鹿邑太清宫长子口墓》《中原文化大典》《华夏史诗 大易诗篇》《厚重河南》等主要文化类图书。还有大象出版社的《中华姓氏文化大典（总论）》《民国史料丛刊续编》、"古都郑州丛书"（全 12 册）、《郑州商城遗址考古研究（精）》《经典河南》《中华郑姓源流与荥阳堂研究》《中华姜姓源流与太公文化研究》等图书，和进入全国社科期刊百强的《寻根》杂志，在社会上产生了较大影响。成立于 1980 年的河南省民间文艺家协会对传承和创新中原文化也作出了突出贡献，重要出版物有《故事篓丛书》20 卷、《河南工艺美术图志》《中国民间故事集成·河南卷》《中国歌谣集成·河南卷》《中国谚语集成·河南卷》《多彩的河南》《中原民俗丛书》等。这些图书文字不仅记录了河南地区数千年来的历史文化，揭开中原文化源远流长发展脉络的面纱，也展现了中原大地的民族个性和区域特色，弘扬了中华文化，增强了民族力量，凝聚了民族灵魂。

河南的数字出版蓬勃生机，转型升级。河南的图书、报纸、期刊、音像制品等出版行业利用网络技术和信息技术不断进行改革和创新，向数字化转型和升级，多方位满足受众需求，使得数字出版

---

① 河南省新闻出版广电局出版产业发展处：《河南蓝皮书——2014 年河南省新闻出版业发展报告》，社会科学文献出版社 2015 年版，第 122 页。

的形式和形态也更加多样化，促进了数字出版行业的蓬勃发展。2015 年河南统计年鉴显示：河南公共图书馆中电子图书有 1015.88 万册①。据统计，河南电子版报纸 56 份，如《大河报》《河南日报》《河南商报》《河南青年报》等；180 多份电子版期刊，如《郑周刊》《河南科技》等。目前，中原出版传媒集团的数字加工中心年加工文字 20 亿字、图片 100 万余张，将达到年加工 10 万册以上图书及音频、视频等数字文件的能力，有效实现了内容资源的全媒体数字化②。据中国新闻出版研究院"第十二次全国国民阅读调查"数据显示：2014 年数字化阅读方式（网络在线阅读、手机阅读、电子阅读器阅读、光盘阅读、Pad 阅读等）的接触率为 58.1%，较 2013 年的 50.1% 上升了 8.0 个百分点，首次超过了图书阅读率。2014 年我国成年国民电子书阅读率为 22.3%，较 2013 年的 19.2% 上升了 3.1 个百分点；电子报的阅读率为 10.0%，较 2013 年的 8.5% 上升了 1.5 个百分点；电子期刊的阅读率为 8.0%，较 2013 年的 5.0% 上升了 3.0 个百分点。③ 由此可见，我国国民的数字化阅读率在不断上升，阅读方式已然发生转型；图书、报刊、期刊等传统媒体利用新媒体实现自身的转型与升级，不断满足读者需求，适应时代发展；也暗示了数字出版产业面临着新的挑战与机遇。数字化成为产业转型和升级、突破传统发展模式、迎接新时代到来的一把关键钥匙。

二　运用新闻出版传承华夏文明的个案研究

报纸、期刊和出版乘着媒介技术大发展的东风，运用不同的形

---

① 河南省统计网：《河南统计年鉴 2015》，http：//www.ha.stats.gov.cn/hntj/lib/tjnj/2015/indexch.htm。

② 中原出版传媒集团公司：《河南蓝皮书——2014 年中原出版传媒集团产业发展报告》，社会科学文献出版社 2015 年版，第 131 页。

③ 魏玉山：《2014—2015 中国数字出版产业年度报告》，中国出版网 2015 年 7 月 21 日。

式向社会传播文化，进行文化创意，促进文化产业的升级与发展，在华夏历史文明和中原文化的传承和创新中扮演着重要角色。以下主要通过对《大河报·厚重河南》系列报道、河南商报"姓氏文化寻根"《我从哪里来》系列报道以及《郑周刊》DM 杂志的个案分析，从不同角度说明报纸、期刊、出版是如何利用新形式传承创新华夏文明和中原文化。

（一）《大河报·厚重河南》系列

1. 《厚重河南》的诞生与发展

河南文化历史悠久，底蕴深厚。但河南的厚重文化在外界并没有得到很好地传播，自身的形象也没有得到充分的展现，外人并不真正了解河南，因此传播河南优秀文化，树立河南良好形象势在必行。另外，旧的新闻文体已不能满足读者的需求，报纸内容的同质化现象严重，缺乏内容上的新颖性和写作上的创新性，大河报人急需探索出一种新的新闻报道文体来适应当前形势的发展。其次，党的十六大报告强调要将文化建设和文化创新提到全面建设小康社会、开创中国特色社会主义事业新局面的日程上。《大河报》作为发行量大、影响力广的综合性都市日报，紧跟时代脚步，把握新闻运作规律和媒介特性，积极发挥自身的历史使命感和社会责任感，于 2002 年 11 月 4 日党的十六大召开前夕，作为向党的十六大献上的一份特殊礼物，在郑州市区版推出《郑州解读》的版面，用来解读郑州的历史、地域、文化等特征，顺应了时代的发展，受到群众广泛好评。在其不断的改革和创新后，《大河报》于同年 12 月 2 日推出《厚重河南》系列报道，并将《郑州解读》纳入其中。从此，《大河报》迎来了厚报时代《厚重河南》的诞生，为都市报的发展开辟出一番新天地。

以互联网为中心媒介技术的爆炸式发展，不断推动着传统媒体与新媒体的碰撞与融合。现今《大河报》利用网络技术和数字技术实现了报纸的电子化进程，《厚重河南》系列报道在《大河报》电子版报纸得到了呈现，另外，"豫台视窗"网站也为其开设了专栏。人们可以通过网络终端对其进行阅读和下载，节省了人力、物力和财力，并且使得《厚重河南》系列报道得以完好无损地永久保存下来，供后人阅读欣赏，了解河南历史。时至今日，《大河报》的《厚重河南》系列报道已经历了 13 年的风雨历程，受到社会各界的一致好评，适应了时代的发展需求和读者的需要。从 2003 年 9 月开始，大河报图书编辑室将《厚重河南》编成专辑出版，目前为止共有 16 辑。它发展至今，有着生生不息的生命力和强大的影响力，不断传承和创新着华夏历史文化和中原文化。因此，对《大河报》的《厚重河南》系列报道的研究具有重要的现实意义和价值。

2. 《厚重河南》系列报道的亮点

《厚重河南》在开版中提到：我们期许的目标不仅在于再现厚重河南，更在于表现厚重河南。① 这既是《大河报》创办它的最终目的——让人们了解河南，了解河南的历史，了解河南的文化，了解河南在华夏历史文明中所占的分量和作出的贡献。同时，也确定了这个产品的主要内容定位：展现河南悠久历史，传承和创新中原优秀文化。

《厚重河南》系列报道最大的亮点在于它从读者的报道角度出发，突破了"新闻是最新发生事实"的定义和新闻导语、结构和语言的基本框架，形成自己独特新颖的新闻写作手法和新闻体裁。它是记者结合当下热点，用新闻的眼光，从文化的视角，运用学者的思维，亲历现场，沿着历史的发展脉络，再现历史场景，跳出历史的圈子来书写历史，将尘封多年的、静止的、物态化的文物古迹，抽象化的文史资料写活、写动，触及现代人的心灵深处。其近似小说体的写作方式和记者深入现场所带来的强烈现场感，形成了独具风格的新闻报道，用灵动的文笔把静态的历史写得活灵活现，从历史中提炼出符合现代人的东西。《大河报》总编马国强先生的先期主导理念"打破新闻思维形式，拿出以今天新闻视角为切入点打捞

---

① 《大河报》编辑部：《〈厚重河南〉开版的话》，《大河报》2012 年 12 月 2 日第 A10 版。

'昨天'中原厚重的历史人文沉淀，由此观照当今河南发生之现实的新闻题材和样式来"①，《厚重河南》系列报道正是这种理念的真实写照。大河报人的这种创新举措确定出这些报道的品格定位，就是达到新闻性和历史性、知识性和趣味性、可读性和可视性的统一，吸引读者阅读。

《厚重河南》系列报道的整体布局结构是版块式的。每篇报道正文之前会有一个"引子"，介绍这篇文章的背景、题材来源等。正文又分几个版块，层次清晰，由今入古，再从古到今的写作思路，涉及文学、历史、新闻等多个方面，其报道特色有以下几个方面：

（1）报道内容方面：

首先，从报道整体来看，时代性与历史性相结合。占据收视率第一宝座的《芈月传》，网上点击量已破上亿，引起了"全民赏月"的热潮，追剧背后人们对剧中的人物和故事情节也产生很多争议。《大河报》记者针对网上热议，踏上探寻《芈月传》背后故事的路途，为公众解读历史典故，推出"兄弟助姐登上权力巅峰""'楚国帮'助秦国成第一强国""魏冉白起的'将相和'"等相关报道。报道中讲述了秦国的合纵连横策略，以及与齐、楚、赵、魏、韩、燕各国之间的结盟与战争，成为"独强的单极世界"，让读者了解到发生在河南开封"大梁门"背后的故事。"魏冉白起的'将相和'"一文中有如下描述：

> 伊阙，两山对峙，伊水流其间，望之若阙。北魏到唐代，这里开凿了大量石窟，如今以洛阳龙门之名闻名于世。而在公元前293年，白起在此一战成名。
>
> 伊阙之战打开了秦国东进的大门，但更大的意义在于发现了白起，一代战神自此横空出世，此后他大小70余战，战无不胜，攻无不克。他攻克楚国郢都，迫使楚国迁都于陈（今淮

---

① 大河图书编辑室：《厚重河南》，中州古籍出版社2003年版，第一辑。

阳），斩首数十万；他攻打魏国华阳，斩首十三万；与赵国大将贾偃作战，"沉其卒二万人于河中"；攻韩陉城，"拔五城，斩首五万"；而在著名的长平之战，他斩杀、坑杀赵军四十五万……"

　　白起是芈月认的弟弟，一生功绩赫赫，"伊阙之战"使得洛阳龙门名声大震，虽然知道洛阳龙门景点的公众很多，但具体发生的历史事件和历史人物白起却鲜有人知。记者紧抓社会上公众关注的热点进行取材，将电视剧中讲述的故事情节现场还原，再现历史场景，进行细致解读，文字记录，不仅有利于人们了解在我们身边的遗址背后久远的历史，也将现存的物质文化遗产背后的典故解读，了解中原文化的生生不息，多视角为读者普及传统文化。

　　其次，从文章内容来看，报道坚持新闻的真实性、时新性、重要性、显著性、接近性。真实性表现在：记者深入新闻发生的第一现场。

　　以"中国最大的王妃墓之谜"系列报道之一为例，文章开头写道"2011 年 1 月 8 日，记者抵达时，山上温度零下 15 摄氏度。一个细节是潞王陵前放生池内养的锦鲤，如标本般冻结在厚厚的冰层里。我行走在庞大陵园内……行走于潞王陵……磅礴气势中有柔情纤态，大刀阔斧不忘精雕细刻。"细腻的文字表述交代事件发生的背景，从"当地的温度""冻结的锦鲤""清寂的王陵"等场景的描写中，透露出这是由记者亲自实地考察，亲身感悟和所见所闻采写出来的报道，突出真实性的同时也具备报道的时新性。时新性不仅仅在于"新闻是最新或最近"发生的事实，也表现在是读者欲知而未知的事实。记者讲述着不曾揭晓的秘密，满足读者的好奇心和求知欲，在时空上与人们的心灵相契合。这点也突出了报道的接近性，容易引起较强的社会反响。由于事件发生地是有着重要历史意义，并且被人们广知，使得这篇报道具有了显著性。特别在报道中的最后一句话，让读者知晓揭开这层迷雾的重要性。报道满足了新闻的五要素（趣味性在下文语言部分分析），虽然手法有别于一般的新闻报道写作,却更凸显其独特性。

另外,题材上,突破框架,风格创新。新闻报道都存在一定的新闻框架①,是媒体通过一定的符号体系报道事件的主导性框架,影响着公众对事物的价值判断、态度和行为反应。《大河报》记者突破了一般的新闻框架,如金字塔结构、倒金字塔结构报道写作手法,采用更接近小说题材,如"磅礴气势中有柔情纤态,大刀阔斧不忘精雕细刻"散文式的新闻写作手法,新颖独特,敢于突破传统,对公众认知、理解报道内容和做出行为反应具有重要影响。

(2)传播形式方面:

第一,内容形式上,古今穿梭,挖掘深入。文章以讲故事的形式,由今入古,由古入今,引出报道对象,介绍当时政治生活、社会生活和民俗风气,叙事功能强,具有很强的可读性和可视性。"记者抵达""我行走在""到如今",读者跟随记者脚步一步步走入当时的意境,顺着历史的轨迹走下去。

在《40多个品牌球,宋人不怕挑花眼》文章中"5月下旬的一个周末,在河南博物院展厅,一个八角形的宋代白釉黑彩蹴鞠图瓷枕引起了一群游客的兴趣",记者围绕瓷枕上的童子蹴鞠图介绍了蹴鞠在宋代的发展,"上至皇室、臣僚,下至黎民百姓、垂髫小童都喜爱蹴鞠,足球运动中心也从唐代的长安、洛阳移到了当时世界上最大的城市、人口过百万的开封,南宋时移到杭州,足球史上最重要的几部古书,比如《蹴鞠谱》《群书类要事林广记》,就成书于宋代",其中"《蹴鞠谱》中就记载了41个牌子,有六锭银、虎掌、侧金钱、八月圆、旋螺虎掌、曲水万字、满园春、葵花、天下太平、风调雨顺、六如意,等等",记者由眼前看到的场景探索到前人的生活习俗,由今入古,反映了宋代市民文化的丰富多彩,现代足球对其的继承和发展。

第二,细节展现,语言亲切。语言形式多样,主要表现在语言用词和造句上的现代性和语言的个性化,并且进行非专业性和学术

---

① 郭庆光:《传播学教程》,中国人民大学出版社2011版,第209页。

化解读。

文章《皇帝敕封丫头　是看在太后妈妈的面子》中语言形式多样，语气活泼，"孝定太后姓李，算是强势的'虎妈'。弟弟要求封赵次妃咱就封，给弟弟面子就是给老妈面子，万历太明白这个道理了。"形容太后妈妈是强势的"虎妈"，"给老妈面子""要封咱就封"，其用词进行了创造性地现代转化，将人们易懂的现代话用在古代人物身上，形象生动。

在描写曹操时，文章写道"20岁的时候，曹操被推举为孝廉，不久出任洛阳北部尉，相当于洛阳北区公安局局长。北区是皇亲国戚，达官贵人聚居区，路上随便一个骑马的，爸爸都比李刚官大。"网络词汇，用语时新并与当下热点事件相结合，从历史中提炼出现代人的东西，突出个性化的同时又不缺失与现代人的精神相结合，更能达到好的传播效果。

第三，手法新颖，形式多样。比如这篇文章运用文学的写作手法形容赵王妃的地位。她的地位在当时有多尊贵，我们不得而知，但文章通过用大家所熟悉的中国四大名著之一《红楼梦》中袭人的例子，对赵王妃的生活和地位作了详细描述。"她的身份与生活，我们可拿一熟悉例子来解读。《红楼梦》中贾宝玉首席大丫鬟袭人，是贾母侍女，被派去照料宝玉，人人敬她三分，宝玉不叫姐姐不开口。她若生子，会晋升为姨娘，成为主子。"记者用联想和对比的写作手法，帮助读者对报道的理解和深度解读。

除了运用联想和对比，记者运用渲染的写作手法，营造出特定环境中的气氛，给人心灵上的共鸣。"天寒地冻日光淡薄，枯枝投影在墓冢墙上，万历如画。墓冢顶上，枯草如铁丝般风中颤抖，一群寒鸦惊飞而去。"记者借助比喻的修辞手法描写了凄凉的情景，将不同的意象相组合，寓情于景，渲染出凄凄惨惨的气氛，触动读者心灵。

最后，标题的一大特点，语言文艺性和开放性相结合。标题是文章的眼睛，通过它可以知晓文章的主旨。在这里标题的写法却不像我们传统所写的新闻标题，字语间兼具文艺性和开放性。比如

《郑风：风流总被雨打风吹去》中"动听'郑声'引无数'粉丝'竞折腰"，"官民互推'爱情节'擦出爱情火花"，"歌舞欢会 尽得人间风流"，标题将现代话语运用于古代诗词之中，历史与现代相结合，既具历史性又文艺性十足。在《潞王与赵妃的爱恨情仇》中"他，到底是啥样的人？"，"他俩，有啥样的爱恨情仇？"，这些标题不再是短语式，而是能够吸引人阅读和给人想象空间的问句。同时，文章版块主题明确，条理清晰，内容逻辑性强。

《厚重河南》系列还利用摄影技术，每篇报道配有现代遗址的图片，图文并茂的报道将现在的景与古代的情相互交融，改变了过去说教式的新闻语言，植入式的报道理念，不断在报道方式上进行探索与创新。

《厚重河南》的受众定位为大众读者，对象分布广泛。在报道内容和传播形式上，文章不仅提供给专家、学者欣赏，而且能让普通民众感兴趣阅读。美国心理学家马斯洛在《动机与人格》中提出"需求层次理论"，指出人不同层次的心理需求：生理需要、安全需要、社交需要、心理需要、自我实现需要。《厚重河南》报道涵盖了中原文化的物质文化遗产和非物质文化遗产，包括口头传说、手工艺品陶瓷、古建筑村落等，具有充实的内容，加上新颖的报道形式，高尚的文化品位，满足了人们的心理、社交和自我实现的需求，使得不同层次读者能够喜读、好读。不仅使公众获得传统文化知识的普及，也得到精神上的共鸣和认同感。

（二）《河南商报》"姓氏文化寻根"系列报道

1. "姓氏文化寻根"系列报道的诞生

20 世纪 70 年代末，海外华人"姓氏寻根热"兴起。姓氏文化，是整个民族血脉里流淌着的共同信仰，是指与姓氏有关的物质文化和非物质文化，其内容包括姓氏起源、姓氏流变、家族变迁、名人事迹与遗迹、家谱、宗祠、世系、家训、郡望、堂号、堂联、字辈等以及由此形成的尊祖敬宗、报本反始、寻根问祖等族姓与民族文化认同理念①。华夏姓氏的根大都生长于中原地区。河南是中原之腹地，是姓氏文化的摇篮。据《中华姓氏大典》中显示：在4820 个汉族姓氏中，有1834 个起源于河南。全国人数排名前100个姓氏，有78 个源于河南。在谢钧祥发表的《河洛文化与中华姓氏起源》一文中讲道：起源于河南的古今姓氏达1834 个，在当今以人口多少排列的120 个大姓中，全部起源于河南的姓氏52 个，部分源头在河南者45 个②。河南是姓氏文化资源大省，姓氏文化是河南地区独有的文化特色。

在国务院支持中原经济区建设的指导意见中，打造"华夏历史文明传承创新区"成为中原经济区五大战略定位之一，要求"充分保护和科学利用全球华人根亲文化资源"③。《河南商报》重提河南的姓氏文化，一是为了响应国家对中原经济区建设的号召，二是为了传播姓氏文化，重新塑造我们共同的精神家园，提高我们对文化的认知度，打造文化品牌。从2014 年2 月18 日起，《河南商报》正式推出了大型"根亲文化"系列报道《我从哪里来》的专版，通过姓氏寻根，探索与祖先相关的故事，先后报道了李、张、黄、许、潘、陈、郑、林、刘、廖、蒋、宋、杞、吕、苟、上官、孔、何、石、苏、庞、傅、夏、邵各个姓氏的起源，迁移过程至今的发展历史，并跟随报道开辟了《反响空前》的专栏，用以报道读者反馈，在社会上引起了强烈的反响，受到了读者广泛关注。2015 年2月14 日，由作家二月河为《我从哪里来》作序，该系列报道在4月上旬结集出版。同年3 月9 日，由《河南商报》、河南省姓氏文化研究会一致决定，将河南姓氏史《我从哪里来》拍成电视剧，该剧名为《中华百家姓·起源故事》，剧本面向社会征集，从民间取材。《我从哪里来》系列报道的影响力不断扩大，电视剧的拍摄为传承华夏姓氏文化增添了新的活力。

---

① 华夏经纬网：《姓氏文化：中华民族的血脉之根》，2008 年6 月13 日。
② 谢均祥：《河洛文化与中原姓氏起源》，《黄河文化》2004 年第2 期。
③ 河南商报：《"我从哪里来"姓氏根亲文化系列报道》，http：//news. 163. com/14/0218/03/9LB9I76L00014Q4P_ all. html，2014 年2 月18 日。

2.《我从哪里来》系列报道特色

（1）追根溯源，平铺直叙，以讲故事的形式为新闻报道方式的转变提供了一种创新化视角。

《我从哪里来》系列报道是由《河南商报》派出的 20 多名记者，分别到河南地区姓氏起源的各地，深入采访调查和考究，探索百家姓中源于河南的 83 个姓氏的起源、历史迁移、逸闻趣事、家族祖训和历代后裔等。记者转变传统的新闻报道方式，实地调查，一步步追溯解惑，为大众关心的问题找到最佳答案。在报道形式上，记者直接考究到与祖先有关的故事，不添加自己的看法与见解，为读者提供真实客观的报道。

（2）脉络清晰，结构完整，报道内容能够满足海内外华人获得全方位的信息需求。

内容脉络清晰主要表现在两个方面：一是每篇报道与报道间承接的脉络清晰；二是每篇报道本身讲述的内容思路清晰。比如关于全国姓氏排名第 36 位"潘氏"的系列报道：一是天下潘姓　根在荥阳（潘姓起源）；二是潘姓始祖　周朝王裔（源流迁徙）；三是潘基文祖籍：河南荥阳（韩国潘氏）；四是古代谁最帅？中牟人潘安（望族名人）；五是潘美害杨业？这事真冤枉（望族名人）；六是潘金莲比窦娥还冤（望族名人）；七是女性不入家谱该改改了（反响空前）。括号前面是每篇报道的标题，括号中是每篇报道的主题。从潘氏报道中，我们看出文章在写作上存在着鲜明的逻辑顺序：姓氏溯源—源流迁徙—望族名人—反响空前。这四个部分承上启下，相互关联，成为文章报道的主脉络。每篇报道从姓氏的起源开始，行走于古今，涉及国内外，报道全面，结构十分完整。

现在我们详细分析下每篇报道的脉络，如"天下潘姓　根在荥阳"报道内容："姓氏起源—根在荥阳—始祖之墓—人口数据—潘姓名人—明日看点"。五个部分独立成为报道的五个版块，从不同角度解析根的始源地，与祖先相关的故事，人口数量和分布情况，出现的名人，最后吸引人继续关注的下期看点。文章结构严谨，思路清晰，提供读者欲知而未知，未知而能知的信息，满足读者的好奇心和内心对自己来自哪里的追问。

（3）语言通俗易懂，集文艺性与趣味性于一体，有效达到了知识性与趣味性的统一。

语言的文艺性和趣味性主要体现在两个方面：一是标题语言；二是文章内容语言。标题是报纸版面的眼睛，有着重要的地位和作用。标题能够提供报道的主要内容，语言的文采性是最能吸人眼球的地方。比如《'悲秋'始祖 美男宋玉》是讲宋氏名人宋玉的故事，《潘美害杨业？这事真冤枉》在标题中加问号，为故事定下基调，同时能够带动人们主动去了解潘美和杨业这两个人物以及他们之间发生的故事，《走西口 闯关东 下南洋》就是讲族群的迁移史，《古人有字号 它们有啥用》口语化，一看便知是解释姓名字号的来源，《老婆太漂亮 他险遭灭门》中主人公是谁，文章是否关于古代关于红颜祸水的故事，带有玄机性，让人想一探究竟，等等。标题的文采和句型透露出编者驾驭文字的能力和深厚的专业基础。文章的内容语言贴近群众生活，运用以小见大的手法，细节描写细致深刻。如"两个卖草鞋的开国皇帝"系列中《青年刘备：生活在社会底层的"屌丝"》的文章，"刘备父亲早亡，从小与母亲相依为命，以'织席贩履'为生。虽是'汉室宗亲'，但刘备与先祖中山靖王之间隔了300多年，且没有任何证据存留，只能称为'远裔'。而当时的刘焉、刘表、刘章等人，都是不拐弯的东汉宗室，标准的官二代、富二代，家大业大，在起跑线上完胜刘备。不过，刘备的情商和智商，确实高出一筹。得知他要创业，两位汉室宗亲居然争做'天使投资人'，主动把家业让给他，让他做本钱。刘备赶上这个'下岗潮'，干脆将催促他离职的督邮鞭打一顿，弃官逃亡。跟对一个好领导，对一个人的帮助很大。跟着督邮，刘备遭遇索贿，以致犯了'以下犯上'的大罪；而在卢植、朱隽、刘恢、刘虞等人的麾下，刘备事业顺风顺水，出了事还有领导罩着他。"语言活泼，形式多样，文中"屌丝"给读者脑海中提供一个参照物来想象主人公的人物形象，"富二代""下岗潮""有领导罩着"等词汇将抽象的事物具象化，帮助读者理解文章内容，深入浅出地体会历史场景中发生的故事。同时文章语言的趣味性让读者在享受中获得信息，有效地将知识性与趣味性相结合，达到良好的传播效果。

（4）重视读者参与，与读者互动性强，影响范围广，影响力大。

《河南商报》在2014年2月18日推出《我从哪里来》系列报道，除了讲述姓氏文化的起源、迁移和发展外，增加了《反响空前》一版，用来报道在读者群中引起的反响以及读者的反馈。

长期居住在国外的世界李氏宗亲总会理事长李常盛讲道："不管身在何处，都不会忘记自己的祖先，希望借拜祖时更多地接触老子理念及中华文化，更多地联谊李氏宗族。希望把鹿邑、把老子的理念扩展到全世界，让李氏宗亲们、让世界各地人更加认识鹿邑、认识老子、认识老子的理念。"字里行间表达着中华民族血脉中都流淌着同样的血液，不管自己走多远，仍不会忘记自己的根在哪里。《河南商报》这一举动将会使河南的姓氏文化传播开来，报道辐射国内外更多人群，让更多的人了解河南，了解河南的文化。

受众不仅是信息的接受者也是信息的传播者。社会参与论认为，让受众参与传播，正是为了让他们积极接受传播，因为，人们对于他们亲身积极参与形成的观点，要比他们被动地从别人那里得到的观点容易接受得多，且不易改变。刊登社会人群的反馈于报纸之上，一方面能有效收集各个姓氏详细的资料和家族的逸闻趣事，提供报道选题；另一方面加强了与读者的互动，调动他们主动参与性，以此受到其广泛关注，增强报道的社会影响力，取得较好的传播效果。重视读者反馈，通过群体传播、大众传播、人际传播，增强了华夏姓氏文化的影响力和报纸本身传播文化的作用，让姓氏文化更好地传承下去，让河南通过文化之门走出去，走向全国，走向世界。

（三）《郑周刊》DM 杂志

1.《郑周刊》DM 杂志的发展现状

自1999年郑州第一本 DM 杂志《目标》出现后，被业内人士称为继影视、广播、报纸、杂志四大传统媒体之后的第五大媒体，在河南获得了较大的发展①。《郑周刊》DM 杂志在经历了自 1999 年以来郑州 DM 发展的全部过程之后，于 2006 年 12 月创办。它在综合考量"读图时代"视觉当先的必然性、"快文化时代"深度生活价值的稀缺性、"差异竞争时代"客户传播效果的醒目性、"国际化时代"本土城市性格的珍贵性的基础上，进而决定了自己今天所呈现的形态②。中国香港、中国台湾、东京等亚洲地区的杂志社，都早已进行了转型和升级，为读者提供了一场大开本、大视觉和大媒介杂志的视觉和阅读盛宴。《郑周刊》为适应"读图时代"与"快文化时代"发展的要求，加快自身发展脚步，立志做出一份能为生活和思想代言的高端杂志，专属于郑州人的郑州杂志。目前，郑州 DM 刊物主要有三类：市场化的综合类杂志；市场化的行业类杂志；企业或政府机构自办的杂志。《郑周刊》属于市场化的综合类杂志，同时也是一份高档杂志，其口号是"和郑州一起思考"，出版时间为一周一期，每周五 18：00 准时上线。截至 2016 年 1 月 4 日网络版已有 62 期，是一周一次的生活美学大餐，并开通微博、微信公众账号，多渠道传播信息。

《郑周刊》是一本本土国际化郑州风尚专刊，一本城市精英进化的白皮书。Born to be different（生而不同）涂鸦在《郑周刊》办公室入口走廊的墙面上，代表了《郑周刊》编者们的创造力和心中最炽热的呐喊。《郑周刊》拥有自己的创办特色和独特的报道视角，定位明确，并且以数据库为基础，采用独特的营销方式（直投网络和直邮网络），成功创办至今，不仅记录了郑州这座城市的发展进程，也代表了 DM 杂志发展的一个新阶段。《郑周刊》如何传承中原文化，以下主要从栏目设置、报道角度、写作手法、表现形式等方面进行解读。

2. 《郑周刊》DM 杂志的内容特色

（1）栏目设置，取材广泛，话题丰富，推陈出新，适应时代发

---

① 李应萍，郝灵娜：《问路 DM 发展》，《经济视点报》2008 年 1 月 24 日。

② 《郑周刊》，http://www.zhengzhoutalk.com/kanwus.asp。

展需求。

随着时代的发展,《郑周刊》的内容涵盖了在不同时期设定的不同栏目,创办之初主要分为郑州播报(歌友会、演出、商务信息等)、话题(与封面相契合)、冷门(书说·谍报·乐评)、勃课(Blogger)、手抄本等板块。由于当时频繁使用播客进行交流,杂志设计了勃课这个版面,采用电脑版面的形式,给读者一种贴近生活的现实感。

目前,杂志主要分为话题(观照·形而上学)、城视(此时·他乡)、设计(新生·无处不在)、顶上(造物·新高度)、专栏(阅读·小宇宙)、郑在(郑州·动态)六个版块。每个版块涉及郑州的人、事、物,涵盖衣食住行各个方面,每期都有一个主题,写于封面上,在每期杂志的话题部分运用不同的文体(诗歌、散文、小说等)进行系统阐述。比如建筑方面:第 34 期的"建形筑远",这一期的文章与食物、造型、建筑有关,包括建筑物的造型、风格,工艺品的制作等:介绍了老城的建筑和现代都市的建筑,风格迥异;南阳社旗古镇的打铁工艺,着重表现城市发展的进程,用设计展现城市新生。文学方面:第 60 期的芝兰社,一个生活沙龙的美学觉醒。这期杂志用将近二分之一的篇幅讲述了芝兰社的发展历程,出现的文艺作品,名人逸事,采用诗与散文相结合的写作文体,使得读者感受到身处喧嚣城市之外的宁静。

《郑周刊》的栏目丰富,每期有固定的版块,详细介绍郑州这座城市的发展进程,主要包括:一是郑州事,比如大城小事、城市记忆(二七塔、德化街、国棉厂等)、时尚都市生活;二是郑州味儿,如美食、古色韵味(古籍)、时尚与激情;三是河南的地域气候、历史等,并且穿插中国风的服装、贴花、扇艺等图片,独特的视觉设计,带给读者不同的视觉享受。其中《郑周刊》刊登了大量的广告,这些广告都与每期杂志的主题相契合,表现出郑州这座城市的本土和现代气息的交融,比如七夕的时候刊登设计带有文学典故的珠宝玉石,奢华而又低调的古韵味餐厅宴席,修身养性的会所等。它不仅关注现代都市的时尚,也表现出中原文化的包容性。

（2）报道角度上，小切口大文章，采写视角符合受众口味。

殷谦在《媒体的力量》讲道："DM杂志代表高端人群的价值判断和消费法则。他们明白，要想赢得并建立一个属于自己的稳固的受众群体，就必须塑造杂志自己的话语权，就必须打造媒体影响力，影响最具影响力的人。[①]"《郑周刊》DM杂志定位为精英阶层品位读本，主要为精英阶层服务。其读者对象是有着良好教育背景，追求时尚、品位，讲求生活品质，居住在高级社区或办公在高级写字楼中，有着高收入、高品位，并且对郑州本土城市文化有强烈的自我认同感，有很强的购买欲望和购买力，经常出入于高消费场所，始终保持较高的消费频次与消费额度的企业家、高级经理人、公司白领、政府官员、专业技术人士，社会各界名流或者其他城市文化观察者与爱好者[②]。

它的报道角度主要是从社会中上层以上的读者出发，做具有生活认知、精神起点的话题，体味生活细节的都市生活，讲述人生不同版本的名人故事，打开灵感与趣味，做一场视觉盛旅行的片场等，需要读者具备较高的文化素养和阅历。在"人物"栏目中，《人生要有大面积糊涂　聚灵性于唯一光点》文章中分别从祖上、青春、仕途、禅机、瓷魂五个方面介绍了郑商瓷创始人阎夫立的人生。他出生在钧瓷之乡的禹州，在讲述他人生历程的同时，也将釉色丰饶、光怪陆离的中原陶瓷文化展现给读者，欣赏各种各样瓷艺术作品，使读者在了解人物的同时也将对中原文化的进一步认知收入囊中，增长见闻。

（3）写作手法多样，文笔鲜活生动，文字功底深厚。

《郑周刊》在传播中原文化的笔头上，表现形式多样，比如在"郑州烩面的麦当劳探戈"一文中写道"说到烩面，不得不提全国瞩目盛极一时的'红高粱'，它从郑州一路杀到全国商业圣地王府井叫板'麦当劳'。'红高粱'也算是将郑州的烩面推向了极致。

---

① 殷谦：《媒体的力量》，台海出版社2000年版，第254页。

② 《郑周刊》，http://www.zhengzhoutalk.com/kanwus.asp。

一个简单的事实是，落户郑州的外来菜品尤其是火锅几乎全都主动被动地下上几片烩面，'得寸进尺'的郑州人最后不下点烩面就是'吃不饱'"。"郑州人的味蕾淘汰过无数个白酒和菜面点，无数慕名而来的全中国全世界美食还在络绎不绝，但烩面毫不在乎，它无分雅俗，无与伦比，它在郑州早已'修成正果'。除了烩面师傅的敬业，其厚重包容的人文韵味才是其长盛不衰的终极秘方。"文中描写的烩面，是最具有河南饮食文化中典型性和代表性的特色美食之一。将烩面拟人化，同时赋予象征意味，一方面表现了河南人无分雅俗和无与伦比的品质，另外也展现了中原文化的包容性、人文底蕴以及自古以来形成的民族特性。

《予我一生渡禅江》一文中讲述河南南阳市人伊朝阳将归乡画展"入寺显佛"开在嵩山宝刹，想为中原艺术留下作品的心意的故事。文中写道"仿佛是从泥土中蓬勃而出的幼苗，终于成长为茁壮的参天大树，在拥有了为脚下土地遮阴蔽日的能力之后，依然念念不忘自己曾经是一颗小小种子时生活过的故土。午夜梦回故园，潺潺流水从纤细河道上直接流入心底，眼泪紧跟着就酝酿成'江阔云低，断雁叫西风'的寂寥"。这段优美的文字运用含蓄的手法表现人物的成长过程，成名之后不忘本的品性以及用晕染手法表达"江阔云低，断雁叫西风"的寂寥氛围，文笔鲜活生动，凸显出作者驾驭文字的能力和功底。

河南话是最具河南代表性的语言文化，是靠集体口头创作的最具生态意义的非物质文化遗产。《"中！"一个河南密码的准郑州市解读》展现了河南本土的口语文化，取材"中"字，具有强烈的地域特色，"是河南爽直大气的第一语言名片，每当外地人或是外国人来郑州本地都要学'中'和'不中'，现学现卖，为得到本地人把他们当作'自己人'来接待，是河南特色的沟通密码"。"同意是'中'，肯定是'中'，赞扬是'中'，人品好是'中'，事能办是'中'，小事小情是'中'，大是大非更是'中'"。"中"还有中庸之"中"，中原之"中"。运用白描和排比，表现"中"字意义之多。"中"字一词多义，适用在很多场景中，说明了中原文化的包容性和多样性。该杂志涵盖了物质文化和精神文明的各个方面，特别是在当下舶来语入侵的年代，表现了大声说"中"的河南人并没有迷失在浮华尘俗之中，展现了河南人强烈的民族个性。

（4）表现形式，图片视觉效果冲击力强，包装印制精美，版式时尚。

文章图片视觉效果上，镜头语言表现力强，寓意深厚，达到画面美与语言美相统一。《郑周刊》拥有自己的设觉设计团队——河南本土专业平面视觉设计机构盛视·盈媒，以"创造真视觉"为设计理念，立足于服务本土高端客户，以专业的态度和职业精神，为每一位客户创造完美的视觉盛宴，做品牌形象、杂志别册、广告创意等设计，设计均为原创，设计效果配合文章主题震撼力极强。所拍摄的照片虽为静态的画面，但镜头语言表现力十足。比如 45 期主题为"经年之美"，用钧瓷和 80 年代雨巷里的一排排红油纸伞来表现，两个不同的事物从不同角度表现这经年之美。钧瓷的美轮美奂，经过多年的变迁，仍是瓷中极品，表面光滑无瑕疵，纯粹得漂亮至极。一排排红油纸伞将古典美发挥得淋漓尽致，表现了当时的社会风情，让人不禁联想到穿着旗袍撑伞的少女。在 61 期"山行"主题中，封面用一幅拍摄的摄影作品山的局部来表现，黑白色调，云雾缭绕，像一幅水墨画。在文中，高山景行，一壶酒，一凉席，山、水、游人，文字虽少，传达的意境之多；一箪食一瓢饮，突然想起那句"醉翁之意不在酒，在乎山水之间也"。文字与图片相互交融，达到风景美、画面美和语言美的统一。

包装上，与国际化相接轨，印制精美，版式时尚，阅读便捷。《郑周刊》封皮和插画印制精美，色调依主题的内容差异而呈现出不同的色彩，加深读者对画面的印象感。在各个栏目上，版式设计时尚，不再是传统上的格调。比如在"手抄本"的专栏中，文字格式是手写体，以手抄的形式写于碎片纸之上；在"勃课"的专栏中，采用电脑屏幕的形式，利用文本框，将整个版面装扮得像电脑的一个截屏等。在装订上，采用国际流行趋势的大开本（260mm×380mm）样式，在没有损害原本的设计水准与写作空间上，提供了更宽阔的视觉审美面积，全面刷新了都市新兴精英阶层的杂志阅读习惯，满足了读者的视觉阅读快感，为郑州带来了更过瘾的视觉体验，更纯粹的文字表达，更醒目的展示效果，客户信息更恢宏也更完整地传播①。

《郑周刊》内容上包含中原传统文化的民间工艺、民间艺术，郑州城市衣食住行发展的各个方面，让传统与时尚相交融，本土与国际相接轨。"它的内容奇妙地抓住了读者和商业客户，成为受众生活中必不可少的一种时尚体验，让客户的商品或品牌信息通过我们而大放光彩，让受众在轻松的阅读中体验一种愉悦与浪漫，舒适与高贵的美好感觉。正因为他们'戴着脚镣跳舞'，所以他们才要有所主张——浪漫、高贵、时尚、娱乐、情趣。"② 它在不断追随时代的发展潮流，运用不同的符号记录着郑州这座城市的发展进程，为中原文化的传播加入独特的风景。

三 河南报纸、期刊、出版发展中存在的问题

（一）河南报纸、期刊、出版面临的问题

（1）从编辑上来讲，报道版面不固定，影响读者的阅读效果。

根据 2011—2015 年《大河报·厚重河南》近五年的报道，随机抽取每年三个月的报道为数据样本（截至 2015 年年底共 218 篇报道）进行归纳整理发现，3 月、8 月和 12 月的报道数量在 2011 年分别为 16 篇、19 篇、16 篇，总数 51 篇；2012 年为 18 篇、19 篇、17 篇，总数 54 篇；2013 年为 14 篇、14 篇、15 篇，总数 43 篇；2014 年为 15 篇、16 篇、17 篇，总数 48 篇；2015 年为 6 篇、10 篇、6 篇，总数 22 篇。数据表明，报道呈现出很大的不稳定性和不固定性，具体表现在两个方面：一是时间不固定，每月发行没有固定的日期；二是版面不固定，发行的报纸没有固定的版面。这

① 《郑周刊》，http://www.zhengzhoutalk.com/kanwus.asp。

② 殷谦：《媒体的力量》，台海出版社 2000 年版，254 页。

就导致读者不能养成定期阅读的好习惯和阅读率不高的问题。"姓氏文化寻根"系列报道在每期报纸上的出版时间和版面也不固定，有在 7 版、9 版、13 版等上刊登，一定程度上影响了传播效果。现代社会生活节奏加快，人们进入"快餐"时代，对信息的索取量又快又多，报纸应该在固定时间和版面推出，帮助读者养成定期阅读的习惯，取得更好传播文化的效果。

（2）在采写报道时，记者的立场有失客观性。

在《大河报·厚重河南》和"姓氏文化寻根"《我从哪里来》系列报道中，对祖先和历代名人的评价过多，记者应处在一种客观的立场上，将历史展现出来，让读者自己去理解和判断。比如《潘美害杨业？这事真冤枉》，记者想纠正人们长期以来对某个历史人物的错误认知，但文章中"历史上的潘美不是奸臣"以及"杨家后人曾派杀手向潘家人寻仇"等诸如这样的小标题有着向一边倒的倾向，记者应向专家多方求证，将史料摆出来，让后人评判，增强专业性。

（3）阅读终端滞后，无独立的客户端供读者阅读使用。

数字化时代的到来，报网互动、报网一体已成为纸质媒体发展趋势。《大河报·厚重河南》、"姓氏文化寻根"系列报道和《郑周刊》DM 杂志都是在平面上呈现给读者的一个专版，虽实现了电子化，在网上有网络版，但没有专门的客户端供读者阅读，前两者仍是《大河报》和《河南商报》电子版中的一个专版，翻阅费时费力，《郑周刊》网络版缓冲时间长，大众对其利用程度不高，与读者的互动性不强。纸媒应转变传统观念，积极利用新媒体技术，在迎接挑战中实现自我的转型，与新媒体交互融合，在信息量和编排手段上不断突破创新。

（4）商业化倾向严重。

2015 年 3 月 9 日，《河南商报》、河南省姓氏文化研究会决定将河南姓氏史《我从哪里来》拍成名为《中华百家姓·起源故事》的电视剧，从这天起，该版的内容开始过多地为将要拍摄的电视剧服务，宣传性强，不再过多讲解各个姓氏的历史，内容有失最初的定位。商报记者应着眼于河南姓氏史深入挖掘，探寻姓氏文化背后的故事和民俗文化，凝聚根之力量，将传统优秀文化传承和发展下去。同时，《郑周刊》广告内容所占比重大，一定程度上影响了文化的传播效果。

四 运用报纸、期刊、出版传承华夏历史文明的对策

（1）利用地域优势，以得天独厚的自然资源和人文资源中不同的文化元素为基础，进行文化创意，生产具有特色的文化产品，打造文化品牌。

《郑周刊》有自己的创办特色，但与发达地区相比，其影响力不足。比如1995年在北京复刊的《三联生活周刊》，其定位是做新时代发展进程中的忠实记录者。一周一次，每周一出版，全彩精印，读者为有着高等教育背景、与时代同步发展新观念、关心时代变革和发展的新型知识分子。由于北京的经济发展水平远远高于郑州，《三联生活周刊》的影响力和辐射力远远大于《郑周刊》也是必然。河南省经济不是很发达，在数字出版方面，并没有办法利用经济上的优势采用先进的技术、利用充足的资金购买最先进的设备实现传统媒体的转型和升级，使得文化产业迅速发展，这是传承和创新中原文化不可回避的一个重要问题。河南省应加快经济发展的步伐，为文化产业的发展提供强有力地支撑。

报纸、期刊和出版应结合自身优势，立足于本土化的人文资源和得天独厚的自然资源，全面挖掘河南的物质文化资源和非物质文化资源，以不同的文化元素为基础，进行文化创意，打造始祖品牌、名人品牌、古国品牌、郡城品牌、固始品牌[1]，生产出具有品牌特色的文化产品。同时重视文化产品的市场价值，使河南文化形

---

① 张新斌：《河南寻根文化资源开发的战略思考》，《黄河科技大学学报》2006年9月第8卷第3期。

成文化产业链，不断促进河南的经济发展水平。拥有充足的资金可以采用先进的技术和购买先进的设备，报纸、期刊和出版行业才能与新媒体进行融合，推动河南省文化产业的升级。

（2）培养全能型的媒体人才

全能型的媒体人才不仅应具有专业基础知识和专业素养，还需博览群书，拥有深厚的文史哲基础和中西方知识，能熟练运用新设备，努力成为一个"杂家"，同时具备创新意识，适应新时代发展要求的新型媒体人。《大河报·厚重河南》的报道是记者用新闻的眼光、文化的视角、学者的思维打捞出昨天的文化写出来的，"姓氏文化寻根"《我从哪里来》系列报道是记者寻找祖先留下足迹一步步采写的，需要记者具备较强的驾驭文字的能力，文学、历史学、新闻学等多方面的专业知识，集专家、学者于一身，同时拥有敢于突破传统文体的创新精神，以此形成报纸的独特报道风格。新媒体时代，媒体应培养出全能型的媒体人才，见闻识广，乘风破浪，在新时代中占据一席之位。

（3）内容为王，精准定位，满足读者多样化、多层次的受众需求

"内容为王"是文化产业界公认的首要定律，好的内容是文化产业的基础①。当今，多元化的社会带来大众多样化的需求。读者对某篇报道不再是单一化的需求，而是多层次的，能满足读者品位、审美享受和获得知识等多方面的心理诉求。同时现代读者都有一种猎奇的心理，喜欢一种"新"，这种"新"表现在故事内容新，叙述（报道）方式新，读者欲知而未知的，并且是离自己不远的新事物。这就要求报纸、期刊和出版人员转变传统的报道方式，以一种贴近读者生活，读者所喜闻乐见的，讲故事的形式报道要讲述的内容，从不同角度、多方位满足读者的需求，同时也不失自己的客观性、报道的立场和独立意识，为传承和创新文化类的报道走出一条与众不同的道路。此外，互联网时代，每个人都处在一种

---

① 汪振军：《创意中原》，大象出版社2007版，第223页。

"碎片化"阅读和浅阅读方式中,读者的零碎时间增多,报纸期刊和出版行业应进一步顺应时代潮流,精准定位受众需求,提高自身的内容质量,满足读者多样化、多层次的需求,适应"碎片化"和浅阅读时代的到来。

(4)利用数字化技术,实现传统媒体和新媒体的转型与升级,加快媒体融合步伐。

网络技术和信息技术的不断发展,促进传统媒体和新媒体的相互融合,使之成为这个时代社会发展的新亮点和新趋势。新媒体时代的到来并不意味着传统媒体退出历史的舞台,它并不会被取而代之,而是在数字化中迎接挑战,培养新的生机和活力。麦克卢汉的"媒介即讯息",指出媒介本身就是有意义的讯息。新媒介形式的不断出现将会开创一个新的社会局面,对社会产生较大的影响力。河南的报纸、期刊和出版行业应充分利用新媒体技术,进行数字化转型和媒体融合,乘借时代东风,实现自身的数字化、线上和线下全方位为读者服务。同时专业媒体要凸显专业价值,创新传播形式,扩大传播渠道,培养自身的互联网思维,比如用户思维、大数据思维、平台思维和跨界思维等,发挥自身优势,使得一次采集到的信息多平台多次发布,更好地传播中原优秀文化,为传承和创新华夏历史文明贡献力量,充分占据这个时代的最高峰。

附

新闻出版如何传承华夏文明
——访河南人民出版社副总编辑蔡瑛

采访人:汪振军 穆毅

采访时间:2016年3月22日

新闻出版在传承华夏历史文明中扮演着重要的角色,新媒体技术的不断发展为新闻出版业带来了新的机遇和挑战,在不断更新的传播载体和变化万千的传播环境中,河南新闻出版业目前的发展情况怎样？如何更好地传承华夏历史文明？如何做好新老媒体的现代融合？如何打造新闻出版品牌？我们带着上述疑问，在 2016 年 3 月 22 日上午采访了河南人民出版社副总编辑蔡瑛。

1. 问：能否从您所在的出版社出发，谈谈目前河南新闻出版的发展现状？

蔡瑛：就河南人民出版社而言，在出书规模上，每年出书品种有 800 多种，新书 600 多种，其他 200 多种是重印书，这是总体的出版规模情况。在出版内容上，河南人民出版社是一个政治性、理论性和公益性的出版社，这是我们出版社的定位。河南人民出版社的出书范围主要分为四块：一是主题出版，即马克思主义中国化、时代化、大众化的最新成果。二是学术出版，即哲学社会科学研究的最新成果。三是公益出版，即带有社会公益性质的出版物，比如我们做的"河南文化援疆工程"。河南每年对口支援地区是新疆哈密，河南出版人每年为哈密出版 10 本书，这就是公益性质的出版物。另外，还出版有农家书屋、中小学馆配图书等，这些图书经济上不盈利，从根本上说是为了履行出版人的社会责任、文化责任。四是地方读物，即服务省委省政府中心工作和重点工作的图书。这四个出版版块，是河南人民出版社的出版范围，也是我们的出版职责。

从产业状况上来看，国内各家出版社的经济来源主要依赖教材、教辅，谁拥有教材、教辅等优质出版资源，谁的日子就好过，而且非常好过。缺乏教材和教辅优质出版资源的支撑，仅靠单品书一本本的累积，经济效益不佳。河南人民出版社虽然社会影响很好，但因为没有教材和评议内的教辅支撑，经济效益是很差的，运行也较为困难。为了履行出版职责，我们多年负重前行，得到了读者和作者的认可。

2. 问：出版社在传承华夏历史文明方面出版有哪些有影响力、在读者中反响较好的书？

蔡瑛：传承华夏历史文明一个是传承，一个是创新，而河南人民出版社更注重的是传承。河南打造"华夏历史文明传承创新区",积极传承着华夏历史文化。中原文化是河南人民出版社的重点版块,主要有以下几个大项目做支撑:第一个项目是《河南通史》。这是我社的标志性图书,以通史的形式记录了河南的发展脉络。第二个项目是《河南文化通史》。这本书是和河南省社会科学院合作的项目,300 万字左右,涉及中原文化的方方面面,实际上回答了三个主要问题:为什么说"一部河南史半部中国史",为什么说中原文化是中华民族文化的源头和主干,河南在中国具有什么位置。第三个项目是《河洛文化研究》丛书。它以丛书形式陆续出版,反映了河洛文化的方方面面。第四个项目是与郑大合作的《近现代中国与河南研究》丛书。它是以学术集刊的形式每年出版一本,至今已有 4 辑。其研究角度是以中国的视野审看河南、用河南的事实解读中国。第五个项目是《中原文库》。它更注重的是传承,从先秦到民国,只要是河南人所写的经典性作品全部汇集,以影印的形式出版,字数有 2000 多万字。

中原文化不是一个空泛的概念,包括戏曲文化、根亲文化、姓氏文化、武术文化等,内涵十分丰富,河南人民出版社不断对其内涵进行深化和细化。比如河南是戏剧大省,我们做了"河南稀有剧种抢救工程"丛书,对可能消失的稀有剧种进行保护和抢救。作为出版社,我们做的更多的是传承,为读者尤其研究人员提供更好的文本。

3. 问:您觉得新闻出版在传承华夏历史文化过程中起到什么样的作用?有着怎样的意义?

蔡瑛:出版是传承华夏历史文化的主要手段,具有思想精深、内容精良、制作精致的特点;就其形态而论,具有稳定、准确的特征。其作用与意义:一是具有保存作用,可将华夏文明优秀成果以文字、纸质形式传承,保证其不失传、不失真。二是具有创新作用,以学术研究的方式,探索华夏文明的当代价值,挖掘治国理政的智慧,挖掘人生智慧,这方面习近平同志做得很成功,常以"一句胜万言"的古人警句,阐述深刻的政治理念,深入人心。三是具有普及作用。以通俗读物的形式，向青少年普及优秀传统文化，汲取经典的优质养料，认识和了解中国传统文化。四是有"走出去"作用。华夏文化是中国软实力的重要组成部分，以出版方式传播华夏文化，可发挥其生动、可存、持久的特长，并以包容、求同存异的姿态走出去，更好地推广华夏历史文化。

4. 问：网络时代给新闻出版业带来了机遇与挑战，您觉得在数字转型中出版业面临什么样的问题？

蔡瑛：目前，受到网络及数字媒体的挑战，报纸、广播、电视都深受其影响，但图书受影响较少，所以图书出版业在多媒体、媒体融合方面做得不是很好，但也逐渐开始重视这一块。出版业进行数字转型过程中，由于前期投入量非常大，而出版社自身体量很小，所以做起来力不从心，需要有强大的支撑力支持。

不过现在也有点小起步。河南人民出版社做得比较成熟的是有声读物，就是在传统的纸媒上，用点读笔阅读，将静态化的书本予以视听化，给读者一种崭新的视听享受。其次是图书电子化，所有图书留存电子版交给云数据公司处理，与数字出版公司进行合作，有偿使用本社电子图书，增值纸质图书的社会影响力，等等。虽然在媒体融合和数字转型中做得还不成熟，取得的效果不太明显，但在这方面，出版社会不断增强忧患意识，加大数字出版份额，进一步适应新一代读者的阅读需要和满足读者多层次的阅读需求。

5. 问：目前，像三联、中华书局、广西师大等出版社在出版行业中是很有影响的。作为地方出版社如何做好书来传承华夏历史文化，打造我们的新闻出版品牌，您对此有什么建议呢？

蔡瑛：整个出版业是开放的，每家出版社的出版定位、出版优势是不一样的。地方出版社要出好书，就要比发达地区像北京的出版社费更大力气。第一，作为地方出版社，要在出版内容上利用地方资源优势。河南文化资源丰富，历史悠久，底蕴深厚，出版社要立足于本地文化资源做文化的传承和整理，深耕细作本土文化。第二，维护好河南本地的作者资源。比如对郑大、社科院、河大等的作者资源，下大力气联系、遴选、支持，保护和维护好本土作者资源。第三，要将本土资源推向全国。河南人做中原文化不能闭关自守，应该学会让河南之外的人接纳它，让中原文化开花结果。第四，积极主动做好公益推广。河南人民出版社做的河南中小学图书馆馆配图书，为中小学图书馆选择和配发适合老师和学生阅读的图书；农家书屋图书，选择适合农民阅读的图书，进行配给。其目的就在于传承中原文化，让读者认识和了解中原文化。作为出版社，做的事情不是立竿见影的，重要的是培养读者和培养作者。第五，做好品牌拓展。品牌宣传主要分为三个方面：一是出版社品牌宣传，二是单品书品牌宣传，三是作者品牌宣传。三者是一致的。我们经常说"社以书立，书以社立""作者托社、社托作者"，图书、出版社、作者是互动的。

在"互联网＋"时代，出版社必须在图书营销上有新的思路。图书仅靠一般的自然销售是很困难的，必须依托营销宣传推广。现在网上图书的销售量已远远超过实体店，比如当当网，现在人们更倾向于在网上购买图书。网购主要体现在便宜、方便、快捷，所以传统的出版社要以新媒体技术为依托加强营销推广，增强自身的影响力。

但是，由于利用新媒体技术进行数字转型先期投资大，加上出版业人员结构不太合理，吐故纳新较慢，缺少新媒体型人才，所以对数字转型的热度有待提升。不过，在当今的全媒体时代，我们开始逐渐意识到新媒体的力量，正在审慎布局，适应时代的发展，借助新媒体保持图书的生命力。

（执笔人：穆毅）

第三章　河南电影与华夏文明传播

电影作为一种大众传播媒介，不仅有着娱乐的功能，更具有传承文化、教育大众的作用。近年来，随着产业结构调整，河南电影的发展势头迅猛：2012 年，全省共有数字影院 121 家，银幕 590 块，座位数 82909 个，其中，新增影院 37 家，银幕 197 块，座位数 25186 个。2012 年全省电影票房收入 5.04 亿元，同比增长 55%。[①] 河南电影不仅在产业规模上有所扩大，而且在传承创新华夏历史文明方面也取得了丰硕成果：以《钧瓷蛤蟆砚》《新双喜临门》《叶问 2：宗师传奇》《念书的孩子》等为代表的优秀影片不断涌现，仿佛是一台时光机，把千年前的华夏历史文明搬到了大众眼前，通过创造性地转化与演绎，让受众感受到传统文化的魅力。目前，面对新兴的市场环境、媒介环境以及变化了的受众群体，如何进一步运用电影传承创新华夏历史文明并产生更大的影响力，成为河南电影处在复杂语境中的现实问题。

一　运用河南电影传播华夏历史文明的现状

中国电影自 2003 年实现全面产业化改革以来，市场化进程加快。2006 年年初，河南电影制片厂完成转企改制，组建为河南电影电视制作集团有限公司，到 2011 年，共出品电影故事片 50 部，

---

① 河南蓝皮书：《河南文化发展报告（2014）》，社会科学文献出版社 2014 年版，第 50 页。

戏曲片 3 部①。与此同时，在《国务院关于支持河南省加快建设中原经济区的指导意见》（国发〔2011〕32 号）中指出，河南省影视产业的发展应特别重视中原特色，创作出更多思想深刻、艺术精湛、群众喜闻乐见的具有国家水准的影视精品②。在政策支持、产业发展加速的当下，一批具有文化传承意识的河南电影人以华夏历史文明深厚的人文底蕴和丰富的题材形式为源泉，在展现文化特色方面、传承精神遗产方面和反映时代价值方面均有电影佳作出现，结出华夏历史文明创新传承的累累硕果。

（一）展现文化特色

华夏历史文明的起源在中原，对中原文化的具象展现有助于推动华夏历史文明走出象牙塔，以人民群众喜闻乐见的形式进行创新性传承。著名学者李泽厚认为："美在形式而不即是形式。离开形式（自然形体）固然没有美，只有形式（自然形体）也不成其为美。"③ 以此延伸，抽象的文化概念要依托富有意味的载体进行传播，方能达成理解，实现以"文"化"人"的初衷，而这"富有意味的载体"即称之为文化特色。笔者认为，中原文化特色在艺术层面上的杰出代表是豫剧，在生活层面上的突出形式是豫菜，电影作为综合性极强的"第七艺术"，在运用创新方式融合展现豫剧文化和豫菜文化方面取得了丰硕的成果。

1. 豫剧文化

河南豫剧电影源于 20 世纪 50 年代中期，从 1956 年拍摄的第一部电影《花木兰》开始，半个多世纪以来，逐渐涌现出诸多历史戏电影如《穆桂英挂帅》《陈三两》《寇准背靴》《七品芝麻官》《卷席筒》《包青天》《诸葛亮吊孝》《樊梨花》《抬花轿》《程婴救

① 李霆钧：《改革创新成效显著打造中原影视航母——庆祝河南影视集团成立五周年》，《中国电影报》2011 年 1 月 20 日第 16 版。

② 网易财经：《国务院关于支持河南省加快建设中原经济区的指导意见》，（2011 - 10 - 07）［2013 - 04 - 05］．http:/money. 163. com/11/1007/20/7FPR8K - 2900253B0H. html。

③ 李泽厚：《美的历程》，生活·读书·新知三联书店 2009 年版，第 27 页。

孤》等40余部，以及多样的现代戏电影如《李双双》《朝阳沟》《倒霉大叔的婚事》《我爱我爹》《村官李天成》《铡刀下的红梅》《新大祭桩》等30余部。它们把现代科技手段和地方传统文化以一种最佳的方式融汇起来，形成了一种独特的艺术形式。河南豫剧电影的突出优势是人物形象鲜明，各具特色，豫剧唱段优美精彩，深受观众喜爱。不少曾经引起轰动的豫剧电影中的名家名段至今仍被豫剧爱好者津津乐道，传唱不辍。中国戏曲向来以"雅俗共赏"著称，唱念做打，一板一眼中无不蕴含着华夏文明的独特美感，风云人物，动人故事无不传达着华夏文明的价值观念。同时中国戏曲又因地域差异分化为多样的曲种，河南豫剧是最能体现华夏文明艺术价值的直接形式之一，因此运用电影的方式传播戏曲文化，使传统与现代相交融，不仅受到了老百姓的欢迎，而且也凸显出时代性。

2. 豫菜文化

除了豫剧，中原饮食文化的瑰宝——豫菜更是具有渗透性和感染力的文化特色。豫菜，又名豫宴，即中原（河南）菜系，是对在带有中原传统文化内涵的烹饪理论指导下，运用具备中原地域特点的技术和材料所制作的菜肴、面点和宴席的总称。有"烹饪鼻祖"和"中华厨祖"之称的伊尹便出生于河南杞县空桑，当代豫菜是在原宫廷菜、官府菜、市肆菜和民间菜的基础上，根据中原物质条件，逐步积累演变而发展起来的。运用电影表现豫菜能增强认同感的原因有三：首先，中国人的审美体验最早直接起源于味觉，而美中典范当数五味调和。"五味调和"是中国传统烹饪技艺中的根本要求，也是鉴赏美食的最高境界。食物中的五味共存就像豫菜始终坚持质味适中的基本传统一样，突出和谐、适中、平和适口不刺激的显著特点。各种口味以相融、相和为度，绝不偏颇为基本原则，如同百家争鸣重诸多思想的调和，体现出"和而不同"的典范；其次，华夏历史文明推崇"药食同源"，味觉对于中国人除了是一种生理上的需求之外，更主要的是它具有治病和养生的实效性功能；最后，运用电影符号学原理，用"食"元素作为诠释文化的符号，能更加深入地体现豫菜文化的魅力。因此，"吃"是联系家庭生活的基础；是人情感交流的纽带；是体现母慈子孝的媒介；是诉说朋友衷肠的桥梁；更是展现中华民族文化渊源的载体。近年来，河南陆续推出了《烩面馆》《豫菜皇后》《道口烧鸡铺》《洛阳水席》等一系列能够展现豫菜文化的电影，为传承创新华夏历史文明做出了有益尝试。

（二）传承精神遗产

在华夏历史文明的三个层面——器物、制度和精神中，其核心是精神价值的传播。"天行健，君子以自强不息，地势坤，君子以厚德载物"，《易经》里的这句话，传达出华夏历史文明中天人合一的独到理念，弘扬了百折不挠、昂扬向上的精神风貌。华夏历史文明中最能体现此种精神的是功夫文化，以其行侠仗义、强健体魄、济弱济贫的优良传统成为中华精神的典范，"武侠片"亦成为中国贡献给世界的独特电影类型。

1. 功夫文化

起源于嵩山少林寺的少林武功，自古以来名扬四海。较早将少林功夫以影像艺术形式展现的当数著名的香港邵氏电影公司，其先后出品了《少林寺》《南少林与北少林》《少林三十六房》《少林英雄榜》《少林搭棚大师》《少林与武当》《三闯少林》《少林传》《霹雳十杰》等十多部功夫电影佳片。此外，台湾也于1981年拍摄了武侠片《少林寺传奇》。这些以"少林"为主题的影片在亚洲影视界产生了广泛影响，形成了一定的知名度。20世纪80年代由张鑫炎执导的《少林寺》（1982年）和《少林小子》（1984年）使少林功夫真正为国人熟知，一时间红遍大江南北。主演李连杰成为功夫电影明星，同时两部影片把少林功夫中刚正不阿的精神追求，演绎成一场轰轰烈烈的正义与非正义的斗争，从而大大丰富和增强了少林功夫的价值内涵。进入21世纪，作为"功夫文化"的发祥地，河南逐渐产生成为武侠功夫电影出品推送主力军的强烈愿望。在此趋势下，《叶问2：宗师传奇》的推出无疑为华夏历史文明的传播注入了强心剂。

2. 历史文化

"以史为鉴，可以知兴替。""居安思危""继往开来"是华夏历史文明的精神承载，河南更是拥有发掘历史文明的优势——中国八大古都，河南占据其四。基于如此厚重的历史积淀，《河南省建设文化强省规划纲要（2005—2020 年）》中把"以夏商周文化、汉魏文化、唐宋文化为代表的中原历史文化"（亦即"古史文化"）作为河南省建设文化强省的八大得天独厚的条件之一①。河南电影电视制作集团有限公司曾聘请国际著名导演于仁泰，推出《忠烈杨家将》（2011 年）；古都洛阳于 2011 年拍摄首部电影《甲天下》（又名《牡丹花儿开》），汇集了才子骆宾王、女皇武则天和牡丹文化等元素，宣传了洛阳的历史与文化。

（三）反映时代价值

华夏历史文明在当代的价值和意义是什么？如何凸显出其适用性，反映出华夏历史文明的时代性特征？进入 21 世纪，一批反映当代河南人精神风貌的优秀电影，比如河南喜剧系列——《鸡犬不宁》《不是闹着玩儿的》《就是闹着玩儿的》《给你一千万》《钧瓷蛤蟆砚》等，以喜剧手法表现了华夏历史文明中对诚信、义气的提倡。其中，《钧瓷蛤蟆砚》结合了对非物质文化遗产钧瓷的保护，反映了推行华夏历史文明的必要性和时代价值。

1. 非遗文化

《钧瓷蛤蟆砚》是由国家一级导演，曾在河南电视台任电视剧导演的司玉生执导，并由郭达、陈韬等明星加盟的乡村题材方言类电影。电影主要展示了新时期农村各色人等的生活状态及遇到"宝"后的百态。河南农村青年永生正在为"试验小飞机"的经费时发愁却意外得"宝"——钧瓷蛤蟆砚，他想将"宝"投入试验，实现"飞"的理想。永生的女朋友刘婷却主张换砚为钱，实现自己

---

① 新闻资讯：《河南省建设文化强省规划纲要（2005—2020 年）》，（2005 - 11 - 24）［2013 - 04 - 05］，http：//www.ilf.cn/News/48016.html.

对爱情与家庭的追求。永生爹想借"宝"长脸改变贫穷的面貌。婷儿老爸刘大嘴却主张以蛤蟆砚换闺女。而考过北京电影学院自觉"怀才不遇"的杀猪哥们儿白来财却借机过戏瘾。故事的结局以永生、婷婷坐上自己制造的"大花"号小飞机、刘大嘴极尽挖苦自己女婿之能事、永生爹以儿子为傲和白来财进入监狱而告终。电影中的河南坠子也渲染出了河南的地域文化特色,而"钧瓷蛤蟆砚"的出现更将地点锁定在河南禹州。传统的大片农田在这里已不再出现,景点大多是果园、树林等。红红的果实、鲜明的色彩,是让人们立即想到了丰收富裕的幸福符号。随着我国农村城市化进程的加快,城乡关系在现代性的语境中正经历着冲突与融合的互动变化。农村城市化虽是一个难以阻挡的趋势,但是我们需要保留一份对乡村文明情感的依赖和对现代性负面效应的排斥。河南乡村方言电影为这种互动与清醒提供了一个良好的缓冲平台:既要承认农村城市的二元状态,也要为未来提供一种展望。电影《钧瓷蛤蟆砚》即为此类电影的写照。

2. 育德文化

不仅是喜剧,一系列反映华夏历史文明中育德文化的电影亦取得了不俗成绩,这其中的代表即是《念书的孩子》系列。2012 年,由河南金象影业有限公司出品,著名作家孟宪明编剧,原雅轩执导的电影《念书的孩子 2》,是一部反映社会热点问题的公益电影,也是《念书的孩子》的延续。这部电影创作新颖、立意深刻,紧扣当前社会热点问题,以独特角度关注并反映了社会深层次现象和问题。影片讲述的主要是小主人公开开进城之后和同学们以及开开的狗"小胆儿"之间的动人故事。据了解,在 2012 年举办的第九届圣地亚哥国际儿童电影节上,中国电影《念书的孩子》斩获了两项国际大奖,创造了中国参赛电影的最佳成绩。电影中"开开"的饰演者李佳奇更是两次获得圣地亚哥国际儿童电影节"最佳儿童演员奖"。

二 运用河南电影传承创新华夏历史文明的案例分析

（一）传承文化特色方面

以 2015 年 6 月 16 日在河南人民会堂举行首映的戏曲喜剧电影《新双喜临门》为例。该片改编自 20 多年前的越调小品《双喜临门》，由河南电影电视制作集团有限公司和洛阳银华影视传媒公司联合拍摄，著名剧作家、国家一级编剧张芳执笔，获得中国电影华表奖的马成赟导演执导，河南省曲剧团团长、豫剧名家孟祥礼和曲剧名家方素珍领衔主演，白军选、郭秋芳、冯彩云、王奎、景帅媛等参与演出，讲述了农村大叔李老栓啼笑皆非的爱情故事。李老栓早年丧妻，独自养大女儿春桃，改革开放以来，他靠改良花木苗勤劳致富。但是李老栓却在相亲过程中被花木苗倒爷韩橛搅和得哭笑不得，闹出不少误会，慌乱中笑料百出。最终李老栓与王素英，春桃与王素英的儿子铁柱两对恋人美满结合，"双喜临门"。主人公李老栓性格开朗，有经济头脑，但又不失本分，对待生活有积极乐观的态度。他的女儿春桃单纯善良，在爱情与亲情遭遇冲突的时候陷入烦恼，但始终体谅父亲的难处，理解父亲的苦衷，最终父女俩解除了误会，在获得爱情的同时也更加体会到了亲情的分量。电影融合了喜剧、戏曲的创作特点，运用纯正的唱腔、爆笑的语言、夸张的表演以及感人至深的故事情节刻画出一群乐观向上、风趣幽默、敢于追求真爱的当代农民形象，展示了优美的乡村环境和淳朴的风土人情，同时散发出孝道亲情的温暖。导演马成赟表示，戏曲电影《新双喜临门》是河南影视界与戏剧界的艺术家们"深入生活、扎根人民"的又一次具体实践[①]。在笔者看来，《新双喜临门》取得的艺术成功是

---

① 央视网：《戏曲电影〈新双喜临门〉爆笑首映》，2015 年 6 月 17 日，http：//xiqu. cntv. cn/2015/06/17/ARTI1434523469531824. shtml

运用现代电影技术手段展现文化特色的一大突破。

2005 年，国内第六代导演胡雪杨导演的影片《烩面馆》，是关注生活在社会底层和边缘的进城务工人群的情感力作。没有大腕明星的加盟，没有风花雪月和跌宕起伏的故事，更没有超强视觉刺激的场面，单单是农民工怀着实现人生梦想的简单诉求，就能让观众在影片主人公的辛酸、辛劳、辛苦中，感受心恸。片中人物深沉细腻的感情，蕴含在一碗热气腾腾的烩面里。2008 年，导演韩万峰执导了第一部为振兴豫菜而烹制的电影《豫菜皇后》。电影以一个女孩的学厨成长经历为线索，在剧情跌宕起伏的同时，不忘将一道道精美豫菜展现在观众眼前。电影中"厨王争霸"的情节更是让观众领教了豫菜厨师身手不凡的刀工和绝活，充分展示了豫菜的商周古韵，汉唐遗风，让观众在娱乐的同时体会豫菜文化所蕴含的悠久历史和文化积淀。2012 年，韩万峰执导了又一力作《洛阳水席》，电影以"洛阳真不同"饭店里的一名毕生都在寻找洛阳水席真谛的老厨师为主人公，讲述了发生在他身边的家庭变故、子女婚姻、师徒理念，以及他最终成功挖掘并恢复洛阳水席这一大唐盛宴的曲折故事，阐释出洛阳水席的真谛——家庭、亲情、团圆。该片将洛阳水席这一饮食文化与电影艺术结合起来，在现代传媒技术手段的表现下，不仅向观众展示了洛阳水席这一东方美食奇观，更将其自身蕴含的古老智慧和灿烂文化传播到一个更加广阔的领域和更高的层次上来。

（二）展现历史文化方面

作为主投方和第一出品方，河南电影电视制作集团联合香港东方电影制作有限公司拍摄制作的主流商业大片《叶问 2：宗师传奇》自 2010 年 4 月 27 日登陆全国主流院线后，一周时间票房过亿元，累计内地票房收入 2.34 亿元，全国共有 1000 多家影院同时放映，约 700 万观影人次，全球票房突破 3 亿元。这一票房在 2010 年上半年公映的华语片中一枝独秀，成为当时唯一一部票房破两亿元的影片，全年度名列第五。其豪华的明星阵容，精良的制作团队，浓厚的爱国情怀，深受广大观众的喜爱和褒奖，堪称是艺术与商业结合的完美典范。[①]《叶问2：宗师传奇》讲述的是中日战争期间，叶问以双拳捍卫了中国人的尊严，不惜开罪日本皇军逃离佛山，战争结束后，叶家三口于佛山生活艰难，于是叶问在1949年带同妻儿前往香港建立新的家园，展开了新的人生的故事。其中的家国情怀、武人尊严，无不回响着华夏历史文明精神的最强音。

2011年1月9日，由洛阳影视传媒集团、洛阳广电影视文化发展有限公司和洛阳广海文化娱乐发展有限公司联合出品的首部反映洛阳历史文化和牡丹文化的故事片电影《甲天下》在洛阳奥斯卡影院举行看片会。《甲天下》采取唐代戏、民国戏、现代戏"三段式"结构拍摄手法，以洛阳牡丹为背景，用电影艺术的手法将女皇武则天、才子骆宾王等历史人物，以及孟津平乐牡丹村人传承牡丹文化等历史故事集中展现在观众面前。三个不同历史时期的"洛阳牡丹花王""牡丹石碑""女皇武则天""才子骆宾王""平乐戏班""平乐牡丹画"等故事有机贯穿起来。影片通过唐代、抗日战争时期和现代的三段体情节，串联起洛阳牡丹在世事沉浮中永开不败的故事。片中，抗日战争那段戏份主要讲述洛阳孟津县平乐戏班"小牡丹"郭赛男被日军挟持，在生死关头依然冒死保护牡丹王，后来在厌战的日军军官山田的帮助下，终于保住牡丹花王的故事。三段故事通过一脉相承的温情和大义，带领观众一起感受河洛历史的源远流长和牡丹文化雍容华贵的动人魅力。

（三）反映时代价值方面

电影《念书的孩子》主要讲述的是一个9岁的留守儿童开开的故事，真实反映了中国当今农民工子女留守农村的社会现象，同时也指明了对留守儿童教育的方式和方法。影片告诉我们做事要把握当下，面对现实，战胜灾难和困境。整个剧情朴实感人，

---

① 李霆钧：《改革创新成效显著打造中原影视航母——庆祝河南影视集团成立五周年》，《中国电影报》2011年1月20日第016版。

生动有趣，催人泪下。2012 年 6 月 25 日，中央电视台电影频道与河南金象影业签约购买了少儿电影《念书的孩子》全球电视媒体和网络媒体的版权；2012 年 8 月 16 日，电影《念书的孩子》被中国国家教育部、国家广电总局评为优秀影片并推荐给全国中小学组织观看。

三 河南电影传播华夏文明所面临的挑战

河南电影处在转型的历史节点，运用电影传播华夏历史文明面临着巨大的挑战。

一是电影的市场化竞争对河南电影传播华夏文明构成压力。院线改革化以来，国内电影产业进入全面市场化，"电影事业"面临向"电影工业"的转型，"受众需求"成为指导意见，票房收入成为硬性标准。在刚刚过去的 2015 年，全国电影票房收入超过 400 亿元的情况下，河南电影票房收入仅取得了 1 亿元的份额，因此运用电影传承创新华夏历史文明的形势不容乐观。从电影题材方面来看，近 7 年最受欢迎的影片类型里，进口片中的科幻、动作和冒险类型最受观众追捧；国产片中，喜剧、动作和爱情片占据前三名。而河南电影中传承华夏历史文明的影片里，除了《叶问 2·宗师传奇》类的功夫片，传承华夏文明特色的戏曲、豫菜、历史等电影均未在全国取得广泛影响力，仅局限在地域内的小范围传播。

以传承华夏历史文明为己任的河南电影没有打开市场局面，中国电影市场又普遍存在泛娱乐化的现象，对此，电影局局长张宏森认为："中国电影产品的平衡能力还不够，市场既需要有足够的满足观众娱乐需求的产品，也需要有足够的满足观众对艺术要求的产品。再往前走，就是深度化需求，满足个人的思想深度这样的需求。目前我们的平衡做得不好，有时候在文艺上走得过重，有时候在娱乐上走得过重。我们的文化平衡能力、文化协调能力还有待进一步加强。"他认为电影人应该反思自己，是否能够亮出佳作、少些抱怨，"不要把责任一股脑儿推卸给票房与市场，更不要埋怨观众没品位、同行欠水准"。① 中国电影需要全类型、多样化的风格，其核心地位仍然是以戏剧、故事为本体的讲述方式，但是目前为止，承载华夏历史文明传承的河南电影恰在结合时代特点、呈现出精彩故事方面存在欠缺，导致竞争力不足，前文提到的诸多优秀电影有大部分未产生较大社会影响力和产业效益。

二是依托互联网技术形成的新媒体环境给河南电影带来新的考验。中国互联网络信息中心（CNNIC）发布的第 35 次《中国互联网络发展状况统计报告》显示，截至 2014 年 12 月，我国网民规模达 6.49 亿元，其中手机网民为 5.57 亿元，互联网普及率约为 47.9%。2015 年 3 月 5 日国务院总理李克强在政府工作报告中提出国家要制定"互联网＋"战略，首次将互联网建设上升到国家层面。在互联网时代的大环境下，电影的经营和推广方式已全面向新的媒体运作机制转向。如今传媒业被互联网颠覆的格局无须赘言。广告公司也把广告投入放在了新媒体上。显而易见，电影营销的主要阵地就是互联网，某种程度上讲，电影营销的主要通路与渠道已经被互联网所取代。而互联网大平台上，社会化营销的渠道又是其主要的营销宣传渠道。反观上述以传承创新华夏历史文明为主题的电影，以《念书的孩子》为例，2012 年 6 月 25 日，中央电视台电影频道向河南金象影业签约购买了少儿电影《念书的孩子》全球电视媒体和网络媒体的版权。除此之外，该影业公司未借助互联网平台做具体的系统化、流程化的营销行为，这导致河南金象影业虽然担当起了社会责任，制作出了《念书的孩子》这部在传承华夏育德文明的同时也关注了留守儿童现状的好影片，但并没有在国内产生较大影响力，从市场到传播，基本上是草草收场。可见，以传承创新华夏历史文明为主题的电影经营与推广的方式是与当下脱节的，其营销模式也亟待成熟。《念书的孩子》这样一部具有思想内涵与现实意义的影片不广为人所知，令人惋惜。

---

① 陈少峰、徐文明、王建平：《中国电影产业报告 2015》，华文出版社 2015 年 8 月版，第 3 页。

四　推动河南电影传承创新华夏历史文明的对策

首先，要抓住机遇，认清时代赋予河南电影传承创新华夏文明的必要性。经济社会发展的阶段性特征影响着社会思想情绪的变化，使稳定社会心理、维护社会和谐的难度加大。民生保障期望与社会建设进程存在差距，加之社会节奏的加快、竞争的加剧，由此引发的社会不良情绪、心理失衡增多，化解矛盾、理顺情绪的任务越来越重。经济社会的变革也带来精神文化的嬗变，社会环境的开发带来思想观念的活跃，各种思想文化相互影响，社会思想道德领域呈现出一些新问题。人们对发展前景充满信心与一些人信仰缺失并存，追求真善美与道德失范并存，一些是非界限、美丑标准受到冲击，因此有效引领社会思潮、形成良好社会风尚的任务越来越重。华夏历史文明提倡的天人合一、通达态度和平衡思考为滋润现代人心田起到深远作用。

其次，要提升电影展现华夏历史文明的艺术性。河南作为华夏历史文明的发源地，本身就具有得天独厚的丰富历史文化资源，但在艺术性和故事性方面，很少有具有影响力的佳作出现。究其原因，在于没有对文化资源进行进一步的艺术性加工与提炼。而在转化历史文化资源这一点上，2015 年 12 月 24 日上映的电影《老炮儿》做出了精彩的范例。

《老炮儿》是由管虎导演，冯小刚、张涵予、李易峰、吴亦凡等主演的动作电影，该片讲述了当年名震京城一方的顽主六爷被时代所抛弃，现在孤身一人跟他的几个老哥们儿固守着自己的生活方式。他的儿子晓波得罪了人被私扣了，为了救出儿子，他与几个老哥们儿们狠狠地教训了崛起的新一代顽主。《老炮儿》在取得不俗票房成绩的同时也获得了良好的口碑：2016 年 1 月，由中国电影艺术研究中心联手艺恩共同开展的中国电影观众满意度调查结果揭晓，该片获评 2015 年度最受欢迎国产片。《老炮儿》把故事背景置于北京胡同中，北京胡同曾经是一个最有传统积淀的社会，皇城根的大气、见多识广的机智等都凝结在这里，形成一套独到的都市文化。而新中国首都的生活文化又有自己的一套特色。这些构成了20世纪70年代北京的特色，经过30多年的变迁，已经发生了根本改变。但六爷还是用当年的方式待人处事，有一肚子的不合时宜。这些人的价值观未必合乎社会最主流的价值，但却是延续着民间的传统，让人感受到一股强烈的文化吸引力。地道的北京话，生动立体的人物设置，普通人身上的闪光点展现，富于冲突与传承地讲述传统文化境遇的好故事，《老炮儿》趋于完美的融合成果所带来的启发，值得拥有文化资源的河南电影好好借鉴与体悟。

电影具有独特的追求意境美的传统，这与把情景、物我融会为一的意境创造作为最高境界的文学艺术传统一脉相承。中国古代天人合一的哲学观及中国艺术之精神，为意境美学融入银幕艺术提供了根本的哲学依据及艺术文化支撑。从审美的角度看，电影作为一门时空型综合艺术，融影像的具体直观性与意蕴的无限丰富性为一体，能充分地调动自身的各种艺术元素创造出独具东方神韵的意境之美。从文化艺术的传承性与兼容性上看，中国艺术精神及意境美学也是当代电影艺术取之不尽的艺术宝库。宗白华从层深结构上将意境分为直观感象的摹写、活跃生命的传达、最高灵境的启示三个层次。同理，电影意境在美学品格上也呈现出不同的深层境界：首先是表意空间的艺术创构；其次是生命之思的审美建构；最后是超越时空的灵境启示。这三个层次并不是截然分开的，它会随着欣赏者的不同而进入不同的境界层深。判定影片意境的深浅，不能单凭某一画面、某个镜头而定，而主要看其整部作品能否呈现出感人至深的艺术氛围，能否揭示出独到的人生历史感悟。

当前中国正处在社会转型期，面对好莱坞电影的强烈冲击及商业大片的非审美化倾向，电影的艺术价值受到了前所未有的质疑，电影意境的营造也陷入了两难境地。碰撞中的尴尬不容忽视，但民族的艺术精神同样不能放弃。百年的电影发展历程已经证明：有意境的影片，未必不会有经济效益，有意境的作品能够历久弥新，焕发永久的生命力。电影意境是观众向往已久的审美期待，是影片艺术品格提升的有利途径，营造意境对河南乃至中国电影的发展具有重要的文化价值与美学意义。

再次，找准贴近受众的切入点。年轻人是目前支撑中国电影市场的主要力量，据中国电影家协会与中国文联电影艺术中心共同发布的《2015 中国电影产业研究报告》显示，在全部的观影人群中，90 后人群以 17.1% 的人口占比贡献了 42.1% 的票房；80 后以 14.9% 的人口占比贡献了 35.1% 的票房；两者以共约 32% 的人口占比贡献了超过 77% 的票房。约 4000 万 16 岁至 35 岁的年轻人贡献了 230 亿元票房；其余 8600 万人贡献了剩余的 66 亿元票房。[①]

市场需要不同的语言表达和不同的样式呈现。河南电影怎样抓住时代脉搏，创作出人民喜欢又有市场的电影，这里可以用王长田的一段话来做注解："假设整个行业是一个圆，中间为圆心，能量自圆心一层一层向外扩散的话，你站得越靠边缘，掌握的信息就越少，而你站在中心位置，各种信息都将向你汇集。想想看，你在边缘，人家在中心高速旋转、巨量吸附资源，最后的结果一定是把你越甩越远。大家一定要特别关注当下年轻人的潮流文化、兴趣变化等，他们渴望迅速垫付，渴望领导潮流，三、四线以下城市的年轻人渴望跟进潮流。尤其是小一点的企业，产品就是一切，没有产品什么都别谈，产业模式最终一定是要体现到某一产品或某一服务上的。如果产品不能被具体化，不能满足用户需求，那么这个商业模式是没有任何价值的，概念再好都没有用。"[②] 把握年轻观影群体的心理和需求，找准推广方式，创造性地利用新兴媒体向年轻观众推送传承华夏历史文明，运用高超的艺术手法在电影中传承与创新华夏历史文明，是当代河南电影理应承担起的文化重任。

最后，注重人才培养，发动民间力量，引进技术创新。在各类竞争中，人才的竞争是最核心的竞争。在当前国内机遇与挑战并存的形势下，实施人才发展战略，加大人才资源开发利用力度，建设

---

① 陈少峰、徐文明、王建平：《中国电影产业报告 2015》，华文出版社 2015 年版，第 2 页。

② 同上书，第 4 页。

高素质人才队伍，是河南电影迎接机遇、应对挑战的必然要求。目前我国电影行业从业人员数量呈上升趋势，教育程度有较大提高，学科背景也更加广泛。在从业人员整体状况呈逐渐好转的同时，河南电影人要想积极应对各种状况，必须提升自身的核心竞争力，打造本土化、特点化、个性化的发展理念，归纳总结出目前的人才发展状况与人才管理策略的优势与劣势、机遇与威胁，整体把握河南电影现有的人才资源与人才政策的实施成效、存在弊端、发展方向，从而为更加积极科学地管好人才和用好人才提供参考性意见。河南电影教育应总结吸收国内外媒体人才发展战略研究的理论与研究成果，专门制定从人才的甄选、培训到任用、管理等各个环节都具有意义的实施措施。通过高校和影视机构的联合培养模式，打造同时具有实践能力和理论高度的河南电影人才是实现电影具有可持续地传播华夏历史文明动力的必由之路。

在"互联网＋"的大环境下，大数据、众筹等技术对电影业也产生了巨大影响。大数据运用在电影创作、电影营销、商业植入、周边产品开发等方面都有很大的价值。从剧本创作到导演、演员以及其他主创人员的选择，再到拍摄及后期制作，乃至营销，其背后可能都会有数据分析的影响。众筹是一种新的互联网投融资模式，以阿里为例，2014年3月26日，阿里巴巴数字娱乐事业群发布娱乐宝平台，网民出资100元即可投资热门影视剧作品。娱乐宝预期年化收益率7%，不保本、不保底，每人最大购买金额不得超过1000元。此消息一出立刻引起网络之上的激烈讨论，尽管阿里巴巴集团总监顾建兵否认娱乐宝模式是众筹的一种，但不得不说娱乐宝的运作确实有着众筹的基因，并且是借鉴了众筹的概念进入电影投资。娱乐宝是互联网化金融产品在中国文化产业的首个大规模应用，标志着互联网开始从在线售票等产业链下游向上游投资进行渗透。此外，因为娱乐宝本身具有众筹的特点，在募集资金的过程中很容易产生大量数据，因此娱乐宝完全有可能在分析大数据的基础上了解市场，定位观众，以此实现投资、内容、后期宣传为一体的更具针对性的精细化营销。这更有利于分析受众，以使包含华夏历史文明的河南电影作品以恰如其分的方式传递出去，实现其有效传播。近年来随着民间拍摄微电影的热情不断提高，影视设备的购置成本越来越低导致技术壁垒的降低，借助大数据和众筹的技术基础，发动华夏历史文明在"全民拍电影"的热潮中的传承创新，是目前的政策支持下运用电影传承华夏历史文明的最新、有效并值得进一步优化的途径。

附

如何运用影视传承华夏文明
——访河南影视编剧孟宪明
采访人：汪振军　乔小纳
2016 年 3 月 22 日

影视在传承华夏历史文明中起到了普及性的作用，是直观、生动地展现华夏文明的艺术表现手段。在当今新的传播形式的挑战下，河南影视将如何发展？如何更好地传承华夏历史文明？如何进一步扩大其影响力？带着这些问题，2016 年 3 月 22 日下午，课题组成员就影视与文化传承以及河南影视的生存与发展问题，对著名影视编剧，同时也是民俗学家的孟宪明老师进行了专访。

1. 问：作为民俗学家，您对华夏文明的理解是什么？

孟宪明：说起华夏文明，有一个问题很令人瞩目，为什么世界四大文明古国就中国独存，其他三个都不存在了？我们要查一查这个深刻的历史原因是什么，是什么东西保证了我们这个民族能一直延续下来，并且越来越壮大，我觉得是以下几个原因：

第一是源自于中华民族的信仰，我们的信仰是祖先崇拜。祖先崇拜的最大好处是不排除、也不排斥别的崇拜，就是说我的祖先英明、伟大，不排除你的祖先也英明、也伟大。这样一来，在中华民族这块土地上就没有发生过宗教战争，形成了一种很具有包容性的文化心理，保证了华夏文明的延续性。

另外再说一说中国的农业文明，农业文明的历史应该有八千年之久，但是，在这漫长的历史时期里，基本上没有产生环境污染问题，这是一个很了不起的事情。我们的土地至少耕种了五千年，到今天还在耕种。可是进入现代化以来，我们大量使用化肥，从20世纪七十年代到现在还不到五十年的时间里，我们的土地就出现了严重的问题，板结得很厉害。如果不使用化肥，不使用农药，大蒜就长得很小，粮食就严重减产。农业文明能保证土地使用了五千年还能使用，谁能保证今天的土地还能使用五千年？五百年做得到吗？这难道不是应该思考的问题？

关于华夏文明我再举个例子：工具是让人用的，如果一件工具达到了艺术的高度，那就不仅仅是用，而是进入了精神的层面。五千年的农业文明，其实让生活的方方面面都达到了艺术的高度。你看看阡陌纵横的田野，你看看田野里对庄稼的侍弄，再看看那些家具，哪一件不是按照艺术的原则在创造？中国很多民间的东西都有着朴素而崇高的美学追求，在这样的不断熏陶下，我们生活的每一个细节，中国人的每一个毛孔，都受到了文化的浸润。所以我认为对于研究咱们国家的传统文化，怎样了解都不算多，因为实在是太博大了。

2. 问：那作为编剧，您认为运用电影传播华夏文明的优势是什么？

孟宪明：因为电影的文字少，靠画面来描述事件，让人容易接受。从跨文化传播的层面来看，我们的小说你翻译过去了外国人也不能像我们那样理解得很深刻，因为存在文化差异问题，如果能恰当地运用电影，就能巧妙地解决这一问题，具有了普及性。

比如2010年的时候，《新年真好》第一次在美国得奖，我挺意外的。因为当时就觉得这是一个典型的中国故事，外国人能看懂吗？后来是一位记者告诉我，他当时采访了一个美国小孩，问你看懂了吗？他说看懂了，那记者又问你能说说中国的"年"是什么吗？美国小孩儿就说中国的年就是中国的狂欢节，这个小孩说《新年真好》里看到了孩子领红包，又蹦又跳，又放炮，每天兴奋得不行，他说中国的狂欢节就是"年"。最后，那位记者让他用一个词概括这个电影，他就用了一个词，翻译过来的意思是"温暖"，一个美国孩子在这部中国电影里看见了温暖，他一下子说得我很感动。

再来说说《念书的孩子》的情况吧，在美国圣地亚哥儿童电影节的现场，300多人的电影院，我坐在下面一块陪着看，没到10分钟，这些美国人就开始掉眼泪了。我虽然看了好几遍，但在当时那个氛围里，也掉了眼泪。到结束的时候我们上去接受大家的提问，站在台上往下一看，美国观众的深眼窝都揉大了一圈儿，熊猫似的。现场人家给我提个问题，提得极好。他说你的电影，你编剧的这个《念书的孩子》，没有对立面，没有坏人，没有冲突，为什么让我们如此感动，你一反好莱坞的编剧规律，你为什么是这样的呢？我当时回答说好莱坞是好莱坞，孟宪明是孟宪明；是鸟在天上飞，是鱼在水里游。回国以后在一次会议上，又有人提出这一问题，这次我给出了详细的回答：编剧有很多种，我的编剧风格是其中的一种，你不感觉这很好吗？这是我对中国农村和中国社会的理解，我所观察到的真正的生活。没错，现在都在说好莱坞模式，强调剧本里要有悬念要有冲突，可现实是什么呢？你这一辈子见过几次打架？几乎没有。中国人不这样解决问题，中国人要是走到打架的地步就说明情况已经非常恶化了，比如要是两口子打架那就是快离婚了，要是街上的人打架，那就是要抓人了。真正坐下来过日子的都不打架，我们有自己的解决方法，正常的情况下是能谈则谈，能和则和，同样把事情解决得很好。所以你看，在我们的文化里，有很富有特色的"中国叙事"，要坚持文化自信，把我们的特色贯彻下去，这样不管文学作品也好，电影也好，都会在弘扬文化方面起到影响力。

3. 问：您对当前河南电影的现状有什么看法？

孟宪明：人才太少了，关键是人，这是个培养问题。人才少导致产量上不去，质量也缺乏保证。你就拿今年咱们郑州本土电影节的活动来说吧，请我去参加，我在现场看到的情况是，一共就4部电影，十几部微电影，其中4部电影里我的占两部。所以要发展首先要解决人才问题。

4. 问：那河南电影要如何做呢？有没有什么好的建议呢？

孟宪明：今天的中国面临着什么？我有一个看法，中国目前的文化界、思想界面临着西方14世纪、15世纪的文艺复兴的局面，文艺复兴并没有创造出更多的新的东西，它只是把古希腊、古罗马的经典文化进行了全新的解释。那么中国的文化现在也是这种情况，我们的经典文化还在那，我们要做的是怎样诠释它，赋予它新的内涵。文化是最核心的东西，就像一个人的骨架，一个人的高度是靠骨架立起来的，只要脊梁在，胖一点、瘦一点都不要紧。

河南电影要好好利用地域优势，发掘出我们的文化里极其真实、极其动人、极其深刻的东西来，它不是表面的东西。我们要回答的是，这些经典要怎么呈现？有怎样超能的力量？比如说中国信仰的五大内容，天、地、君、亲、师，那么其中的"天、地、君、亲"，与西方文化或多或少都有重合的地方，唯独"师"这个概念，是作为信仰进到中国人的内心的，这是中国文化所独存的内容，西方没有。西方没有把老师当成崇拜的对象，东方不一样，所以中国的师生关系，完全不同于西方，也不同于任何一个民族的师生关系，"一日为师，终身为父"，那么中国人是什么时候把老师作为自己崇拜和信仰对象的？中国的师承关系到底是怎样的？单就这一点把它的文化内涵好好挖掘，就能做成一部极有文化理念的电影，从理论上讲，也是回答了一个重要的命题。

除了要重视发掘文化内涵，还要把眼光放得长远些，不能只顾眼前的一点商业利益。从现在的大环境上来说，商业片势头迅猛，但是我们不要忽略，商业片只是电影类型中的一种，其中还有一部分是艺术片，难道就因为艺术片回报少就不重视，一股脑儿去扎堆商业电影了吗？艺术片对于文化的传播，特别是对中青年影视人才的技艺磨炼具有重要意义，如果因为观众数量少而轻视了艺术片的发展，那么从长远来看对于河南，甚至中国电影都没有益处。

眼光放长远还有一层意思，就是不要浮躁，要打磨好自己的作品。我们都知道电影，还有电视剧，是一种与资本紧密联系的艺术，资金的很大一部分其实是用于支付演员的片酬，演员的腕儿越大片酬越高。但是我下面要说的事是要说明，要想做出优秀的影视作品，资金其实不是主要因素，剧本才是，因为如果剧本是经过耐心打磨的，是让演员喜欢、折服的，他（她）们甚至会主动提出降低片酬：以我 2009 年在央视推出的电视剧《大国医》为例，男主角赵文瑄就主动降低了片酬。资方老板告诉我，赵文瑄说他虽然经常来大陆演戏，但从来没有遇到过像《大国医》中的这个让他如此喜欢的角色。接着饰演女主角的徐帆也主动降了片酬，有他们两个做表率，其他演员的片酬也都降了，保证了拍摄的顺利进行。《大国医》是通过挖掘中医文化而写成的剧本，根据洛阳非物质文化遗产——郭氏正骨继承人的真实故事改编而成，可见在河南本土还有多少优秀的传统文化故事等待着被发掘。改编它们不仅需要技巧，更需要真挚的感情和耐心的坚持，这样才能呈现出感动人心的好作品。

（执笔人：乔小纳）

第四章 河南电视与华夏文明传播

电视，作为大众传播领域最具影响力的传播媒介和当前最引人注目的文化载体，传承文明、人文教化是它的基本职能，因此它有能力，也更有责任去积极倡导和引导人文精神，以推动文化建设的不断深入，促进正确的价值观的建立，从而为历史和时代的发展做出自己应有的贡献。对于当今社会而言，这一点有着独有的现实意义：市场经济在推动社会巨大变革的同时，也造成了许多新的与提高人自身精神水平相关的问题，这些问题就需要我们用传统的思想美德、时代的人文精神来进行调节和疏导，从而维持社会肌体的健康和稳定。在这个视觉文化时代。电视已经成为我们生活的一部分，也许正是因为如此，电视才成为我们的想象社区、城市乃至整个大千世界的基础。河南电视在传承创新华夏历史文明的过程中取得了令人瞩目的成绩，同时也遇到了新的挑战和问题。

一 运用电视传承创新华夏历史文明的现状

2013 年，河南省共有电视台 18 座，共开办电视节目 179 套。其中省级播出机构一个，即河南电视台；市级播出机构 30 个，开办 36 个广播频率和 46 个电视频道；县级广播电视播出机构 112 个，开办 111 套广播节目和 112 套在公共频道中插播的电视节目。省级电视台开办的频道结构进一步优化，频道专业化、品牌化更加明显，基本形成了定位准确、特色鲜明的频道布局。河南电视台拥有卫星、都市、民生、法制、电视剧、新闻、商务信息、公共、新农村 9 个频道和中华功夫、国际 2 个境外落地频道，是全国专业广播电视频率频道套数最多的省级台。随着公共服务体系升级，广播影视节目从短缺、单一向多品种、多样化升级，规模与质量实现大幅提升。内容生产能力不断增强，节目数量快速增长。河南省全年广播电视节目制作量超过 44 万小时，电视剧年产量增加到 169 集。① 以《红旗渠的儿女们》《少林寺传奇》《湖光山色》《快乐星球》《花木兰传奇》等为代表的电视剧，以《河之南》《中原崛起》《仰韶》等为代表的纪录片，以《梨园春》《华豫之门》《汉字英雄》《成语英雄》《文学英雄》《少林英雄》《这里是郑州》等为代表的优秀电视节目不断涌现和改进，以更加贴近实际和贴近生活的方式，传承创新华夏历史文明。

二 运用电视传承创新华夏历史文明的案例分析

（一）河南电视剧与华夏文明传播

运用电视剧传承创新华夏文明具有天然优势，一是因为华夏文明博大精深，所关联事件时间跨度长，纷繁复杂，运用电视剧可生动、详细地展现；二是因为中国作为电视剧大国，拥有广泛的群众基础，能起到较好的传播效果。近年来，展现历史、功夫、名人文化的电视剧如《少林寺传奇》《花木兰传奇》等与展现钧瓷、豫菜等非物质文化遗产的如《大国医》《大河儿女》《大长桓》等一批精品电视剧为华夏历史文明中的功夫文化传承、名人文化传承、非遗传承等起到了积极的推动作用。这其中，《大河儿女》和《大长桓》不论从艺术性、价值性还是观赏性方面都是值得分析的典型案例。

《大河儿女》是中国电视剧制作中心有限责任公司、河南电视传媒发展有限公司联合出品的一部年代剧。由安建执导，高满堂任

---

① 河南蓝皮书：《河南文化发展报告（2014）》，社会科学文献出版社 2014 年版，第 61—62 页。

编剧，陈宝国、赵奎娥、赵君、李小冉、印小天等主演。该剧围绕烧窑高手贺焰生和叶鼎三之间的"斗瓷"故事而展开，讲述了河南儿女投身革命，为新中国的建立立下卓越功勋的历史故事。此剧于2014年4月2日起在央视一套黄金档播出。《大河儿女》首次以电视剧形式来展现黄河以及它所孕育的文明，此外该剧还首次全景展现了钧瓷从拉坯、上釉到烧制的制作流程。剧中使用的瓷器均是由大宋官窑提供，除此之外，大宋官窑的技术人员还对演员进行了专业的技术指导。比如该剧的道具师想烧制一套龙凤盘，但他们对钧瓷不太了解，结果按照自己的想法操作了一番之后，七八十个盘经过窑变却完全看不出龙、凤的图案，道具师这才感受到烧制钧瓷的艰辛。

为了创作《大河儿女》，高满堂16次到河南，走访11个县市及乡村，三易其稿。在一次赴河南采风过程中，高满堂因遇到了钧瓷传人任星航，从而找到了剧本创作的突破口。在任星航的钧瓷博物馆里，高满堂看到了一个盘子，上面的花纹像凤凰一样，任星航告诉高满堂这个盘子叫作凤盘。剧中那对"龙凤盘"就是以此为原型演化而来。此外，剧中被称为钧瓷之乡的三河镇风铃寨，其原型为禹州市神垕镇；电视剧中"贺家窑"的窑主贺焰生，其原型就是钧瓷艺术家任星航。

《大河儿女》以钧瓷为切入点，传承中国文化，颂扬了"大仁、大义、大气、大爱"的民族精神。该剧以七十二钧窑窑主们的较劲比试为线索，透射出祖辈们代代传承中国文化瑰宝，精益求精做精品的工匠精神，某种意义上也启示了中国人传承和保护优秀传统文化的意识。这部以展现河南人勤劳、善良、勇敢、朴实等优秀品质为主线的电视剧，展示了河南人的奋斗史，积淀了深厚的中原文化，不仅让观众从故事和人物身上了解了河南、读懂了河南，同时也生动再现了中华儿女在危难面前大义凛然、不屈不挠的民族精神，被业内称为是一部"叫得响、立得住、传得开"的历史正剧。以小见大、见微知著是《大河儿女》的创作特色。从外在看，其显性线索是钧瓷珍品的争夺和钧瓷手艺的传承。钧瓷素有"黄金有价钧无价"的美誉，因此以极富魅力又神秘的钧瓷为切入点，不仅大大增强了该剧的可看性，也让观众借助该剧了解了钧瓷的制作工艺和艺术魅力，更以小见大折射了乱世中，中国传统文化破坏又复兴的坚韧历程。

除了《大河儿女》，2007 年，昌远（河南）文化公司投资拍摄的电视剧《大长垣》是近年来河南省本土生产的为数不多的有较强可视性的电视剧作之一。故事讲的是清末，河南长垣厨师牛长远成为宫中有名的御厨，九王爷对他甚是喜爱。多年后，其儿子进京跟随学厨，与王府的格格情投意合，牛长远强力反对，父子反目。儿子一怒之下离开牛长远，拜太平楼名厨张自强为师，与父亲摆下擂台。牛长远在和张自强的厨艺比赛中发现张家的配方和牛家有很多可以相互融合的地方，他找到张自强，说明来意后却被拒绝。抗战爆发后，由于张自强宁死不给日本人做饭被关押。临刑前，他秘密托人把张家菜谱送给牛长远。此时牛长远隐居长垣，潜心研究烹饪技艺，终将"大长垣"菜谱完成，传给后人。从剧本的创作、题材的选择，以及导演和演员的阵容来看，此剧可谓是具备了较强的实力和较高的水平。《大长垣》以长垣厨师牛长远的人生经历为主线，以厨师之乡长垣为主要场景，通过主人公在清末、民国时期和新中国成立后的传奇人生经历和命运交错，以及其跌宕起伏、扣人心弦的故事情节，反映了中原人民吃苦耐劳、勇于进取、宽厚仁慈、忠义爱国的博大情怀，是一部雅俗共赏，集思想性、艺术性为一体的影视作品。

（二）河南电视节目与华夏文明传播

近几年来，娱乐益智类电视节目风行全国。在河南，《梨园春》《华豫之门》《成语英雄》《知根知底》《汉字英雄》等节目运用创新形式传承华夏历史文明，在全国均取得广泛知名度和影响力。这与节目本身的参与性、娱乐性、趣味性不无关系，但其中包含的文史哲等丰富的内涵也是其重要的收视看点。鉴于此，华夏历史文明应借电视节目平台，融知识性、趣味性于一体，寓教于乐，让人们在愉快的氛围中获得文化的浸润。况且，用电视节目的方式进行华夏历史文明的传播符合了当代社会人们寻求娱乐的审美心理，满足了人们期望在娱乐化的情景下了解信息的心理需求。因此，融华夏历史文明于电视节目之中，依靠电视节目的高收视率，可以达到华夏历史文明传播的意想不到的效果。

《梨园春》是以豫剧为主、汇集全国各地不同戏曲剧种，以戏迷擂台赛方式呈现的一档戏曲综艺旗舰栏目。它已成为中国电视界戏曲栏目的第一品牌，同时也是中国电视戏曲类栏目最早的引领者。开播至今梨园春获奖无数，囊括"星光奖""金鹰奖""兰花奖"等国家级电视大奖，荣膺由美国《哥伦比亚新闻评论》中文版评选的媒体行业的"中国标杆品牌"称号。1999年3月全面改版后的栏目焕发出新的活力，在全国同类栏目普遍处于低潮的大环境中，经过不断的论证和实践，终于摸索出一条现代电视手段与河南传统戏曲有机结合的道路，尤其是戏迷擂台赛的设置，充分调动起戏迷观众参与节目的积极性，也使栏目收视率不断攀升。改版第一年平均收视率稳步上升到河南卫视播出节目的第一位，达14.26%；2000年至今平均收视率保持在18.6%，最高达35.7%，受到领导、专家和观众的一致好评，成为河南卫视的一档名牌栏目，对繁荣电视文化事业、推动河南戏曲的发展以及弘扬民族文化都起到积极的促进作用。在《梨园春》的影响下，各地电视台的戏曲类栏目和戏曲频道相继出现。河南电视台《梨园春》栏目的创办，很大程度上承担了传承河南本土戏曲文化甚至是中国戏曲文化的任务。《梨园春》栏目是以电视媒体为载体和传播渠道的，充分利用了大众传播媒介传播速度快、传播范围广等特点，运用现代电子技术将传统戏曲重新包装成适应现代受众审美取向的新的戏曲传播载体。《梨园春》栏目已经创办了22年，该栏目以其独特的节目理念，创新的传播方式，丰富的传播内容，凝聚了越来越多的受众群，使更多的人了解、接受、传播和传承戏曲这一古老的优秀文化，挽救了传统戏曲文化走向没落的局面，开创了传统戏曲传播的新路径。此外，几经改版后的《梨园春》开始走出河南，将河南戏曲文化传播出去，并将其他剧种引入，各种戏曲在《梨园春》的舞台上得以异彩绽放，极大地促进了戏曲文化的交流、传播与传承。《梨园春》举办了一系列国外活动，不仅使该栏目在地域上影响力扩大，更为突出的是承担了其作为大众传播媒介应该承担的传播文化的责任，《梨园春》走出国门，将中国优秀的戏曲文化为国外人士所了解。

改革开放后，国民经济发展迅速，人民的物质生活和经济水平得到了极大的改善和提高，激发了人们投资艺术品的热情，并催生了艺术品市场的繁荣。艺术品作为承载社会历史文化和人文精神的特殊载体，不但可以给投资者带来较高的经济回报，还能给投资者带来精神文化的愉悦和熏陶。基于此，越来越多的人开始关注收藏，伴随而来的是广大群众对收藏鉴定知识的大量需求。电视节目《华豫之门》自 2004 年 1 月 4 日在卫星频道开播以来，依托河南丰厚的历史文化资源，以新颖的节目形式、丰富的文化内涵、鲜明的个性特征为特点，吸引了广大观众并深受他们的喜爱。多年来，《华豫之门》始终坚持创新发展的思路，不断对节目内容和形式进行调整，使其更好地贴近百姓生活。作为一档地方级的文化类鉴宝节目，《华豫之门》一直坚守文化品鉴这一节目定位，获得了良好的观众口碑，同时在发展过程中也逐渐形成了自己独有的栏目特色，包括主流价值观的栏目定位、与场内外藏友的互动方式、充满人文关怀的公益活动、故事化的情感表达方式等。随着国内收藏市场的不断升温，《华豫之门》审时度势，于 2006 年 5 月推出《华豫之门》收藏版，为收藏爱好者提供了一个交流藏品、展示藏品的平台，为普通百姓提供一个感受古代文明的窗口。"展现收藏百态，体现人文关怀"，准确的节目定位是打造品牌的基础。《华豫之门》不是翻故纸堆，崇古，媚古，而是在传承文明的回首中，寻求古典文化的现代表达；它不是一般意义上的文化谈话节目，而是以鉴宝为载体，寻求抽象文化的形象表达；用大众参与的方式、故事化和情感化的处理，实现厚重文化的轻松表达。

《汉字英雄》是河南卫视与爱奇艺联手打造的中国国内首档大

型网台联动的文化综艺季播节目。节目集综艺性和知识性于一体，将文化和娱乐相融合，集合全国各地识字最多的青少年倾情参与，意在为青少年打造展示自身掌握汉字水平和个性的机会和舞台，旨在提高当下电视和网络节目的内容深度，挖掘自制节目的社会和媒体价值。众所周知，快速成长起来的80后、90后群体正逐渐成为社会发展的主力军。他们自出生以来便生活在相对优越的家庭环境与社会环境之中，既享受着优越的物质条件，没有任何的生活压力和生活烦恼，同时也一直受到漫画、电影、电视剧的熏陶和影响，这使他们形成了鲜明的个性特征和独特的消费心理。在此过程中，年轻群体的娱乐心理已渗透到其日常生活的方方面面，包括工作、学习、社交、休闲、消费等，特别是在接触大众媒体的过程中，更是潜移默化地将娱乐性、趣味性作为审视节目价值的重要标准之一。《汉字英雄》融合了真人秀的表现形式，闯关型的环节设置，加上较快的节奏，选手与评委间的来往互动，无不搭建起华夏历史文明中的汉字文化与当代中国青少年间的桥梁，让他们在紧张又不失文化底蕴的竞赛氛围中体会汉字的博大精深。《汉字英雄》由马东担当主持人，于丹、高晓松、张颐武等文化名人鼎力加盟担当评委，誓言要掀起汉字风暴，引领电视栏目新风向。《汉字英雄》手机同名APP同步上线，为观众创造全新互动模式。《汉字英雄》让观众认识和重温了中华汉字的魅力，不仅夺得了高收视率，还取得了良好的社会效应。为此国家新闻出版广电总局要求广电系统学习借鉴《汉字英雄》，积极开办弘扬和传承优秀传统文化的原创文化节目。联网媒体人张守科在评论《汉字英雄》时这样说道：能够将汉字用来做一档综艺节目，这样的创意本身也是与时俱进的表现。

《成语英雄》是河南卫视于2013年推出的一档亲情搭档参与的季播类成语竞猜互动节目，是《汉字英雄》的姊妹篇。节目形式为演播室成语竞猜，以画画猜成语为核心，同时融入成语故事与选手间的情感故事。其推出的全国首创大型舞台装置成语桥是节目的一大亮点，集趣味性、功能性于一身。娱乐的包装手段，让成语的文化内涵更加容易被观众接受。节目的选手都是以组合形式参赛的，以这种形式参赛对他们的默契和沟通能力是极大的考验，在答题的同时向观众展现丰富的情感故事。成语是中国传统文化的最高集成，其中包含了丰富而深厚的文化密码，更传递了传统的中国观念和中国人千百年锤炼留下的处世哲学及世界观。我们生活中遇到问题后的处理方式，均能从成语中找到答案。同时它也是汉语言一个鲜活的重要组成部分，是使用汉语进行良好的表达和沟通不可或缺的重要工具。河南卫视希望通过这档节目，引起人们对传统文化的兴趣，对汉语辞章之美的欣赏，和对良好沟通能力的关注。特别是著名主持人崔永元、国学大师钱文忠和以作品《庄子说》《禅说》《史记》等开创了中国古籍漫画先河的漫画大师蔡志忠的加入使《成语英雄》的文化分量被阐释得更加充分。

2015 年 10 月，由河南卫视强力打造的育儿类户外真人秀节目《少林英雄》作为首档少林寺官方合作的节目，获得了少林寺的大力支持与配合。节目中，少林寺不仅派出德高望重的少林武僧教授孩子们功夫，同时也全面展示了少林规矩、少林禅武等富含少林元素的深厚文化，使观众能更直观、更全面地了解少林。此次向孩子们传授少林功夫的是少林武僧院的院长延宏法师。延宏曾代表少林寺参加多次武术比赛，出访过意大利、日本、新加坡等国家，并对众多影视剧进行武术指导。除此之外，少林寺还向孩子们教授少林寺禅、医、武在内的少林文化。少林寺方丈释永信表示，少年强则国强，通过学习少林文化，感受禅武精神，将少林传统文化传承出去。该节目受到广泛好评，来自凤凰娱乐的一篇报道《〈少林英雄〉给中国脊梁补点"钙"》①中表示："最近收官的一档育儿类户外真人秀节目《少林英雄》则是为当今社会强行加入的一枚精神'高钙片'。在娱乐至死的年代，客厅的沙发上，孩子们瘫软地坐在家长中间，和父母对着电视哈哈大笑。有些节目就像'薯片'，虽然可以放松身心，却让人内心空虚精神空洞，而这档《少林英雄》却是'钙片'，通过节目中的少林精神的传承让我们的下一代

---

① 凤凰娱乐：http://ent.ifeng.com/a/20160104/42556150_0.shtml.

产生'尚武精神'。"

（三）河南纪录片与华夏历史文明传播

纪录片作为文化的一种表现形式，自诞生以来，以其真实的力量和独特的艺术魅力，成为影视艺术当中最富有文化品位的节目形式。纪录片具有"阐明抉择、解释历史、增进人类相互了解"的重要作用。其对历史与现实事件和人物的真实记录，对不同国家和地区政治、经济、文化等领域的影像书写，成为不同种族、不同国家、不同地区间彼此了解和交流的重要方式。同时，在文化承载和文化传播方面，纪录片与其他节目形式相比具有得天独厚的优势。电视纪录片以其极具新闻性、艺术性、伦理性的表现手法纪录和再现了历史事实。它可以发挥电视的特长和优势，即可以在对现实或历史上的纪录构思中寄寓一定的文化内涵或思想意义，具有更高的可信度与震撼力。纪录片创作对于传播华夏历史文明意义重大。都市频道的《大美河南》通过五季30集的剧集，分别从山水、美食、自然资源、历史文化和民俗五个方面介绍中原文化。《魅力新发现》是由河南电视台新农村频道主办的一档以人文历史与自然地理为题材的纪录片栏目，讲述河南的历史、地理、文化；挖掘历史事件背后鲜为人知的故事。纪录片《天造洛阳》分为天造洛阳、王者之地、丝路千年、白马东渐、根系河洛、山水龙门、依水而盛、国色天香、秀甲山川、再造洛阳这十个篇章展现了华夏历史文明中的古都文化。《河之南》演绎了从夏代到清代4000多年历史中的一个个文化故事。郑州、安阳、洛阳、开封等古都，中原地区的书画、戏曲、科技、武术等兴盛不衰，见证了中原文化在古代文明中的核心地位及中国传统社会政治制度的变迁。

《河之南》是中央电视台播出的10集人文纪录片，首次真实全面地再现了河南的历史文化风貌，揭示了中原文化在中华古代文明中的核心地位并展现了其兴衰的历史过程，分析了其背后的政治、经济、历史文化等深层原因，并通过对大河沿岸众多历史细节的诠释，演绎了一个个文化故事，为中原大地勾勒出一幅波澜壮阔的历史画卷。中原地区孕育了中国最早的文明，塑造了中国传统文化的黄金时代，也承载了中华民族众多的苦难与创痛。它的过去，不仅仅是历史长河上的一朵浪花，更是一个民族的悠远背影。在从夏代到清代长达4000多年的历史时期中，拥有3200年历史的河南一直居于中国政治、经济、文化的中心地域，有20多个朝代、200多位帝王建都或迁都于此。炎帝黄帝的传说、盘古女娲的神话、殷商的甲骨文，开启了中华文明的源头。南召猿人、裴李岗文化、仰韶文化等考古发现，赋予了中国远古历史更多的细节与佐证。郑州、安阳、洛阳、开封等古都，见证了中国传统社会政治制度的变迁。甲骨文与小篆等书法遗迹，诉说着中华文明的传承与延续。中原大地儒、道、释三家的汇聚，也见证了这一过程对于中华民族文化心理的建构。依托于这样悠久深远的文化传统，中原地区的书画、戏曲、科技、武术等兴盛不衰。

创作理念上，《河之南》从"形象化的政论"和对于普通人的猎奇记录转变为对于主流社会价值观的关注，真正将个人置于社会、文化的大背景中，用理性的纪实替代创作的唯美倾向，使纪录片不再是政治宣传的符号、文学的图解，而成为具有独立思想和品格的艺术。《河之南》中将中原地区的历史文化通过历史细节进行诠释，用一个个生动、真实的文化故事，勾勒出中原大地波澜壮阔的历史画卷。

社会责任方面，它贴近现实生活，关注时代脉搏，即使是对历史文化的记录也是将历史置于现代社会的背景中进行考察。《河之南》第四集《大河之魂》中，讲述了老子骑青牛到函谷关，写下五千言《道德经》的故事，采用大众更易于接受的故事化叙事方式，无论是从人、从事，还是从文化方面挖掘的主题都承载着对现实人生的关照和中原民族文化的关注，都包含着对民族生存的深切感悟。

在市场作用上，纪录片创作更加面向普通大众，题材选择更加考虑观众的需要，《河之南》就是选取了中国文化的根源——中原文化作为记录对象。影片的信息含量大大增加，画面质量大大提高，镜头选择等更加丰富、合理，《河之南》中涉及了中原文化都城、文学、艺术、思想、人民等各个方面的信息，资料丰富可信。

三 河南电视传播华夏历史文明面临的挑战

运用电视传承创新华夏历史文明，最需要警惕的是泛娱乐化倾向。虽然河南电视节目具备时代意识，面向年轻人，运用娱乐化的方式来传播华夏文明，但部分节目呈现出泛娱乐化倾向。以《汉字英雄》为例，部分片段过于注重选手与选手之间的冲突关系，而忽略了对于汉字的讲解与普及，这是有违于初衷的。迫于收视率的压力，文化类节目呈现出过度娱乐化的倾向，这是值得警惕与反思的。

正如美国著名学者尼尔·波兹曼在《童年的消逝》中指出，"童年"作为一种特定的文化特征已经模糊不清，"电子信息环境正在使成年消逝"，在儿童与成人一同消费的电视文化里，成人和儿童、傻子和智者没什么区别，商业和精神意识都发生了孩子气的退化，成为"幼稚和肤浅的弱智文化"。当前"泛娱乐化"的核心表现是以消费主义、享受主义为核心，以大众媒介为载体，内容肤浅空洞，方式粗鄙搞怪的娱乐消费，电视娱乐正在走向纯粹化，并且以非审美艺术的方式浸染到其他各个领域之间，这导致了整个社会的平面化、庸俗化、模式化、商业化、浅薄化，导致了人文精神的失落和道德观念的滑坡，社会责任感、使命感也变得淡然、麻木。电视节目传播出来的大众文化满足了人们的假性需要，虚构了一个缓解压力、排遣痛苦的欢乐世界，但也使人逐渐走向低俗和麻木，从而失去了内在丰富性和人文关怀。

可以说，电视节目的过度娱乐化严重制约了其文化认知功能、教育功能和审美功能的发挥。娱乐功能的发挥超出了理想范围，就会增加受众的被动性，使其沉迷于大众传播构建的"媒介假日"之中，降低人们的审美情趣，助长其厌世思想，从而转移社会公众的注意力，限制他们的社会行为。所以，若放任电视传播娱乐化的恶性发展，必将对电视媒体本身的建构维度造成丧失，更重要的是会在社会文化整合中给社会整体带来严重的后果和影响。运用电视传承创新华夏历史文明其实考验的是电视人的责任意识，在全面市场化，以收视率为导向的环境中，河南电视人以高度的责任意识去维护传播传统文化正能量的媒体人职责，是在泛娱乐化环境下他们应有的担当。

四　推动电视传承创新华夏历史文明的对策

首先，河南电视人应进一步提高责任意识，避免过度市场化。华夏历史文明的传播与发展，是建立在与日益变化的传播和市场环境不断冲击、碰撞、整合、出新的基础之上的。在竞争日益激烈的背景下也不得不求一条可靠的出路：多元化与平衡化。多元化即在继承传统文化的同时与时俱进，在保护华夏历史文明本色的同时运用当下传播方式。平衡化即兼顾娱乐与教化功能，寓教于乐，既有阳春白雪也有下里巴人，精英文化与大众文化和谐共处，雅俗共赏，通俗但不低俗，娱乐但不浅薄。具体到电视剧，它在文化传承中的失语与不足归根究底在于电视剧创作时的不规范性。剧本的规范性及科学性，道具的考究，渗入的意识形态与主题等都是关乎电视文化传承的关键。一些涉及传统文化题材的电视剧中，在饮食、风俗、服饰、特殊乐器、手工艺品的制作等细节上，极易发生错误。故而，每一部电视剧都应该配备专业的科学指导人员，对其科学性等方面进行指导，至少使它成为一部正确的作品。

其次，立足本土，完善体制。中原文化作为中华民族文化的主要组成部分，为河南电视留下了宝贵的文化资源和精神财富，这也是吸引国内外观众，提升中原文化软实力的重要资本。具体到纪录片这个类别，作为不同国家、不同地域文化特色的艺术载体，要想"走出去"获得文化认同，纪录影片就要以博大的中原文化作为基础，增强本土意识，将中原文化的精神内涵与时代精神有机结合起来。只有抓住了中原文化的特质，注重从人性的视角观照中原文化不同时期的发展状况，同时与其他地区人性的诉求息息相通，构成具有共同价值观念的人文理念，从而增强文化传播的影响力，展示厚重而又开放，博大而又包容的中原文化，使中原文化的价值观念逐步深入人心。

最后，提高创作人员的文化修养。对本民族文化发展脉络与民族精神的准确掌握，对世界文化思潮全面而深刻的理解，是我们创作优秀电视剧、电视节目和纪录片的关键所在。同时，提高理论素养也是势在必行。如果忽略长远的文化积累和理论建设，纪录片创作势必走向肤浅和平庸。所以，文化素养是创作者艺术素养构成的重要内容。

华夏历史文明历来就有经世致用的传统，强调文化的现实意义。作为电视创作者，也应责无旁贷地肩负起关注现实的使命，客观、全面地展现华夏历史文明对推动中原地区的经济、社会、文化发展所体现出的现实意义和时代价值。

附

坚守责任　打造品牌

——访《梨园春》制片人齐柯

采访人：汪振军　乔小纳

2016 年 3 月 23 日

时至今日，在新媒体的冲击下，电视栏目面临着重重的生存危机。但在惊涛骇浪中，《梨园春》，这档河南电视的原创栏目，迄今已走过了 22 年，并且愈加焕发出新的生机，是当之无愧的河南电视界的文化地标。那么，造就《梨园春》越来越成功的原因是什么？作为文化类栏目，《梨园春》的理念究竟是什么？在未来它又有怎样的发展方向？带着这些疑问，2016 年 3 月 23 日下午，课题组成员对《梨园春》的制片人齐柯进行了采访。

1. 问：《梨园春》这档节目本身的魅力是如何形成的？

齐柯：《梨园春》之所以 22 年来魅力不减，我觉得跟河南的整个土壤有关系，这片文化厚土滋养了《梨园春》，我们的豫剧，是全国第一大地方剧种，在全国甚至是海外都有我们的豫剧戏迷，现在全国光专业的豫剧院团就有 160 多个，远到中国台湾、兰州、新疆、深圳，都有咱们的豫剧团体，可以说遍布了全国的东西南北。我们的豫剧从业人员就有十万大军，豫剧的民营剧团更是有 1000 多个。这么多的戏迷，这么多的豫剧团，这都是我们《梨园春》的资源。22 年来，我们立足河南，走向全国，冲向世界，把我们优秀的传统文化用电视手段推广出去，让广大的电视观众都能够了解我们中国的戏曲文化。

22 年来，我们立足传统文化，紧跟时代潮流，在近几年的节目中，我们也一直在尝试新的节目制作方法，寻找新的节目内容上的兴趣点和观众的趣味点。我们还把常态节目季播化，除了擂台赛之外，我们每年也做其他主题的季播类节目。我们做的《老友季》，全部是跟《梨园春》有联系的明星来学唱河南戏。我们做的《名师高徒》，首次把师徒传承搬上舞台，邀请戏曲名家带着徒弟来打擂。我们做的"非遗心体验"，是用全新的电视手法，明星的互动参与来推广非物质文化遗产项目。

下个月，我们策划推出"中国豫剧百团争霸"青年演员电视大赛。因为目前豫剧发展面临人才断层，青年演员接不上，以李树建为代表的这一代依然是豫剧的中坚力量，但缺少优秀的传承者。《梨园春》作为中国电视戏曲的第一品牌和中国电视戏曲的引领者，有责任、有义务助推中国豫剧的发展，发现更多豫剧的新生力量。

2. 问：您觉得运用电视和网络传播传统文化的优势各是什么？

齐柯：《梨园春》是一档电视戏曲栏目，电视是我们的主阵地，我们目前的收视群体以中老年为主，他们已经形成了自己的收视习惯，这也保证了我们的收视率能够 20 多年稳居河南地区首位，在全国同时段也是名列前茅。

电视行业在传媒业中算是一个传统行业了，传媒业是发展很快的行业，可以说是社会发展的排头兵，20 年来可谓是翻天覆地，风起云涌，互联网时代的不断发展，各种新媒体的融合都在不断冲击着电视行业，电视行业作为传统媒体的翘楚，已经不像以前那样高枕无忧，社会已经进入了全媒体时代。而戏曲的发展不仅要发现青年演员，还要培养年轻观众，而现在的年轻人，不要看电视，移动互联网已经改变了他们的生活，我们想吸引更多的年轻人关注，就必须融入更多的互联网思维。

2015 年我们推出了"梨园春 APP"，并大力推广了我们的"梨园春"官方微信，在 40 天内我们的微信粉丝从最初的个粉增长到30 万，这也证明了"梨园春"的品牌影响力。我们现在立足电视主阵地，保持我们作为电视栏目的优势，紧紧地抓住成熟观众的眼球，并大力推广"梨园春 APP"和"梨园春"官方微信，用"互联网 + 戏曲"的方式吸引青年观众的眼球，实现多屏互动。

3. 问：《梨园春》如何才能进一步推广呢？

齐柯：《梨园春》一直秉承"引进来"和"走出去"的理念，引入明星嘉宾、戏曲大腕，走出演播厅、走向基层群众。我们曾经在北京，连续做过一周的现场直播，在中国台湾、澳大利亚、巴西，都留下了"梨园春"的身影。

在近几年的节目中，我们也一直在尝试新的节目制作方法，寻找新的节目内容上的兴趣点和观众的趣味点，在《梨园春》评委阵容中加入了更多的跨界的明星，像影视、曲艺明星，比如岳云鹏、潘长江、凯莉、韩磊等，他们与选手进行互动甚至亲自体验戏曲或由戏曲改编的小品，整个过程充满了欢声笑语，既符合了当下观众的审美需求，也展示了传统戏曲的新魅力，造就了较高的收视率。我们用新的节目形式告诉观众，戏曲也可以有故事、戏曲也可以很欢乐、戏曲也可以很温暖、戏曲也可以很疯狂。在互联网不断冲击电视行业的社会大环境中，我们希望《梨园春》能够常看常新，在节目的创新和推广上，我们也会不遗余力。

4. 问：您对《梨园春》未来的发展趋势有什么展望？

齐柯：党的十八大以来，以习近平同志为核心的党中央高度重视文艺事业，作出一系列决策部署，为振兴戏曲艺术提供了遵循、指明了方向，国务院办公厅关于《印发支持戏曲传承发展的若干政策的通知（国办发 52 号文件）》，提出要振兴戏曲艺术，繁荣戏曲文化。这极大地增强了我们电视戏曲工作者的信心，国家上层这么扶持，底下的观众又有大量的精神文化需求，对栏目将来的发展我充满了信心，相信会越来越好！

（执笔人：乔小纳）

第五章 河南演艺与华夏文明传播

演艺产业是由演艺产品的创作、生产、表演、销售、消费以及经纪代理、艺术表演场所等配套服务机构共同构成的产业体系。演艺产品的具体形态包括音乐、歌舞、戏曲、戏剧、芭蕾、曲艺、杂技等各类型演出。① 演艺产业是我国文化产业中的核心产业之一，是一个创意密集和劳动力密集的产业，也是一项能耗低、可持续发展性强的低碳产业，具有极大的辐射和拉动作用，在文化市场中占据重要地位。

在 2009 年国务院通过的《文化产业振兴规划》中，将发展文艺演出院线作为发展文化产业的八项重点工作之一。在"十二五"期间，《国家"十二五"规划》仍继续把演艺产业作为重点发展的文化产业之一。与此同时，随着经济的迅速发展，民众的文化娱乐支出比重不断增加，文化消费时间逐渐增多，文化产品的选择性日益增强，文化产品的需求逐渐向高层次的精神文化转移，而观看娱乐性强、影响力大的演出节目成为民众最为普遍的文化消遣方式之一。

2011 年 5 月，随着广州大剧院的落成，国内首次出现国家大剧院、上海大剧院、广州大剧院三家国家级剧院三足鼎立的局势，这势必能有效地推动地域性演出的发展态势。此外，三大国家级的音乐产业园已确定在北京、上海、广州三地建立，这也大大推动了这些地区演艺事业在全国范围内走在前列，成为全国演艺市场的第一

---

① 百度百科：演艺产业，http：//baike.baidu.com/view/820545.htm。

大阵营。

近年来，云南、浙江、湖南、辽宁、天津、四川等地的演出市场也出现大繁荣景象，并且都拥有了特色化发展。如云南推出的特色旅游演出形式已经建立了多个全国知名品牌，其中最具代表性的就是《云南·印象》；浙江民营戏剧发达，农村演出市场的繁荣程度在全国位居前列；湖南娱乐性演出在全国的影响力巨大；辽宁以"刘老根大舞台"为代表的二人转连锁品牌已经走出国门；天津的相声和四川名人大型演出都在全国有一定的影响力。这些省市的演出市场逐渐构成了全国演出市场的第二大阵营。

随着全国大型演出剧团转企改制的大力推进，陕西、安徽等地在安徽演艺集团、重庆演艺集团、西安演艺集团、山西演艺集团等演出集团的推动下，演出市场非常活跃，发展潜力巨大。演出市场的专业化定位和全国品牌的打造将成为演出市场第三大阵营主要的发展方向和目标。

就整体而言，演艺产业作为文化振兴的重要组成部分，具有广阔的发展前景。三大演艺产业阵营的形成为河南省发展具有本省特色的演艺产业提供了扎实的社会基础，树立了良好的典范。

为全面推动文化市场改革发展，促进演艺产业的发展和创新，自 2012 年起，河南省文化厅根据国家文化部的要求，进一步加强了对演出市场的管理，为演艺产业健康、有序、快速发展提供了有力保障。不仅完善对演出活动监管工作的管理办法，还举办了演出经纪人培训班，提高演出经纪人的专业素质和专业能力。

就目前国内演艺产业的发展前景来看，演艺产业已经成为我国文化振兴的重要组成部分之一。而河南省作为中国的文化大省，既是华夏文明的重要发源地，也是中国 5000 年历史的重要传承地，当前演艺产业的发展现状如何？新的演艺形态有哪些？这些新的演艺形态对于传承创新华夏历史文明又有什么作用？这一切都需要我们对河南的演艺产业进行重新的审视和思考。

一　河南演艺产业的发展现状

河南位于中国的中原地区，作为全国的政治、经济、文化的中心地带，自古就有"得中原者得天下"的说法。大量的史料记载和考古发掘证明，至少在 8000 年前，我们的祖先就在这里开创了人类文明的先河，厚重的文化底蕴为河南省演艺产业的发展奠定了良好的文化基础。

2014 年，文艺精品无论在数量上还是质量上都有所突破。话剧《红旗渠》获得河南"五个一工程"优秀作品奖；原创话剧《老汤》，豫剧《魏敬夫人》《游子吟》《清水湾》，越调《大明朱元璋》五台剧目获得第三届中国豫剧节优秀剧目奖；龙舞《赤龙斗毒蛛》荣获全国舞龙展演暨第十二届中国民间文艺山花奖·民间艺术表演奖大赛金奖；魔术节目《大红灯笼高高挂》获中国宝丰第六届魔术文化节全国魔术比赛金奖；曲艺演员白军获第八届中国曲艺牡丹奖最高奖项"牡丹奖"。①

（一）传统演艺形式的发展现状

豫剧是河南传统演艺产业中最重要的演艺形式之一。生、旦、净、末、丑的人物形象，唱、念、做、打的表演功底，使得豫剧受到观众们的广泛喜爱。2006 年 5 月 20 日，经国务院批准，豫剧被列入第一批国家级非物质文化遗产名录。豫剧的表演剧目主要取材于历史小说和神话故事，如《对花枪》《劈山救母》等；改革开放以后，又出现了不少描写现实生活的现代戏和历史改编剧，如《朝阳沟》《穆桂英挂帅》等。现在，通过河南卫视《梨园春》栏目这个传播平台，豫剧已经成为在全国范围内比较有影响力的剧种之一，同时该剧种也走出了国门，在悉尼歌剧院进行演出，受到海内

---

① 2014 年河南省文化事业发展报告：《河南蓝皮书：河南文化产业发展报告 (2015)》，社会科学文献出版社 2015 年版，第 56 页。

外观众的广泛喜爱。近年来，河南省各个豫剧团也相继推出了一些深受观众好评的优秀演出剧目，如《程婴救孤》《虢都遗恨》等，大大增强了豫剧的影响力。但是，由于剧目的创新力度不够，青年传承人的空缺，观众的年龄普遍偏高，一些以豫剧为主的电视节目缺乏创意和创新，导致豫剧的传播和传承受到了很大的限制。

河南宝丰的"马街书会"最为引人注目。据了解，全国共有2000多个民间演出团体，10万民间艺人，其中宝丰县就占了一半。截至2006年，拥有49万人的宝丰县，民间演出团体已达到1400多家，从业人员5.5万人，年创收入3.8亿元，演艺团体和从艺人员涉及全县7个乡镇，近百个行政村，形成了独具特色的"宝丰现象"。① 但是，随着市场经济的发展，受电视、网络、手机等新媒体的冲击，马街书会的规模越来越小，面临着传承的难题。传统的手艺因缺乏传承人，很多经典的故事和曲种正面临失传的局面，而且受市场需求的影响，演出规模在逐渐减小，相比以前火爆的景象，整体上来说是比较冷清的。

信阳的罗山皮影戏是中国传统的民间戏曲艺术，它的演出融戏剧、音乐、美术为一体，蕴含着丰富的文化内涵。2008年，罗山皮影戏被列入国家非物质文化遗产保护名录。虽然罗山皮影戏有着"非物质文化遗产"的头衔，但是其发展依然举步维艰。不要说舞台稀少、纤指舞者人数不多，就是看客也越来越少。究其原因，主要还是受到皮影自身的一些特质所限：首先，皮影的制作工艺精细且繁杂，但是不容易保存；其次是掌握这门技术的老一辈艺人缺乏传承人；最后是演出内容的单一，缺乏创新，很难吸引观众的目光。

除此之外，还有濮阳东北庄杂技、信阳民间歌舞等一大批传统演艺产业皆根植于此，为河南省的演艺产业的发展奠定了良好的基础。但是，随着市场经济的发展以及新媒体的出现，这些演艺形式

---

① 汪振军：《河南非物质文化遗产传承与产业研究》，中国社会科学出版社2014年版，第15页。

的发展都受到了一定程度上的冲击，发展前景堪忧。这些传统的演艺产业需要适应社会主义市场经济发展的新趋势，所以我们要注重发挥自身的优势，不断明确演艺产业发展的出发点，寻找演艺产业和经济市场的结合点，推动演艺产业的转型和发展，使演艺产业成为河南省文化产业新的强有力的增长点。

（二）新兴演艺形式的发展现状

近年来，河南演艺产业陆续推出了一些诸如实景演出、室内情景剧场演出、歌剧、舞剧等新型演艺形式。

自 2004 年 3 月 20 日，由张艺谋、梅帅元团队制作的《印象·刘三姐》正式公演以来，直接引爆了国内的大型实景演出的创作热潮。多年来，国内的各种实景演出如潮水般涌现，逐渐形成了"两条线、多散点"的创作格局①。其中"两条线"是指以张艺谋、王潮歌和樊跃"铁三角"为代表打造的"印象"系列，如《印象·西湖》、《印象·丽江》等，以及由广西梅帅元（实景演出的创始人）团队所打造的"山水"系列，如《禅宗少林·音乐大典》、《大宋·东京梦华》等。"多散点"包括陕西的《长恨歌》、云南的《希夷大理·望夫云》、北京的《鸟巢·吸引》等，著名导演陈凯歌、冯小刚、陆川等都有涉足。

在这轰轰烈烈的创作浪潮中，作为华夏文明发源地之一的河南也不甘示弱，先后创作出了多个影响力较大的大型实景演出。

老故事，新演艺。花木兰（河南商丘）替父从军是中国家喻户晓的历史典故，在经过豫剧、电视剧、电影等传统演艺形式的演绎之后，又以歌剧的形式展现在公众的视野中。2004 年 10 月 8 日，由著名作曲家关峡作曲，剧作家刘麟编剧，著名歌唱家彭丽媛、戴玉强及青年歌唱家雷佳、张英席、赵昕、谭晶等担纲主演的大型歌剧《木兰诗篇》问世。该剧以交响乐和情景歌剧的崭新形式，弘扬

---

① 宋泉：《浅谈我国实景演出文化品牌的构建——以〈印象·刘三姐为例〉》，《沿海企业与科技》2013 年第 3 期（总第 154 期）。

了伟大的中国文化和民族精神，展现了中华儿女乃至全人类热爱生活、追求真善美、呼唤和平与正义的崇高精神境界。

河南大型实景演出一览表

剧目名称	演出地点	投资	票价	主要演出内容
《禅宗少林·音乐大典》	河南登封嵩山 2007年4月	3.5亿元	168元、248元、428元	结合嵩山厚重的文化与独特的自然景观，借禅宗祖庭少林寺的影响力，展示、阐释了少林禅武文化，使神秘的少林禅文化走向大众。由《水乐》《木乐》《风乐》《光乐》《石乐》五个乐章组成。
《大宋·东京梦华》	开封市清明上河园 2009年4月	1.35亿元	169元、399元、999元	再现了北宋京都汴梁的盛世繁荣。
《君山追梦·梦幻大典》	河南洛阳 2009年5月	1.4亿元	128元、188元、268元	演出依托老君山道家人文基础和追梦谷幽美山水景致为写意背景，诠释了道教文化和幽美山水的梦幻之美。
《铁塔光影秀》	河南开封 2014年4月		60元	演出分"听禅、夏荷、秋露、万佛归宗"四个篇章，剧目整体勾画出铁塔灵秀、智慧、光明的佛国乐土色彩，所现梦境禅缘，展示了优雅大气安详的铁塔夜间形象，是古典与现代、传统与时尚结合的典范。

注：此表为作者根据网络资料整理。

大型舞剧《水月洛神》是郑州歌舞剧院继大型原创舞剧《风中少林》之后又一部立足中原文化的舞剧作品。该剧目以曹植的传世名篇《洛神赋》《七步诗》和中原洛神传说为依托，以曹丕、曹植二人的兄弟相争和战乱中一个美丽女人甄宓的命运遭遇为线索，巧妙地将"诗书礼乐舞"融汇一堂，揭示了现代人对古典艺术美的探究与理解，为观众细腻地描绘出一段跨越千年的凄美之恋。上海市文化广播影视管理局艺术总监刘文国说：这部作品风格既是传统的，又是现代的；既是古典的，又是时尚的；既是高雅的，又是通俗的；既是河南的，又是上海的；既是中国的，又是世界的。和国际艺术节的举办宗旨相匹配。中国上海国际艺术节评审委员、著名文艺评论家毛时安说，中原经济的崛起首先是河南经济的崛起，河南经济的崛起首先是文化的崛起，在河南文化崛起的势头中，郑州市舞台艺术创作吹响了先锋的号角。

2016 年 1 月 3 日，由河南观风文化有限公司打造的年度舞台大剧《郑州往事》在郑州丹尼斯大卫城举行首次试演。该话剧讲述了一个老郑州人郑天星及其家庭百年间的生活经历。话剧采用倒叙的艺术手法，开场以四世同堂的百岁老人郑天星的回忆作为铺垫，引出剧情的发展。话剧时间跨度大，由民国至现代，演出选段特意挑选了影响郑州发展的历史大事件：二七大罢工、抗日战争、抗美援朝、河南洪灾和改革开放后的商战等。通过郑天星这个"小人物"经历的"大事件"生动地再现了郑州城百年的发展历程。试演当晚，观众爆满。河南观风文化传媒有限公司负责人表示，希望通过对艺术的再加工，将郑州百年的发展变化用话剧的形式呈现在观众面前，带他们体验一座城市的百年记忆。现在，《郑州往事》已经成为属于郑州、属于河南的特色话剧代表。

目前，这些新的演艺形式在河南省的发展或相对成熟，或初露锋芒，虽然说都取得了不错的演艺成果，但是新兴演艺产业在项目运营、环境保护以及品牌打造等方面还面临着发展困境，这就需要我们继续思考如何用新的眼光、新的方式去解决这些问题，打造具有影响力的河南演艺产业品牌。

二　运用新的演艺形式传承华夏历史文明的个案分析

（一）实景演出

大型实景演出，是一个以真山真水为演出舞台，以当地文化、民俗为主要演出内容，融合演艺界、商业界大师为创作团队的独特的文化模式，是中国人的独创，是中国旅游业向人文旅游、文化旅游转型背景下的特殊产物①。这种新的演艺形式已经成为各地发展文化创意产业的热点和重点。

作为华夏文明的发源地之一，河南省借其悠久的历史、丰富的文化资源以及秀美壮丽的自然景观吸引了大批的制作团队，成为大型实景演出地点的热门选项。目前，河南实景演出已经形成了一个比较大的市场，但是其艺术水平和市场反响却各有不同。其中影响比较大且做得比较成功的有以下两个：

1. 《禅宗少林·音乐大典》：开辟河南省实景演出的先河

嵩山的历史文明和少林寺的禅宗文化俨然已经成为河南最具代表性的文化符号。对于历史学家来说，嵩山地域的文明就像一本书一样，够他们阅读一辈子，但是对于普通人来说，单调的山水和肃穆的庙宇并不能长期吸引他们的眼球。因此，嵩山需要一次对历史鲜活的解释，使得其优越的自然资源和文化资源得到有效地开发和利用，让其原有的文化产业和旅游产业按照今天的市场规律和艺术规律运作，从而达到产业升级的目的。

2004 年，著名策划人、剧作家、制作人梅帅元（《印象·刘三姐》总策划兼制作人）及其投资管理团队到登封市经过 6 个月的考察和市场调研，确定以演绎和谐中原文化为主题，以深度挖掘禅宗和少林武功资源为切入点，创作了一台世界一流的山地实景演出剧目——《禅宗少林·音乐大典》，打造中国文化的"朝圣之旅"。

---

① 360 百科：实景演出，http：//baike. so. com/doc/3580694 - 3765266. html。

《禅宗少林·音乐大典》是全球最大的山地实景演出，项目总投资 3.5 亿元人民币，演出项目投资 1.15 亿元人民币。2008 年，正式演出仅一年多的《禅宗少林·音乐大典》连续被评为"国家文化产业示范基地""中国创意城市——城市文化名片""2008 中国创意产业先进单位"，并在全国"最美的五大实景演出"评选活动中，获得了网络投票第一名的成绩，成为中国实景演出的扛鼎之作和河南文化旅游"新名片"。①

《禅宗少林·音乐大典》没有因循守旧，而是另辟蹊径，用新的创意和新的形式使得嵩山的历史文明和少林寺的禅宗文化重新焕发出夺目的光彩。该剧一共分为《水乐》《木乐》《风乐》《光乐》《石乐》五个章节，每一章节都有恢宏的场面震慑观众的视觉和听觉，无不令人赞叹。

《禅宗少林·音乐大典》的创意之处：

（1）首先是纯天然的演出舞台。该演出依托于嵩山的自然山水景观优势，打造天然的山水剧场，打破了传统演出在室内剧场的空间局限性。放眼望去，连绵的山峦、清澈的流水、茂密的丛林、高耸的寺庙，均化为一场艺术盛宴的天然舞台，给观众宽广的视野和超现实的视听感受，让观众完全沉溺在这美丽的山水文化之间。

（2）其次是音乐和音效的运用。禅宗不立文字，直指心性，讲求顿悟。音乐是表现禅境的最佳方式，这首在嵩山峡谷中奏响的禅乐与大自然的各种声响——水声、风声、林涛、虫鸣合在一起，构成仿若天籁一般的禅韵。在这大自然的剧场之中，人们远离尘世的喧嚣，临溪而坐，放松心情，静静地倾听来自大自然的禅语，在休息中顿悟人生哲理，这大概就是人们想要追求的最高的生活境界吧。

（3）最后是内容的选择。该剧目以少林寺的禅宗文化为主题，将传统的儒、释、道的精神内容以及少林的"禅"文化等文化元素创新组合，不着痕迹地融入山水之中，还原于自然，成功诠释了人

---

① 百度百科：《禅宗少林·音乐大典》，http://baike.baidu.com/view/2802796.htm。

与自然的和谐关系，创造出了天人合一的境界。演出立足于河南，与河南的自然风光、音乐资源、民俗风情完美结合，让观众在看演出的同时，也能看一看嵩山少林僧侣们的日常生活。

《禅宗少林·音乐大典》不仅给我们带来了一场视觉和听觉的盛宴，同时也创造了巨大的经济效益，体现了文化演绎的巨大经济潜力。大量慕名而来的游客在夜间看演出，需要在这里吃、住、行、购物等，带动了产业的集聚、裂变、辐射、带动等一系列变化，形成一个新型的文化产业链条。在获得企业利益的同时，也收获了社会效益，成为一个富民的产业项目，该项目市场营销的终极目的也就在于此了。

2. 《大宋·东京梦华》：重现大宋东京的繁华盛况

《大宋·东京梦华》是由实景演出策划人梅帅元创意、知名实景演出导演张仁胜执导、中国最大的宋文化主题公园——开封清明上河园出品的大型实景水上演出。《大宋·东京梦华》首次投资1.35亿元人民币，演出时长70分钟，由700多名演员参与演出，是中国实景演出的又一力作。这项演出是一卷关于北宋王朝鼎盛时期的印象画卷，是《清明上河图》和《东京梦华录》的历史再现。

该剧目共分为四场六幕，通过《清明上河图》和八阕宋词的完美结合，利用景物和声、光、色等舞美的变幻，营造出动静交错、变幻莫测的恢宏场景。

剧中熙熙攘攘的宋代市井风情、都城东京汴梁的繁荣与奢华、友邦邻国来朝的气势、战争的悲壮以及最后祝福的寄托，无不体现了北宋王朝的繁荣与奢华。整个演出场景就像是一幅"闹""静"交错的写意水墨画。以南唐李后主《虞美人》中的"问君能有几多愁，恰似一江春水向东流"暗示一个辉煌时代的开始，大宋王朝的建立；接着一幕是北宋汴河漕运的热闹场面；然后是清明踏青，秋千上的少女打着红伞，勾画出了一个清新明朗、春意盎然的画面；紧接着是宋代词人柳永的爱情故事，营造出情人之间难舍难离的凄美意境；接着是万国来朝的盛世、战争、杨门女将、满江红。最后在"明月几时有，把酒问青天"的歌曲中，载着千年的祝福和千年的辉煌，走向现代。

《大宋·东京梦华》的特点在于：

（1）顶级的制作团队

该剧目由中国"山水实景演出"创意第一人——梅帅元率领的导演团队监制，国际著名音乐家谭盾担任艺术总监和音乐原创，国际著名舞蹈家黄豆豆担任执行导演和舞蹈编导，可谓是大腕云集。

（2）"纯天然"的演出舞台

《大宋·东京梦华》实景演出选取"清明上河园"中的皇家园林的北苑作为主要演出场地，演出场面宏大，表演区众多，覆盖整个园林，极力展示出宏阔的社会场景，同时又以亭台、流水、桥廊等景物构成完整的具有古典意味的实景剧场。演出内容主要突出在水上，大胆地使用灯光切换，创造出一个如诗如画、如梦如幻的意境；除此之外，还大胆扩大演出阵容，打造如火如荼、如涌如潮的壮观场面。

（3）无可复制的演出内容

经过培训的700多名演员，无论春夏秋冬均在水上演出。所有的服装道具都经过精心的设计和筛选。演出内容以《清明上河图》和《东京梦华录》的内容为依托，不断地进行创新和改进，切实地还原了当时大宋都城东京的盛世繁荣。每一场的演出都是独一无二的，不可复制，让观众在感慨其视听效果的同时，也为之感动。

（4）创新不断的演出内容

自2008年公演以来，《大宋·东京梦华》的制作团队每年都会对演出剧目进行创新。比如2009年版的演出就直接将节目搬到了观众席中去演，使得演出更加通俗、贴近观众；2010年版的演出则更加注重细节上的调整，在宋词和舞蹈的搭配、宋词和音乐节奏的搭配上进行了更加细致的安排，使得诗词的意境和演出场景搭配得更加天衣无缝……不断创新的剧目编排和场景创意，使得演出艺术效果更加抢眼、震撼、流畅，也更加符合前来观看剧目的游客观众们的心理需求。

"《大宋·东京梦华》大型水上实景演出，作为成长性好的休闲产品，已成为新的盈利增长点，满足了高端群体的消费需求。它通过极度繁华的艺术再现，唤起了一个民族对国家兴衰的深沉思考与渴望崛起的浩荡激情。它不同于简单的"印象"系列，除了空间的审美造型和色彩以及借助高科技的包装和恢宏的气势，最关键的是有一种内容的浸润，一种由外至内的心灵的触摸。它诉诸的不仅仅是感官，也不单单是视觉冲击，它让我们思索时间、历史，思考朝代的兴替和生命的枯荣。作为文化旅游项目，娱乐性应当是首要的追求，但娱乐要有品位和质地。它承载的是一个民族的梦、憧憬和希望，使游客在身心愉悦中思索和慨叹。这就是一种有品位的娱乐。"① 这也是实景演出的魅力之所在。

（二）剧场演出

剧场演出，顾名思义，就是指以室内剧场为舞台的艺术表演。这种演出形式自古就有，比如传统的戏剧表演有专门的戏园子，现代以国家大剧院、上海大剧院、广州大剧院为代表承接的各种文艺表演都可以称之为剧场演出。

河南省作为文化大省，其丰富的文化资源为剧场演出的创作提供了源源不断的灵感，因此剧场演出市场的发展也是相对比较迅速的。在众多剧目中最受瞩目的当数洛阳的《功夫诗·九卷》和濮阳的大型室内情景剧《水秀》。

1. 《功夫诗·九卷》：90 分钟的国宝圣剧

功夫是中国奉献给全世界的人类非物质遗产，也是中国文化的标志性符号之一。其博大精深之处，在于将中国传统文化之精髓，融入身法招式和风骨风韵中。在各种武侠小说或者是功夫影视剧中，功夫始终处于被展示的状态。无论是对功夫的描述，还是通过人物对功夫的设计，功夫始终是一种被借以渲染或突出画面或烘托舞台气氛的工具。

---

① 李季、范玉刚：《中国文化产业园》，社会科学文献出版社 2012 年版，第 115 页。

《功夫诗·九卷》则颠覆功夫传统展现形式，以寓教于乐的轻松方式，把舞台塑造成一个纯粹、浪漫、深刻的诗境，让观众在舒放的意境空间里得到意想不到的禅机和感悟。全剧共分为"净、经、勤、灵、听、形、倾、定、境"九个篇章。它用诗化了的功夫形体语言和浪漫的表现手法，在创造舞台实景艺术前所未有的视听感的同时，自然营造出一个独具特色的修行气场；通过"心斋"和"坐忘"开启悟道，为观众完美诠释出隐藏于中国功夫背后的终极奥义。作为中国首部国学修行剧，《功夫诗·九卷》凭借着6000多场的演出次数及全球巡演，还有令人咋舌的15年的演出时间跨度，必将会受到滚滚而来的关注和赞誉，成为洛阳一道新的亮丽风景线。

毫无疑问，《功夫诗·九卷》最大的特点自然是深刻的文化内涵：

（1）用道家的自然之道将功夫演化成诗

中国诗学的最高境界是"不着一字，尽得风流"。在中国传统美学思想中，老子和庄子对"美"的见解，基本集中在虚静和意象上。无论是老子的"致虚极"还是庄子的"水静犹明"，都是中国美学思想的奠基石。因此，道家的自然之道成为功夫诗创作过程中的核心理念。根据这一理念，将程式化的功夫形体诗化为富有禅意的自然诗形式。以文化武，以自然化人造，以朴素化奢华，以无言化有言。

（2）用儒家的文以载道为观众画龙点睛

所谓文如车，道如物，正如车之用是为了载物，文之用是为了载道。而载道，为的则是经世教化。而中国功夫正是经世教化的产物。中国功夫的精髓不在于攻击，而在于防守；不在于致命，而在于制服。这就是武之道，武之德。这得益于儒家的经世教化思想。在《功夫诗·九卷》的每一卷结束后，趁着演员换装的时间，考虑到舞台演出的整体性，制作团队选择用字幕的方式代替现场书法，让观众在洗心静虑的音乐中，与字幕产生对话和交流。这样既保证了全剧演出的诗境不被破坏，又能开启或激发观众的想象力，而从艺术的角度来说，更是突出了中国传统文化所独有的底蕴和氛围，让人们在观剧的过程中，忘却凡世中的烦躁与压力，聚焦于儒家"修身、治国、平天下"的"修身"上，这也是《功夫诗·九卷》所倡导的修行的根本含义。

（3）用禅宗的开悟见性愿众生欢喜修行

在《功夫诗·九卷》的剧场内，无论是台上还是台下，都像是一个巨大的"修行道场"。开放的舞台上，一缕斜光，几根翠竹，香炉中燃着的盘香冒着略带蓝色的烟，隐约能够听见纯净而安详的佛歌，这样祥和的演出环境让观众自然"坐定"、自然"心斋"，渐入禅境，使其情不自禁地自然悟道。每一卷的演出都是一场淋漓尽致的心灵理疗和精神 SPA。观众的每一滴泪水，每一个笑容，每一个思绪，每一次欢呼，既是对自己灵魂深处的洗涤和陶冶，更是对《功夫诗·九卷》及其全体演员和制作团队的感谢和崇拜。

从文化角度看，《功夫诗·九卷》将优秀传统文化价值观制作成适合精神保健和心灵理疗的文化产品，让观众通过观看现场演出而陶冶情操、顿悟心田。从创新角度看，《功夫诗·九卷》用精美舞台艺术表达中国哲学和传统价值观，用观看精彩演出的方式实现文化创新和精神顿悟，这是其独有的创意发明；用世界手法包装中国元素，用独创的诗境艺术功夫成就中国经典剧目，这是其艺术专利。从市场角度看，作为价值观投资，《功夫诗·九卷》是定位给精英及主流人群的精神及文化消费产品，它把消费习惯的引导纳入到可盈利的空间范围内，把观看《功夫诗·九卷》与心灵、精神健康相结合，填补了中国文化产业市场的空白，引领了高端市场需求和导向。

2.《水秀》：经典与时尚交织的杂技情景秀

《水秀》是濮阳市委、市政府以举办中华龙文化节、杂技艺术节和全市运动会为契机，为加快文化创意产业发展，打造濮阳作为中国杂技之乡的品牌而鼎力支持的一台杂技龙头剧目。这台剧目以杂技为基础，以水舞台和空中舞台相结合为创意点，运用现代的声、光、电技术和高科技材料制作的道具，融入戏剧、舞蹈、音乐、魔术、特技、驯兽、体育等多种表现手法，通过节目的合理编排，生动地讲述了与"龙"和"黄河"相关的完整故事。①

众所周知，在我国杂技艺坛上，濮阳东北庄和河北吴桥并称为"中国杂技南北两故里"，濮阳也因此成为我国第一家以地级城市命名的中国杂技之乡。除此之外，濮阳还是中国著名的"龙乡"。1987 年 5 月，在九曲黄河之滨的河南省濮阳县城西水坡仰韶文化遗址中，发现并出土了用蚌壳、螺壳堆积的龙虎图案，被国内考古学者验定为"中国第一龙"，因此也成就了濮阳的"龙乡"之称。龙乡人敬龙、爱龙，同时也以自己的独特方式演绎和传承着龙的精神、龙的魂魄。

自公演以来，《水秀》以其特有的创意和赏心悦目的艺术效果，引发了一票难求的轰动效果，创下了场场爆满的观演纪录。不仅在"龙乡"掀起了一股争看《水秀》的热潮，而且吸引了周边城市越来越多的人前来观看。一台杂技表演为什么会产生这么大的社会反响？《水秀》的成功演出又会给传统的杂技表演带来哪些深刻的影响？总结来说，关键在于两点：

（1）基于传统表演基础上的创新为《水秀》注入了新的活力

创新，是时代的要求，也是艺术的生命所在。《水秀》运用现代创作理念，注入戏剧、舞蹈、音乐、魔术、花样游泳、跳水、海狮表演等多种艺术形式与杂技融合为一体，在高新科技影像手段和魔灯幻影元素陪衬下，对华夏民族龙文化的精神进行全新的诠释。除此之外，《水秀》的最大创意之处就是它的舞台创新。传统的杂技表演都是以地面为舞台，偶尔也有一些空中表演。与此形成鲜明对比的是，《水秀》剧组专门制作了一个水舞台，并在水面上方构建了一个空中舞台，整场演出一直以一池碧水为基本平台，时而水面，时而空中，时而活动地板，时而水陆空并用，彻底打破了传统杂技的舞台概念，充满了多维空间的立体感。

（2）对剧目和表演的不断改版让演出时刻富有新意

《水秀》演出之后，立即获得了国内乃至国际杂技界的高度关

---

① 百度百科：《水秀》，http：//baike. baidu. com/view/3520832. htm。

注和赞誉。但是，任何艺术形式如果一成不变，让人看久了也会产生审美疲劳。为了保证《水秀》的演出时刻充满新的创意，整个制作团队从 2009 年公演开始，分别对演出进行了四次较大的改版，对节目的合理性、舞台的艺术环境和氛围都进行了改进和提高。同时，也进一步提升了剧目的内涵，弘扬了中华民族的优秀传统文化。不仅如此，它还增添了国际一流的灯光、音响等设备，在演出的技术难度和技巧上也有了很大的提高和创新性的突破，给观众带来耳目一新的视听效果以及高雅的精神文明享受。不断的改版使得《水秀》的演出效果显得更加惊险、刺激、唯美，给观众带来"颠覆、神秘、震撼"的全新感受。

3. 《老汤》：河南原创方言话剧

《老汤》是由河南省歌舞演艺集团出品、河南省曲艺团排演的一部方言话剧。通过轻喜剧的方式讲述了一个关于诚信的故事：由范军饰演的主人公罗小船，始终坚守 65 年前对苑四爷的一句承诺，临终前将老汤秘方传授给苑四爷的后人苑如意，其间穿插着历史、爱情、生命的叙述，人文气息浓厚。范军在接受腾讯·大豫网编辑的采访时是这样说的："《老汤》是一部带着河南人幽默特质的方言话剧，他向观众传达的是河南人'本分做人，诚实守信'的传统美德。"

该话剧最大的亮点，除了其一流的创作团队之外，最值得关注的还是其传达的河南方言文化和河南人深入骨髓的传统美德：

（1）方言成就话剧特色

《老汤》最显眼的特色在于演员们张口即来的河南方言。中国不缺乏优秀的话剧剧目，但是像《老汤》这样以河南话为主的话剧少之又少。方言的最大优势就是语言的贴近性，这样能够更有效地再现生活的真实。观众在欣赏话剧的时候，听到演员们的一句句乡音，感觉到乡音的亲切和温暖，能够最大限度地拉近人们的心理距离，唤起人们对"根"的依恋，它能够给方言覆盖下的观众以"家"的感觉。

（2）小人物弘扬大美德

曾几何时，"河南人"不再是一个省份居民的标识，而是混合了多重复杂含义的标签：贫穷、脏乱、素质低下、不讲文明、骗子、城市不安定因素，等等。新疆地区甚至曾经打出"防火、防盗、防河南"的条幅！

　　然而，在《老汤》中，主人公罗小船用自己的言行践行了"本分做人、诚实守信"的优良美德，凸显了河南人实在、热情、本分的善良品德，实实在在地为河南人正了名。同时，话剧主题也弘扬了诚实守信的传统美德，在这个繁华浮躁的社会环境下，为人们传递着一份积极向上的正能量。

三　新型演艺形式发展中面临的问题

（一）项目的创新问题

　　作为河南省大型实景演出的重头剧目，《禅宗少林·音乐大典》和《大宋·东京梦华》面临着强大的市场经济压力。实景演出追求的是一种"眼球经济"，面对竞争日益激烈的实景演出市场，如果剧目不能够做到及时地更新换代、推陈出新，长此以往，观众就会产生"视觉疲劳"，演出就会失去对观众的吸引力，进而导致演出迅速进入衰退期，被市场所淘汰。

　　因此，要想保证演艺产业的文化品牌经久不衰，就要不断地对其内容和演出形式进行创新和提升。创新才是演艺产业保持生命和活力的源泉所在。只有有效地结合市场的需求，对演艺产品内容和演出形式进行创新，才能够确保该文化品牌的文化魅力和持久的吸引力。

（二）产业的运作问题

　　随着演艺产品的成功演出，它们所在城市的相关旅游产业也因此得到了发展。它们的成功演出大大延长了游客和观众们在当地的逗留时间，拉动了相关产业项目的发展。但是，随着游客和观众的日益增加，当地的餐饮、住宿设施却没有得到相应的发展，接待能力受到限制，不能够有效地满足演出发展的需求。而且，河南作为一个拥有厚重文化底蕴的文化大省，却没有相关优化配套的精品旅游路线供游客选择，这一点也限制了河南的其他旅游项目和演出项目的开发和发展。

（三）环境的保护问题

《禅宗少林·音乐大典》和《大宋·东京梦华》这样的实景演出搭台于自然景观之中，这不得不让我们考虑到环境保护的问题。演出本身对人文景观的损害、大量游客的游览对园区内环境卫生的影响以及对自然景观的破坏都是该项目目前应该考虑的重点问题。同时，为了确保《水秀》的成功演出而特意搭建的水秀大剧院，除了演出《水秀》之外，也应该做好循环利用的准备，积极吸引和接纳更多优秀的剧目在此演出，给观众带来更多精神上的享受，创造出更大的经济价值和社会价值。

文化创意产业是一种"低污染"的产业形式。在做好宣传工作的同时，还要努力做到"环境第一"，减少因为演出而对景区的破坏，保护好景区的生态环境，努力做到人与自然真正的和谐统一。

四 运用新型演艺形式传承华夏历史文明的对策

（一）打造特色文化品牌

文化品牌是"在世界性的文化传播、文化交流与文化产业发展进程中形成的，具有超越地域性的，有一定影响力的文化产品、文化样式和地方性文化"①。

演艺产业作为中国传统的表演事业，在被赋予了新的演出形态之后，已经成为传承和发扬华夏历史文明的重要文化业态之一。因此，传承和创新华夏历史文明的首要对策就是要充分发挥中原地区的特色优势，推动文化品牌战略的实施，打造华夏特色演艺品牌。

---

① 宋泉:《浅谈我国实景演出文化品牌的构建——以〈印象·刘三姐为例〉》,《沿海企业与科技》2013 年第 3 期（总第 154 期）。

1. 品牌的定位

实景演出和剧场演出作为演艺产业的两大新兴文化业态，主要指向旅游演出市场和剧场内演出市场，这样明确的市场定位决定了实景演出的内容产品必须依托于旅游地独特的原生态旅游资源，而剧场演出要想吸引观众，其主要产品必须要抓住高端精英阶层及主流人群的目光。就目前国内的演艺市场开发状况来看，演艺产业的资源开发主要包括不可复制的人文历史资源和自然景观资源两个方面。

而这两大资源正是河南省的文化资源优势所在：《禅宗少林·音乐大典》依托的就是嵩山少林的禅宗文化和嵩山的自然山水景观，带给了观众一场视听盛宴；《大宋·东京梦华》依托开封这个具有丰厚历史底蕴的七朝古都，结合了《清明上河图》和《东京梦华录》两大历史文化名作，展示给观众一卷关于北宋王朝鼎盛时期的印象画卷；《功夫诗·九卷》把中国的功夫文化和儒、释、道三家的至高思想和境界相融合，为观众打造了一场陶冶性情的心灵SPA；《水秀》则以其高超的杂技技巧和其独一无二的舞台创意为观众展现了中国的龙文化以及传统杂技的独特魅力。每一种不同的演艺形式都在不断地进行创新和提升，使得演艺产业的演出作品更加细腻、真实，演出更加通俗，贴近观众，成功地实现了演艺产业的文化品牌核心价值观与消费者之间的双向磨合，保证了演出作品对观众的吸引力。

因此，只有充分了解和开发河南省"原生态"的人文资源和自然资源优势，才能够对演艺产品进行准确的品牌定位。

2. 品牌的传播

《禅宗少林·音乐大典》《大宋·东京梦华》均是由实景演出策划人梅帅元率领的制作团队，根据河南本土的历史文化资源以及自然资源精心打造的大型实景演出。"中国实景演出创意的第一人"梅帅元的参与就是这个团队的核心。"梅帅元的名牌效应"，无疑是《禅宗少林·音乐大典》和《大宋·东京梦华》最大的品牌吸引力。同时，由中国资深演艺制作人和创意经理人于洋和他背后的北京保利演艺经纪有限公司制作的《功夫诗·九卷》，以及由濮阳豪艺杂技（集团）有限公司打造的大型室内杂技情景剧《水秀》，也同样有着资历深厚的明星制作公司和制作团队。可见，制作团队的"明星效应"是演艺产品进行推广和前期宣传的强大助力，能大大提高演艺作品的品牌知名度。

除此之外，也要注重对演艺作品的整合宣传。首先，从演出项目的确定，到各种媒体平台的综合宣传，如电视、报纸等主流媒体的报道、微博微信等网络媒体的评论和转发等，再加上演出单位对该演出项目的公关宣传，政府的高度关注和支持，将演出作品成功地传达给目标受众。其次，一个精良的制作团队、依托着风景秀美的自然景观、传承多年而经久不衰的华夏历史文明资源，成为演艺作品所特有的名人、名景、名历史的三大影响力，同时也成为其宣传的主要助力。

（二）注重产品的创新和创意

大手笔、大投入、大制作，几乎是所有大型实景演出和现代剧场演出的共通之处。即便如此，演出是否真的具有吸引力，还是要着重考虑演出的创意策划这一重要问题。

第一，展现人与自然的和谐关系。如《大宋·东京梦华》中，以北宋王朝的繁荣景象为素材的文化盛宴，巧妙地将人们耳熟能详的经典宋词、北宋时期的人们的生活风貌等元素进行组合，融入"清明上河园"的自然景观之中，充分地展现了人与自然的和谐关系。

第二，老故事，新演绎。《水秀》中，以杂技为基础，以水舞台和空中舞台相结合为创意点，运用现代的声、光、电技术和高科技材料制作的道具，融入戏剧、舞蹈、音乐、魔术、特技、驯兽、体育等多种表现手法，通过节目的合理编排，改编传统的演绎形式，生动地讲述了"龙"和"黄河"相关的完整故事。

第三，制作团队的明星化。像《禅宗少林·音乐大典》这样一个大制作、大投入的演出，需要一个强有力的策划者来领导。作为整个制作团队核心人物的梅帅元，同时也是中国实景演出创意的第一人，从他参与这部剧目的制作开始，就为整个剧目的宣传制造了一个良好的噱头，这也成为该剧目演出的主要看点之一。

（三）产业运作的一体化

演艺产业作为河南省文化产业链条上的一个重要环节，我们不能单独把它作为一种演出项目，要把它放在整个产业链条当中去考量。坚持产业化、市场化的运作，建设完善的产业配套设施，发展与之相关的产业延伸工作，如音像、服装、餐饮等，不断扩大演出的影响力，从而带动整个地区的经济发展。

发展演艺产业，要在自然、历史和文化符号的融合上，避免简单的内容拼接，以发掘其中蕴含的深层含义为目标，努力做到华夏文明和自然山水的和谐统一。具体要从以下几个措施着手进行创作：

1. 在主题的发掘上，立足于河南本土的文化资源，避免过多的意义附加，从而唤起观众在情感上的共鸣；

2. 在技术的运用上，要多使用节能环保的道具，努力做到山水和华夏文明的有机融合，以不破坏环境为重点，提升演艺产业的文化品位；

3. 在人才的培养上，要着重培育出河南自己的演艺制作团队和杰出的演员，打造河南省自己的金牌演出团队；

4. 在内容的创作上，要注重创意和创新，充分了解观众的审美偏好、消费心理以及艺术兴趣等，因为观众才是检验演出成功与否的关键；

5. 在产业的运作上，除了做好演艺产品的推广之外，还要做好相关产业的市场推介和营销，通过以一带全的模式，带动整个区域社会经济的发展。

总之，演艺产业作不仅是我们发展文化产业链条上的重要环节，还是我们传承和创新华夏历史文明的一个重要"介质"，它绝不仅仅是一场简单的文艺表演。发展好演艺产业不仅具有很高的学术研究价值，同时也可以带动社会的发展和进步。因此，我们在对华夏历史文明进行传承和创新的过程中，对于演艺产业的发展要避免过度化的倾向，要知道任何事情都是过犹不及。在强化表演的视听效果的同时，还要努力激发人们对演出本身的想象力和感受力，这样才能更好地将华夏历史文明发扬光大。

附

禅、武、乐合一的文化盛宴
——访《禅宗少林·音乐大典》营销总监毛荣军

采访人：汪振军　王颖颖

采访时间：2016 年 3 月 26 日

　　大型实景演出是一种以真山真水为演出舞台，以当地文化、民俗为主要演出内容，融合演艺界、文化界大师和企业家为创作团队的独特的文化模式，是中国人的独创，是中国旅游业由自然旅游向人文旅游、文化旅游转型背景下的特殊产物。这种新的演艺形式已经成为各地发展文化创意产业的热点和重点。而河南省作为华夏文明的主要发源地之一，其悠久的历史、丰富的文化资源以及秀美壮丽的自然景观也吸引了大批的制作团队来河南创作大型实景演出。作为一种新的文化产业形式，实景演出在河南的发展现状如何？是否能够为河南的旅游业带来新的商机？对于传承华夏历史文明又有什么样的作用？带着诸多的问题，我们采访了河南第一部实景演出——《禅宗少林·音乐大典》的营销总监毛荣军先生。

　　1. 问：河南有许多值得挖掘和开发的文化旅游资源，为什么选择了登封作为实景演出的地点？

　　毛荣军：就国内而言，《印象·刘三姐》是实景演出的首创，而第二部实景演出就是河南的《禅宗少林·音乐大典》。当时选址在中原这一块儿的时候，也是经过半年慎重考虑的。河南是中华文化的发源地之一，嵩山是历史文化名山，这里除了少林武术、禅宗外，还有儒与道。再者，少林武术当时在国内已经产生了一定的影响力，比较容易在国内外市场上打开话题，而少林寺作为国内知名旅游景点，缺乏晚上的旅游消费项目，于是，创作团队经过综合考量，最终将地点定在了嵩山，这也是我们选择嵩山、选择少林寺的禅宗文化作为实景演出主题的初衷。

当时国内实景演出的创始人梅帅元先生在找到了嵩山之后，也考察了嵩山附近的很多地方。由于实景演出讲究的是在什么地方，有着什么样的文化，再加上它对舞台的要求比较高，所以说经过两年的考察以后，演出地址最终选在了离少林寺五公里的待仙沟景区。后来制作团队在规划演出的时候担心只有武术支撑不起来整场演出的阵容，于是，策划人又邀请了国际著名音乐家谭盾先生亲自作曲，把音乐加了进去。之后，梅帅元先生还邀请了易中天老师、少林寺方丈释永信大师，著名舞蹈大师黄豆豆，几位大师联袂打造了现在的《禅宗少林·音乐大典》。

2. 问：现在国内实景演出最为出名的就是"印象"系列，您觉得《禅宗少林·音乐大典》与这些演出相比，它的独特之处是什么？

毛荣军：其他的实景演出主要是从视觉效果上吸引游客和观众，而《禅宗少林·音乐大典》除了满足观众对于视觉效果的期待之外，还能让观众感悟到文化与武术的结合，从而达到心灵与舞台相融合的境界。观众坐在僧侣们打坐专用的蒲团之上，感受着视觉和听觉的双重震撼，此时此刻，日常生活和工作中的压力也随之得到缓解。用我自己观看演出后的感悟来说，《禅宗少林·音乐大典》不纯粹是一场演出，它更像是一次心灵的净化之旅。

3. 问：您能简单地给大家介绍一下《禅宗少林·音乐大典》现在的运营状况吗？

毛荣军：实景演出不是一个暴利性的行业，而是一个持续性发展的文化产业。《禅宗少林·音乐大典》自2007年首演到2009年，一直都处于亏损的状态。前期总投资的3.5亿元人民币，直到2010年以后才进入保本期经营，2012年以后开始盈利。到目前为止，我们一共演出了 2700 多场，接待国内外游客 300 万人次，其中包括国内一些重要的政要领导人、来自国外 27 个国家的外交部部长等。整个演出项目运作到现在处于一个良性的发展状态，虽然说没有跳跃性的大发展，但是一直处于一步一个脚印的稳定上升状态。

4. 问：对于《禅宗少林·音乐大典》的未来发展有什么样的规划？

毛荣军： 截至 2016 年，《禅宗少林·音乐大典》已经演出了整整十年。这十年期间整个项目一直都是稳步发展，所以今年公司计划是要推动项目跳跃性发展。

从灯光设备等硬件设施和演员的选拔等方面对演出进行全新的升级，除了吸引更多没有观看过节目的观众外，还要保证看过的观众会产生反复观看的心理。

在项目的推广和传播方面，公司今年实行"全民营销"的推广概念，就是让景区导游、员工及生活在景区的普通民众都参与《禅宗少林·音乐大典》的宣传和推广中来，把当地的文化融合到营销活动中来，这样既可以增加演出的知名度和影响力，同时也为导游和群众们带来一些额外的经济收入，达到互惠共赢的状态。

在旅游线路的规划上，也会积极协助一些旅游公司设定精品旅游路线，在特色饮食和住宿方面提供更优质的服务，从而保证能更好地吸引游客、服务游客。

而随着"互联网＋"时代的到来，网上订票在售票中所占的比例越来越大，因此在今后的规划中，会加大网络新媒体这一块的推广力度，为游客提供更多更便捷的售票服务。

5. 问：河南山水实景演出在发展的过程中面临着哪些困难？

毛荣军： 首先是旅游线路的规划方面，缺乏精品旅游线路和旅游景点的设置。每年到登封少林寺旅游的游客非常多，但大都是停留半天就离开了，仅把少林寺作为整个出游计划里的过路景点。实质上登封可供游览的景点有很多，但是缺乏合理的整合和规划，所以很多游客上午游览完少林寺就前往下一个景点了，这就直接导致了一部分潜在观众的流失。

其次是演出现场，最担心的就是恶劣天气。因为演出现场的灯光全部是室外安装，9000多盏灯最怕的就是雷击，一旦遇到恶劣天气，不但影响演出的质量，还会因灯光设备破坏造成大量的经济损失。除此之外，恶劣天气也会导致很多潜在游客的流失，比如说一些原计划周末到嵩山出游的游客，碰到恶劣天气就放弃出游等。

最后是产业链方面，整个登封可住宿的酒店太少，遇到大的节假日，就会出现住房短缺的现象：平时是"没人住"，遇到周末或者节假日就会"没房住"。要解决这一难题，仅仅依靠我们一家企业的努力远远不够，还需要政府加大招商引资的力度，多开发一些配套设施和环境设施较好的酒店，为我们的实景演出留下更多的游客和观众。

6. 问：《禅宗少林·音乐大典》对于传承和创新华夏文明有什么样的作用？

毛荣军： 这一点，我觉得举个例子来说会让你感受更清楚一些。之前一些外国游客来中国旅游的时候，导游基本上都会问到一个问题："你们觉得中国的什么最好？"得到的回答基本上都是少林武术，但是没有人知道少林武术是来自于河南登封。于是我们把少林文化和音乐结合打造成了《禅宗少林·音乐大典》，它带给国内外游客的不仅仅是视觉和听觉的震撼享受，更是一张"活的"河南文化名片，不仅提高了河南文化的整体知名度，也把河南的少林文化推向了世界。

一台实景演出必须是依存于当地的山水特色和历史文明。现在能够掌握高科技声、光、电等技术的演出实在是太多，如果没有这些当地特色的背景作支撑，这台演出早晚会因为缺乏文化而消亡。全国90%的实景演出我都亲自去现场观看过，那些做得高大上的演出，一定是依托当地的文化量身打造的。

不得不说，在传承和创新华夏文明方面，《禅宗少林·音乐大典》开辟了一种新的演艺形式，丰富和创新了华夏文明的传播方式。同时，经过十年的发展，《禅宗少林·音乐大典》能够发展得这么好，很大程度上正是因为有厚重的华夏历史文明作为支撑。

7. 问：对于打造河南山水实景演出特色品牌有哪些建议？

毛荣军：从我个人的想法来看，河南目前的两台实景演出——《禅宗少林·音乐大典》和《大宋·东京梦华》，各有千秋。一动一静、一武一文，结合得还是非常不错的。河南的文化底蕴非常浓厚，还有很大的挖掘空间，要打造河南的山水演出特色品牌，我的建议是：

第一，要先把当地的文化了解清楚，实景演出必须要有一定的文化底蕴作为支撑，这是实景演出的精华所在。每一个城市都有各自的文化优势，只有把这些文化优势发掘出来，才能保证河南实景演出有区别于其他演出的独特之处。

第二，对当地的住宿、游客承载量等配套设施做好市场调研，这是打造实景演出产业链的关键之处。首先，通过市场的调研选择最佳的演出地点，不仅可以满足游客休闲消费和文化消费的需求，还能够保证演出的舞台效果。其次，做好实景演出的推广之外，还要做好相关产业的市场推介和营销，如旅游纪念品的开发、住宿、特色饮食等，通过以一带全的模式，带动整个区域社会经济的发展。

第三，政府要给予相应的支持。政府要积极打包和整合各地的旅游资源，包括旅游路线、旅游景点、旅游公司以及旅游项目的规划等，这样才能更加方便地向外推广，达到化零为整的品牌效应。

第四，从开发商的角度来看，还是需要多在演出中注入当地的文化内涵，用发展的眼光来看待项目的开发。从基本的硬件设施到人员服务都要依据演出主题做好配套工作，从细节之处吸引观众、打动观众。

未来河南的实景演出是一定会朝着创新、产业链和品牌方向发展的。无论在什么时候，华夏文明都是河南实景演出的重要主题，创新也必定会成为华夏文明可持续发展的核心竞争力。

（执笔人：王颖颖）

第六章 河南动漫与华夏文明传播

　　动漫产业，是指以"创意"为核心，以动画、漫画为表现形式，包含动漫图书、报刊、电影、电视、音像制品、舞台剧和基于现代信息传播技术手段的动漫新品种等动漫内容直接产品的开发、生产、出版、播出、演出和销售以及与动漫形象有关的服装、玩具、电子游戏等衍生产品的生产和经营的产业。因其具有低能耗、低污染、高产业价值、多就业机会等特点与优势，被誉为21世纪的朝阳产业。同时，动漫形象由于其鲜明的个性赢得了众多动漫迷特别是青年动漫迷的喜爱，这一方面当然是社会文化发展的结果，反映了一定社会大环境的要求，更重要的则是它满足了青年成长的心理需求，为青年的成长和发展提供了滋养的源泉，也对社会观念、国民文化的培养能够发挥重要的能动作用。河南作为中华文明的发源地，千年华夏文明在这里扎根滋长。在文化传统不断遭受新时代、新技术与新观念冲击的背景下，华夏历史文明应当积极主动地融入流行动漫文化，搭乘动漫产业发展东风。在弘扬传播优秀文化的同时，为河南动漫产业发展提供精神支撑。网络游戏产业是涉及网络游戏的开发、市场营销和销售的经济领域。网络游戏产生的时间比动漫还要晚，但创造的价值以及在用户中的风靡程度与动漫相比却丝毫不落下风。网络游戏产业的发展中也需要资金、技术与创意的多方投入。历经数十年发展的网络游戏，如今已经形成了较为完备的区域划分和产业链条。在当前智能移动端逐渐成为网络主要端口的背景下，手机移动游戏已经成为各大游戏厂商的重要突破口。而以网页游戏、客户端游戏为主的传统PC端游戏，也保留着强大的生命力。

一　动漫、网络游戏产业传承创新华夏历史文明的优势

动漫自产生以来，经过数十年的快速发展，已经成为当今社会民众文化生活的重要组成部分。动漫之所以迅速发展，得到了越来越多的受众，最主要还是因为动漫本身所具有的特点。动漫文化从情节上以及画面展示上都具有较强的可读性，放眼世界，以美国、日本为代表的动漫强国都在其作品中注入了鲜明的本国文化色彩。

以日本为例，作为20世纪70年代崛起的动漫大国，日本动漫作品以巨大的数量、鲜明的民族韵味与独特夸张的艺术风格，在世界动漫市场占据重要地位。90年代之后，日本动漫在剧情上又屡屡创新，开创了一个个新的剧情模式，成为当代青少年乃至成年人喜爱动漫的重要原因之一。近年来，日本动漫不仅席卷亚洲，而且打入欧美市场，取得了不凡的业绩。日本拥有悠久的历史，本土文化特色鲜明，这在日本的动漫中都有体现。尽管日本动漫以科幻战争、热血冒险等类型著称，但不可否认的是，日本几乎所有的动漫中都会出现以相扑、和服、樱花、剑道等为代表的日本民俗特色符号，这便是日本动漫文学中对民族文化的坚持与开发。再看美国，作为电影工业结晶的动漫同样承载着输出美国价值观的使命。例如，原本是中国传统历史故事的《花木兰》被美国动漫工业改造后输出为追求梦想，实现自我价值的美国式励志故事。

在研究中我们可以发现，国内众多动漫企业在实践中已经将目光投向传统历史文化，利用动漫这一新形式传承创新历史文明。如2015年取得票房成功的动漫大电影《西游记之大圣归来》以及尚在筹备阶段的动漫电影《大鱼·海棠》为例。前者取材于经典神话故事《西游记》，在运用奇思妙想的方式加以新编展现后，获得了巨大的反响。《人民日报》甚至将其定义为"近年来少有的现象级动漫电影"。而后者的创意来源于庄子的"北冥有鱼，其名为鲲。

鲲之大，不知其几千里也"，讲述了一个属于中国人的奇幻故事，影片试图向观众展现那条游弋在每个中国人血液和灵魂中的大鱼——鲲①。故事中糅合了客家土楼、神话传说等多种历史元素。仅仅是一段预告片便引发网友热烈的讨论与追捧，成为备受瞩目的动漫作品。

　　由此可见，一方面，动漫产业作为文化创意产业，在创作中需要与民族特色精神相结合，只有这样，才能给动漫注入灵魂从而提升作品质量。另一方面，传统历史文明也应当借助动漫这一新兴文化载体进行传承与创新，只要方式得当，不但不会使传统文化自身"变质"，而且会在创新的过程中不断传播发展，彰显出新的活力。

二　河南省动漫、网络游戏产业发展情况

（一）河南省动漫、网络游戏产业发展情况综述

　　河南省动漫产业起步晚，前期发展缓慢。但自从国家动漫河南基地和郑州市动漫基地落成以后，河南动漫产业就开始进入了一个相对较好的发展时期。尤其是在河南省政府制定政策纲要，重点扶持动漫产业后，河南省的动漫产业发展便进入了快车道。郑州作为河南省的经济中心和文化中心，聚集了河南省动漫产业的绝对主力。在河南的动漫市场中，虽然未有能够取得比肩《大圣归来》之类突出成就的动漫电影，但令人欣慰的是，在经历盲目追求产出动画数量时长的探索期之后，河南省的动漫产业都开始将目光投向质量优先的领域。

　　历经数年的发展，河南省动漫产业也涌现出了如小樱桃动漫集团有限公司、约克动漫股份有限公司、华豫兄弟动画影视集团等多家在行业内享有声誉的知名动漫企业。它们在业务上已经涵盖了产

---

　　①　百度百科：《大鱼·海棠》，http：//baike. baidu. com/link？url = VoX7nvAETCPgPKO VZ3G4RLS_　bXOb9ccaHDMGKz2wZiTkOokeNE0pu8rHqw4vxp1i_　oH - G30DUQ0 - gU4IISX5xVF6tbT2U_　8oPzlmPM_　XSmbachLZIll2vFiELKESyk_　wUEhFzKYIoHuic MuS19EEpZu9KBCgfVO - XzWjdX5OB2DAoFWMwNvwbCbuLINOlja6。

业链条上的大部分环节，尤其是对衍生品的开发意识与开发能力都在逐渐增强。可以说，这些在市场竞争中存活下来的企业，就代表了河南省动漫产业发展的未来和希望。

面临转型压力，并非单纯依靠拓宽产业链就能在行业竞争中胜出的。如何增加动漫产品的精神内涵，形成品牌号召力，才是动漫企业保持长青的秘诀。河南拥有悠久灿烂的历史文明，在这片土地上发展文化产业，理应并且必然要将目光投向博大精深的华夏文明之中。

动漫产业在摸索中坚持前行，河南省的游戏产业虽然底子薄、发展慢，但仍然取得了可喜的成果。近年来，河南省政府对网络游戏产业的重视程度逐渐加大，游戏行业也在自我转型，寻求突破。2015 年 6 月 6 日，由河南本土的掌趣、诺特、神游、云和等一批游戏企业联合北上广深河南籍优秀游戏人士发起的联盟机构——"中部游戏产业联盟"正式成立，"这是我省首个专业性游戏行业联盟，也是中部规模最大的游戏联盟。该联盟旨在整合优势力量，推动企业在产品创新等领域实现更多自有核心技术及知识产权突破，带领中部游戏企业走向全国，布局国际。"①

和动漫一样，网络游戏已成为当前最流行、最有效的文化传播载体与平台，深受年轻人的喜爱。由于网络游戏具有趣味性强、受众面大、传播快速、交互体验好等特点，从某种程度来说，网络游戏比动漫有着更强的文化传承功能。在动漫产业发展中注入华夏历史文明元素，将为游戏产业的发展注入新的活力。从另一个方面来看，有效地开发河南传统历史文化资源，并借助网络游戏这个强大平台加以传播，无疑是宣传河南文化，提升河南形象，促进河南加快产业升级的有效手段。与此同时，河南省游戏产业发展环境也在快速发展。随着航空港的蓬勃发展，郑州已有中兴、天宇、创维等十余家企业正式投产，计划年产量智能手机 2 亿部。这将强力推动

---

① 大河网：《中部游戏产业联盟成立》，2015 年 6 月 9 日，http://news.dahe.cn/2015/06 – 09/105052946.html。

郑州成为全球重要的智能终端生产基地,为游戏产业尤其是手机游戏带来广阔的发展空间。

动漫、网络游戏作为传播人群年轻化、叛逆化的媒介途径,潜移默化中对用户的影响是巨大的,例如曾经多次见诸报端的未成年儿童因沉迷游戏自杀自残的新闻报道。因此,无论是动漫还是网络游戏必须注入正确的价值观加以引导。动漫产业发展长期将目标受众定位在低幼观众群体身上,因而尚未产生危害。但结合当前网络游戏发展的潮流来看,神话修真、历史传奇、战争热血等主题已然成为网络游戏发展的主力军。较之河南省动漫产业而言,网络游戏的建设更贴近于年轻人群体,受众年龄段延长。同时网络游戏主动靠近华夏历史文明,而非像动漫一样集中于低幼儿童的智力开发与教育。因此,将游戏产业与华夏历史文明进行深度融合,将有利于引导年轻用户树立正确的价值观,弘扬与传播中国传统文化。同时,将华夏历史文明深度植入游戏产业,能够提升游戏品质,提升产品竞争力,打造独特的品牌。因此,利用游戏产业传承创新华夏历史文明,具有重要的社会意义与经济意义。

(二)华夏历史文明在动漫、网络游戏产业中的实践创新

在调研中我们发现,部分动漫企业在动漫创作及衍生品开发中,都在主动尝试融入华夏文明元素,用创新手法为企业创造价值,客观上也为历史文化打造全新的时代名片。河南本省动漫产业对于华夏历史文明的探索已经形成特色创新,进行了诸多有益尝试。多家动漫企业将目光投向河南特色文化名片、精妙绝伦的民间手工艺,华夏历史上浩如烟海的文化典籍与优秀人物故事,以及各类民俗文化、曲艺文化、考古文化等,都在动漫企业、网络游戏、民间创新中有所运用。

1. 文化旅游元素与动漫产业的融合创新

河南作为文化大省,众多历史文化遗产及文物古迹成为值得开发的"金矿"。近年来众多动漫企业对华夏历史文明进行了系统性的创新开发,创作大型系列动画片或者品牌作品,均获得了较好的市场反响，并且在客观上推动了旅游产业的发展。2010年，由河南省大河报动漫中心创作的动画片《少林海宝》，将代表华夏文化的少林功夫与上海世博会吉祥物海宝结合起来。"'功夫文化''禅文化''和文化'和'世博文化'在动画故事中巧妙地糅合在一起，不仅用全新的方式展现河南文化，更增强了民族文化的传播力、影响力和感染力。"①《少林海宝》不但在中央电视台、国内四大动漫卫视以及全国100余家省市电视台播出，同时也作为中国动漫作品的杰出代表登陆日本、新加坡、欧洲等国外市场。此外，对于《少林海宝》这一动漫品牌也进行了衍生品开发。如漫画书、插画、公仔玩偶、杂志等，将河南的少林寺文化借助动漫这一载体向外推广，为推动少林寺的旅游发展发挥了重要作用。

除了少林寺的功夫文化之外，河南的古都文化也是重要的文化名片。中国的八大古都，河南拥有四个，如何对古都文化进行特色创新，进而增强文化特性，推动文化旅游也是动漫产业从业者探索的重要课题。2014年，由共青团中央网络影视中心、中共开封市委宣传部、开封市宋都古城文化产业园区管委会、开封市文化旅游集团有限公司、开封花好月圆文化传媒有限公司联合摄制的大型动漫故事片《清明上河图》在开封启动。除制作专题动画片之外，曾经引发巨大反响的3D动画版《清明上河图》也入驻开封。3D版《清明上河图》运用了高清P3LED屏、3D环幕仪等现代高科技技术，以原作为蓝本，将原作放大数十倍，以50米×4米的恢宏手笔，动态还原了《清明上河图》千古画境，展现了千年之前北宋汴京的风光。栩栩如生的人畜、车马、船轿都在画中动了起来。通过日夜交替变换的景色向观众展现着盛世的繁华。作为河南又一个响当当的"名片"，《清明上河图》的动漫化正是对古都文化的开发创新，从另一个维度服务文化旅游名城开封的旅游业发展，丰满城市文化符号。

---

① 《上海世博会的文化产业视角》，《中国文化报》2010年5月5日第7版，ht-tp：//news. idoican. com. cn/zgwenhuab/html/2010－05/05/content_ 701506. htm？div＝－1。

2. 非物质文化遗产与动漫产业的融合

河南悠久的历史文明造就了丰富多彩的民间技艺与文化，但在如今快速的社会文化变革中，众多优秀传统文化面临消失的危险。如何利用动漫这一崭新的文化业态来传承保护以至创新传统文化，也是众多动漫行业从业者的探索领域。在鹤壁浚县，民间有一种绝活是做泥玩具，当代大师泥猴张（张希和）是这项手艺的集大成者。他创作的泥猴作品蜚声海内外。泥猴张的艺术风格体现在"猴儿精，头上功；不求形似，求神情"，是重要的传统工艺文化。郑州华冠动漫创意有限公司以泥猴张的泥猴作品为模板，用动漫手法创造出一个全新的动漫形象——嘻多猴。在华冠动漫创意有限公司的规划里，对嘻多猴在两个方向进行开发。一方面，制作系列动画，在每一集动画故事中，泥猴张捏出的泥猴都会扮演不同的角色：救民于水火的英雄，行侠仗义的侠客……它们都是爱和友谊的使者，光明与正义的化身。据华冠动漫创意有限公司董事长梁兴介绍，这是一部科幻三维动画系列片，共500集，名字叫《神手泥猴张》。就是要运用动漫形象让泥猴张的作品"活"起来，"动"起来，"蹦"起来。而另一方面，便是深度挖掘嘻多猴这一形象的产品价值。他们针对80后、90后开发时尚、贱萌的嘻多猴形象，通过制作成新表情，搜狗输入法皮肤，建设微信公众号等方式线上推广这一动漫形象。另外也与各大商场积极开展合作，线下对这一形象进行宣传。在华冠动漫创意有限公司的设计规划里，他们将重点探索动漫产业与华夏历史文明的结合开发，将遍布河南省各地的优秀技艺、节会等传统文化，利用动漫来弘扬文化，利用动漫文化创造经济价值。

豫剧是中国五大戏曲剧种之一，中国第一大地方剧种，被西方人称赞是"东方咏叹调""中国歌剧"等。但在现代文化冲击下，豫剧这一优秀历史文化的传承面临巨大的威胁。戏曲文化与动漫的结合创新。河南东鼎动画工作室结合动漫艺术与戏曲艺术，打造中国戏曲动漫新形态。先后将《花木兰》《穆桂英挂帅》《朝阳沟》等传统戏曲改编为动漫形式。戏曲动漫的出现为代表华夏历史文明精粹的戏曲文化的转型发展开辟了道路，有利于借助动漫这一深受儿童喜爱的艺术形式传承戏曲文化。

以甲骨文为代表的汉字文化是河南省优秀的华夏历史文明。河南索易动画有限公司与国家广电总局、河南影视集团合作的动画片《汉字天下》，立足于河南悠久的文字文化，为每一个汉字打造不同的文化故事。配合汉字发展演变的时代背景，结合历史朝代更替、人物风云变幻，展现不同时期的历史故事和字义变化。内容表现上坚持知识性、趣味性与艺术性的统一，在讲解过程中搭配幽默的语言风格。该动画片不仅能吸引国内不同年龄层、不同文化程度的观众，也可以服务国外的汉语言、汉文化的学习者和爱好者们。

3. 民间人物传奇故事与动漫产业的融合

在悠久的华夏历史文明发展中曾经涌现出无数的民间故事、历史名人，这些故事传说及人物名片本身也是重要的文化资源。以郑州盛道动漫有限公司的《济公传奇》、河南华豫兄弟的《少年司马光》、河南天乐动画影视发展有限公司的《太昊伏羲》等为代表，众多动漫公司都在对华夏历史传说、人物故事进行动漫式开发。《少年司马光》取材于北宋年间一代名相司马光的故事，借历史知名人物向观众传达惩恶扬善的价值观念。《太昊伏羲》由河南天乐动画影视发展公司与淮阳县政府联合制作。这两部动漫都取材于河南历史文化人物故事，分别展现了中国传统文化中疾恶如仇的正义情怀以及自强不息的奋斗精神。将华夏历史上的著名历史人物融入动漫中去，既为动漫企业提供了优秀的创作素材，也在客观上弘扬了正能量，可谓一举两得。

诞生于2002年中秋节的"小破孩"，从面世至今已有14年的历史是最受网友喜爱的热门动画形象之一。"小破孩"人物造型简单，但却能够在动漫形象层出不穷的网络世界中维持如此之久的高人气，有以下两方面的原因：

（1）人物形象定位精准。"小破孩"的作者田易新以洛阳地区的民间文化为创作土壤，设计出具有浓郁中国传统乡土特色与当今网络时尚元素的"小破孩""小丫"等形象，人物形象简单却饱含神韵，能够让读者直接感受到浓厚的传统乡土元素，传递真实的可爱与单纯，这也正是漫画作品应当具有的优秀品质，单纯但不幼稚。

（2）漫画故事传递正能量。伴随着"小破孩"的大热，主创团队也创作了系列主题漫画。他们注重将娱乐性、思想性与艺术性的结合，题材选择上既具有浓郁的中国特色，也会坚持百变的风格。将时下的热门题材，传统的优秀文化有机结合起来，这才造就了经久不衰的"小破孩"形象。

4. 生活实践与动漫产业的融合

华夏历史文明，已经渗入我们生活的方方面面，在一些动漫作品中，虽然主题并非关于传承创新华夏历史文明，但动漫产业不应只存在于漫画书或电视里，众多动漫企业也将产业链条延伸至现实生活中。

以麦草动漫、约克动漫、索易动漫为代表的动漫企业，开辟了以实践经验为内容的新动漫形式。麦草动漫在推出的《二兔》系列动画作品之后，着眼于培养儿童动手能力与创新能力，独创《二兔邮包》，以每月一期的方式邮寄给用户。内容涵盖不同主题，如考古主题、冒险主题等。既培养了孩子的动手能力、思考能力，也便于儿童在亲身实践中感受体会传统文化，享受传统文化带来的乐趣。约克动漫作为河南省唯一一家上市动漫公司，在以郑州市丰乐农庄为原型所创作的动漫作品《丰乐农场》中，通过引入城市的大学生与农村小孩子之间关于生活感悟的碰撞，向观众科普农村生活知识，展现千百年来在传统农村中积累的经验文化。

除了推出动手实践的动漫玩具之外，斥巨资打造动漫主题乐园也成为创新的重要举措。郑州市政府于 2012 年与深圳华强集团签约，投资 240 亿元共同打造"华夏历史文明传承创新示范区"项目。其中，该项目建造了以中国神话为背景的方特梦幻王国文化科技主题公园，以及以中国近现代史为背景的郑州中华复兴之路主题公园建设。后期还将建设"华夏历史文明传承主题园"，以华夏历史文明传承为主题，主题包含了以"儒、释、道"文化为核心的华夏历史故事、华夏文明对外交流与影响等，内容覆盖中华传统文化的方方面面。① 作为国内知名的动漫公司，深圳华强集团入驻河南，通过建造主题公园的方式弘扬优秀历史文化，不啻为传承创新华夏历史文明的一种有效途径。郑州市点点动漫与华豫动漫均将业务拓展到动漫游乐园项目。点点动漫打造的点点动漫梦想城，瞄准少儿职业体验市场，儿童游客可以在这里体验警察、消防员、医生、考古学家等涉及 50 多个行业中的 70 多种职业。而华豫兄弟更是打造了完备的动漫产业链条，从动画人才培训到动画片制作发行，再到儿童动漫体验馆运营，实现了"动漫职业教育""动漫产品制作""动漫园区开发"的三位一体，成为行业中的佼佼者。

在众多动漫企业之外，河南省内也出现了众多动漫爱好者，他们也在进行动漫创造，引起了舆论关注。郑州大学 2011 级考古专业女生李子一，结合自己在荥阳官庄考古工地的实际经历与体验，创作了系列"考古漫画"。一经发布便引发舆论关注。漫画作品被中国考古网作为重要宣传材料转载，也有高中生看到漫画后主动与她联系，表示自己也想学习考古。其以生动活泼的形式，结合河南省悠久深厚的考古文化，向世人展现了考古发掘背后的故事，具有科普性与趣味性。

5. 历史文化与互动游戏的融合

虽然河南省游戏产业发展相对落后，但同样是基于创新的文化产业，游戏同样在传承与创新华夏历史文明。河南羲和网络科技有限公司是近年来取得飞速发展的河南本土游戏公司，已先后在广州、深圳成立子公司。其在开发游戏的过程中以历史故事、历史人物为文化资源，搭建高还原度的游戏世界。现已成功上线的《决战九天》《玄仙传奇》《梦八仙》等游戏，且均以历史朝代为背景，如商周时期、北宋时期等。同时剧情中加入杨家将、何仙姑等在民间耳熟能详的人物故事，充分挖掘华夏历史文明的宝贵价值，形成

---

① 赢商网：《郑州华强文化科技产业基地三期：方特梦幻王国将开园》，2014 年 12 月 29 日，http：//hb. winshang. com/news – 430157. html。

迥异于其他国家游戏风格的精品网络游戏，取得了一定的市场反响。

尽管鲜有能够比肩羲和网络科技有限公司的动漫企业，但如果发挥创造性仍然可以取得一些成果。部分动漫企业在低成本的网页游戏、无端游戏上有所探索。位于新乡的凯凯网络科技有限公司，并未开发大型游戏，但在手机端以及电脑网页端的简易小游戏上有所建树，积累了一定经验，如《英雄好贱》《拳皇争霸》《学霸》等。此类游戏开发成本低，重在创意，如果能够与行业热点相结合，同样能够像风靡网络的《像素小鸟》《围住神经猫》一样取得不错的传播效果与市场反响。

三　河南省动漫、网络游戏产业仍然存在的问题

根据数据统计显示，"2008 年年底，郑州共有 8 家动漫企业，当年年底，郑州市出台了扶持动漫发展的意见后，次年就达到 28 家，2010 年为 58 家，2011 年为 81 家，到 2013 年年底达到顶峰 98 家。"① 在政府的直接推动下，郑州同时拥有"国家动漫产业基地"和"郑州动漫产业基地"两大基地。但在 2015 年，"郑州市动漫企业……如今只有 75 家，而取得发行播出权的动漫作品也开始下滑，由 2012 年的 8995 分钟下降至 2015 年的 5026 分钟，下降幅度达 45%，可谓'断崖式'下滑。"② 为何曾经的辉煌盛景在短短两年间就发生了如此剧烈的转变？究其原因，在于当初政府的扶持方式存在弊端。在确定了对动漫产业的扶持政策之后，各级政府很快制订了多项优惠政策，包括丰厚的税收、补贴扶持政策，大量的动漫企业应运而生，但只是单纯生产劣质动漫作品以换取补贴，并未对动漫产业的质量产生积极作用。也正因为此，数年来河南省的动漫产业仍然未能取得显著成果，尽管动漫作品

---

① 中国网：《郑州动漫企业减至 75 家　发展遇瓶颈漫企迎来阵痛》，2015 年 7 月 1 日，http：//henan. china. com. cn/news/2015/0701/545763. shtml。

② 同上。

产量一度居于全国第七，但并未涌现出誉满全国的动漫公司或佳作。在 2015 年，河南省政府的动漫产业补贴政策即将结束，动漫产业的发展势头也应声而落。由此可见，河南省动漫产业发展已经进入一个瓶颈期，如何寻求转型突破，尽快将动漫产业的发展由追求数量到产出质量上来，已经成为每一个动漫产业的从业者以及政府需要解决的问题。

要将丰富的文化矿藏转变为生产力，这就需要以创意为支撑。由于动漫产业起步晚，市场规模小，动漫人才多前往东南沿海地区，河南省不但难以吸引人才，甚至会出现本省人才外流的情况。这是当前河南省动漫产业发展所面临的现状。

较之动漫产业在曾经政策扶持的春风下获得突飞猛进的发展而言，河南省网络游戏产业的发展就略为逊色。在河南省内，网络游戏也是起步晚、发展慢的典型产业。中国第一部网络游戏于 1999 年诞生，但直到今天，在河南省建立的网络游戏公司仍然不到 20 家，注册资本超过 1000 万元的公司更是只有 3 家。以河南智游网络技术有限公司为例，作为河南省成立时间最早的网络游戏公司之一，智游公司目前仍然在以原画设计外包、游戏场景外包、人物动作外包等几种设计外包业务为主要收入来源，尚不具备独立打造网游产品的能力。龙头企业尚且如此，其他企业状况如何可想而知①。由此可见，河南省网络游戏产业发展难度仍然较大。

随着近年来政府与市场的关注度逐渐提高，动漫、网络游戏产业相继进入发展的快车道。河南省政府相继出台了相关政策法规，鼓励扶持动漫、网络游戏产业发展。作为创意产业，动漫与网络游戏产业的发展注定离不开精神内核的支撑。但纵观整个河南省动漫产业发展现状，只有个别企业将目光投向优秀传统文化，更多的仍然沿用老旧的讲故事手法，存在不少问题。概括而言，包括以下几个方面：

---

① 从云飞：《河南网络游戏产业发展研究》，《新闻与传播研究》2012 年 6 月下旬刊。

（一）动漫产品定位较低，仍然将受众群体局限于低幼儿童。无论是《独脚乐园》《少年司马光》，还是《二兔大街》，所有动漫作品仍然以儿童为主要观看对象。而日本、美国等世界动漫强国都将动漫受众定位全龄，从儿童到老人都是他们的目标群体，这也正是河南省动漫产业发展最大的制约所在。简单的逻辑思路自然捆绑住自己的手脚，无法进行深入的挖掘创新，在生产低质动漫作品的同时也浪费了创新的大好机会。在当前各动漫企业的制作思路里，儿童教育被视作是一切产品的核心需求，然而以教育为中心的创作模式无法形成鲜明的品牌特色。尽管对传统文化加以开发，但也仅仅停留在原始的复制阶段，未能对传统文化进行"消化吸收再创新"。

（二）缺乏创意，情节老套没有核心吸引力。动漫产业作为知识密集型产业，创意是决定动漫品质的核心。但因为受众的局限以及缺乏必要的市场竞争，众多动漫公司以赚取政府补贴为目标，在动漫剧情设计、衍生品开发上均未投入足够精力。即便河南省拥有丰富的名人文化、古都文化、饮食文化，但动漫公司只是单纯地信奉"拿来主义"，借着传统文化的名片，但不予以创新改造，这造成了优秀历史文明的浪费。在2016年河南省政府的动漫产业补贴政策即将结束时，一大批动漫企业应声而倒也是这个原因。没有强大的创新能力，动漫企业就无法发展，河南省动漫产业也将长期陷入发展的困境。反观国内同类题材的动画作品，无论是《喜羊羊与灰太狼》还是《熊出没》，尽管也是瞄准低幼儿童观众市场，却能收获巨大成功，进军院线也能收获票房大卖。究其原因便在于产品本身创意十足，质量过硬。以《熊出没》为例，这部围绕"光头强"和"熊大""熊二"展开的动画作品成功占据了包括央视在内的各大卫视平台，创造了万众瞩目的"熊出没"奇观。抛开运营宣传方面来看，《熊出没》能够取得成功，在内容设置上有两点是值得学习的：

1. 地域特色鲜明，贴近观众。在中国的通俗娱乐文化市场中，以赵本山为代表的东北方言是不容忽视的力量。经过长期的耳濡目染，东北方言本身就代表着幽默与搞笑，与动画配合起来效果更加显著。因此制作方深圳华强有限公司积极采纳东北方言这一元素，同时配套加入大量东北地方民俗特色，如民居、服饰、饮食等，打造纯正的东北版动画片。这便能够凸显自身特色，在低幼动画作品同质化日趋严重的动漫市场打响自己的品牌特色，进而收获成功。

2. 形象塑造新颖，个性十足。在《熊出没》的人物设定中，熊大熊二是莽撞的狗熊形象，外形也算不上英俊潇洒，但就是这样的平凡角色，却能够打动观众的心。较之于市场上数不胜数的"可爱""机智""聪明"等众光环围绕的动漫形象，"不完美"的主角更有吸引力。因此说品牌的个性打造很重要，不完美反而可以为品牌带来"个性"的闪光点。

（三）游戏产品落于俗套，缺乏核心竞争力。即便是羲和网络科技有限公司这样的龙头公司，在开发游戏时注入武侠、修真、玄幻等热门元素题材，但又与其他各大游戏公司推出的作品并无本质区别，自身并无突出的优点，加上其缺乏强大推广平台及资金支撑，游戏知名度难以提升，反而会影响自身长远发展。

（四）人才短缺是制约动漫、网络游戏产业与传统文化深度融合的瓶颈。动漫作品不同于影视作品，动漫作品的一切内容都依赖于专业技术人员的绘制。因此画面效果直接决定了作品质量的好坏。但河南省动漫企业长期以来并不重视动漫制作人员，甚至难以从沿海发达地区引入高技术人才，这便造成本土动漫作品多给人粗制滥造的印象。麦草动漫不得不将全力打造的最新作品外包，由外部专业团队制作。这也正是河南省本土动漫作品产量多，却鲜有优秀作品的缘故。

四 利用动漫传承创新华夏历史文明的建议

（一）重视创意，学习先进地区动漫产业经验。河南动漫公司必须眼光长远，加快走出去战略。在与先进地区的沟通交流中学习先进经验，不但要学习动漫制作的先进技术与理念，更要学习优秀公司对传统文化的开发与利用。以《西游记之大圣归来》《大鱼·海棠》为代表的优秀国产动漫作品，都是立足传统，用新方式、新角度来讲述旧故事、旧文化，但同样都创造出了精品和奇迹。2016年在互联网上赚足眼球的故宫文创团队，也是重视创意，化腐朽为神奇的优秀范例。故宫纪念品创作团队将故宫常见的国画、器物、饰品等传统器具进行加工创作，融入当前互联网文化中最受欢迎的贱萌风格，一改以往人们传统观念中根深蒂固的皇家威严印象，收获了巨大的关注与成功。

（二）"多管齐下"，用华夏历史文明充实动漫生态圈。在河南动漫产业中，已经出现众多动漫公司突破动漫作品的限制，从上下游衍生品中寻找盈利创新点。例如，点点动漫的点点动漫梦想城、华豫动漫的儿童动漫体验馆、麦草动漫的二兔邮包等。这些动漫产业形式上的创新都为立体开发华夏历史文明提供了丰富的创作平台。众多动漫企业应当将眼界开阔，寻找多种多样的动漫表现形式。如上文提到的故宫文创产品，河南动漫企业、动漫人才也应当尝试对传统的华夏历史文明加以现代化改造，不仅是表现形式的动漫化，更是叙事模式、文化风格的动漫化。

（三）校企合作，用学术服务产业，深挖华夏文明价值。众多动漫公司自身因为资金技术的限制，无法雇佣专业人员进行专门研究，抑或普通动漫人才对华夏历史文化缺乏专业知识的积累。那么动漫公司与高校合作，一方面可以为动漫公司节约创作成本，另一方面，也可以为高校师生提供实习机会，打通学与用的桥梁，实现产学研有机结合。

（四）强化政府主导，重视华夏历史文明传承创新。政府作为市场的重要参与者，应当首先认识到华夏历史文明所附加的社会价值与文化价值，以及在与动漫融合后能够产生的社会效益与经济效益。政府应该在政策上鼓励引导相关动漫企业利用华夏历史文明，开发动漫同时主导机制创新，为河南省引入高水平动漫创意及技术人才，搭建校企合作桥梁，为动漫公司的发展注入新鲜血液。

（五）拓宽渠道，促进游戏产业与文化资源融合发展。需要承认的是，河南省游戏产业基础薄弱，短期内无法弥补与先进地区的差距。但河南省可以立足本地实际，挖掘优势资源，通过资源互补实现弯道超车。河南省拥有众多的节会、景区、古迹、名人等资源，省内动漫企业可以与各行各业结合，通过开发创意小游戏收获成功。如与黄帝故里拜祖大典、嵩山少林寺、洛阳龙门石窟等热点领域合作，量身定做相关娱乐游戏。在与行业融合的同时，也促进自身的进步。

（六）上下联动，打造动漫游戏合作机制。河南动漫产业与游戏产业都处于发展初期，因此更需要两者形成联合。网络游戏可为动漫打造下游游戏体验，延长动漫产业链。动漫产业亦可为游戏产业开拓领域，成为游戏产业的排头兵。网络游戏产业与动漫产业的联合，将进一步开拓市场，促进产业升级，更好地传承创新华夏历史文明，打造具有河南特色的文化产业新名片。

附

用动漫让文化遗产"活起来"
—— 访河南华冠文化科技有限公司董事长梁兴

采访人：汪振军　王彬

2016 年 3 月 29 日

动漫产业是传承创新华夏历史文明的重要载体。河南华冠文化科技有限公司在动漫产业开发过程中立足传统，放眼当下，用动漫创意手法对鹤壁浚县泥咕咕进行开发创新，创作出经典动漫形象——"嘻多猴"。为深入了解"嘻多猴"诞生的幕后故事，动漫产业如何与传统文化结合，河南动漫产业如何发展，课题组成员于 2016 年 3 月 29 日对河南华冠文化科技有限公司董事长梁兴进行采访。

1. 问：您为何选择对传统非物质文化遗产"泥猴"工艺进行动漫化的创作开发？

梁兴：2015 年 11 月，文化部出台五项措施，力推动漫产业新发展。其中第三条，提到了"促进动漫与文创产品相结合，通过动漫让文化遗产'活起来''动起来'，"这也正是我在动画领域一以贯之的准则。早些时候，我们公司也制作原创动画片，在以央视少儿为主的少儿卡通频道播出，但在后期的市场调研中却发现反响并不是特别好。我们分析发现，做动漫如果一味挖掘新素材，编新故事，很难激发观众的认同感。但如果是大家熟悉的东西，就容易被接受。而中国传统文化中有很多优秀的人物故事、宝贵的手工技艺可以开发利用。所以我们重新调整了公司的发展方向，对项目的落地，更多会在传统文化中寻找合适的内容载体进行创意升级。

河南拥有众多的非物质文化遗产，但近年来的传承和发展遇到了瓶颈。从精神层面来讲，这些非物质文化遗产很优秀。人们进行传统民俗活动时，除了追求美的享受、实用性以外，更多的是出于精神上的寄托。而鹤壁的泥塑习俗相传是为了纪念当年战死的将士们而逐渐形成的。泥猴起源于浚县，由"泥猴张"创作，是当前"泥咕咕"手艺中重要的一支流派。在我与"泥猴张"接触时，他希望能让自己的猴子动起来。但我认为，单纯地让泥猴动起来并不是目的，我们的目的是要让泥猴"活"下去。但原来的泥塑发展到今天已经不能再一味坚持原汁原味的表现了，人们的审美是随社会的发展而变化的。因此我们认为，文化遗产面临传承问题，根源就在于表现形式已经不能满足时代的审美需求。而动漫形象可爱、时尚、童趣、个性，更符合当今以年轻人为主力的消费群体的审美需求。所以我们将二者跨界嫁接，创作了制造快乐的动漫形象"嘻多猴"。但单有动漫形象是不够的，因为传统文化的价值除了审美之外，还要具备功能化。因此我们开发出功能化的产品，如用嘻多猴装饰的茶杯、书包、抱枕等。这就形成了新的卖点，人们在使用的时候不但可以感受到文化内涵，获得美的享受，同时又能获得功能化的支持。

2. 问：河南省拥有很多优秀的传统文化，如名人文化、古都文化、武术文化等。您是否觉得这些文化类型也具有动漫开发价值？

梁兴：我觉得这些文化完全具有动漫化开发价值。因为多数文化都并非具象化。武术这类的文化形式都是无形的，展现出来的最佳方式就是通过人的演绎。日本有一个县叫熊本县，因为高铁要通车，这个县便希望通过代言来提高本地的知名度。但他们没有选择明星来代言，因为明星代言成本太高，风险大，有时限。相反卡通形象不会有这些问题，它可以永远保持最初的状态，所以他们创作了一个品牌形象叫熊本熊，如今这个形象已经风靡网络，成为熊本县著名的宣传大使。同理，我们的山水、武术这些文化遗产都可以通过动漫形象来表达。

同时，传统文化可以通过动漫来使其更加时尚化、更加年轻化。以少林文化为例，我们可以创作培养一个与少林相关的形象，它除了能够代言之外，也要具备品牌开发价值，因此在顶层设计上要具备多种文化特质。现有的一些少林寺相关文化产品上也印制有动漫卡通形象，但它们的短板在于缺少辨识度。这就需要寻找专业动漫团队进行设计，将少林文化包含的"禅""武"文化表现出来。既可以通过各种各样的表现来引发关注，也可以涉及衍生产品领域，打造少林特色。

3. 问：动漫产业作为创意型产业，无论是前期的设计创作还是后期的推广宣传，人才都在这中间起到至关重要的作用。而如今动漫产业相关人才多外流到东南沿海等发达城市，您如何看待这个问题？

梁兴：在 2015 年，来自于故宫博物院的"萌趣味"营销红遍网络。这其中离不开创意设计与推广营销的尖端人才。其实河南的人才并不少，但都流到了北上广地区。而人才问题也并非难以解决，从动漫的内容创意设计来讲，分为两个方面：首先是创意，其次是执行设计制作。单纯从后者来看，我国动漫至今为止也经历了长期的发展，尤其是国家近些年的大力扶持，市场上已经不再缺少制作人才，我们现在欠缺的是创意型人才。就对人群的定位而言，我们目前创意内容的主要目标人群是年轻人，只有同龄人才更了解同龄人的消费需求。因此，我觉得创意人才可以从高校的年轻人中挖掘。例如现在微信表情功能，每天都有大量表情进入，但这些表情中，很多都是年青人甚至是在校学生制作的，因为他们知道自己需要什么，身边的朋友、同学需要什么。我们意识到，此时制作已经不再是核心了，创意才是核心。因此我认为在河南省内很快就会形成一种模式，那就是动漫企业与高校的合作推进，高校成为企业技术人才的储备基地与培养基地。

4. 问：您如何评价河南动漫产业在这些年来的发展？

梁兴： 河南动漫产业的发展是国内动漫产业发展的缩影。首先，在政府的良性引导之下，各行各业的人能够进入这个行业，关注这个行业，让大家了解到原来动漫就在我们身边。在发展的前期，我们作为排头兵，进行了试水探索。无论是成功还是失败，我们的经验教训都会给后来的从业者提供有价值的参考。同时，我们也可以更多地推动当前河南传统文化与动漫产业相融合。尽管在前期我们没有推出非常多的动漫形象，但现在"嘻多猴"能够出现在市场上，引发关注，并非一朝一夕的努力所能实现的，一切的思路都来自于前面的经历沉淀。因此感谢所有的从业者、创业者、发出过倡议的各行各业人士，正是他们的参与和融入，才推动了河南动漫的发展，也推动了河南文创产业的大发展。

5. 问：您认为制约河南省动漫产业发展的首要因素是什么？

梁兴： 我觉得最重要的就是理念。无论是在河南还是在全国，动漫走到今天都经历了几个阶段。前期离不开政府的引导，大量的资金投入和政策支持。但其中我们都面临的一个问题，就是大家都在摸着石头过河，没有准确且有效的市场落地方向。中国动画在近几十年的发展中一直在观察日本、韩国甚至是欧美，但动漫的发展和国情、社会环境都有一定的联系。再加上我国对知识产权的保护还有待加强，这就需要我们在日韩欧美的发展模式之外探索出适合中国国情的动漫产业发展模式。而这样的理念还未能走向成熟，这便是制约我们发展的重要因素。

6. 问：站在动漫产业从业者的角度，您认为河南省动漫产业发展最需要的支持是什么？

梁兴：一、人才支持。更好地打通校企合作的通道，尽快实现"把企业搬进校园，把生产线搬进课堂"，但实行起来也会面临诸多问题。因此最好能够与高校合作，将企业的真实项目融入课堂，让学生参与的创意设计转化成为学分成绩。对于学校而言，这也是一个引导学生理论联系实践的绝佳机会。

二、知识产权保护。动漫企业在前期会投入大量资金精力，得到的产出都是些无形的创意内容，这些创意内容就是知识产权。目前知识产权面临的问题是不出名就没有价值，一旦出名就会面临恶意的盗版。就"嘻多猴"而言，盗版行为成本很低，没有严格的惩罚措施。而我们的维权成本非常高，无论是请律师，还是取证、证据保存、公证、起诉，这对于创业型的公司团队而言是沉重的负担。虽然国家在这个领域有一定的处罚措施，例如知识产权的保护条例以及版权部门的行动，但力度还是不够。因此我希望能够在对动漫企业的保护之外，组建一个知识产权领域的维权平台。

三、资金投入。现在的文化创意产业都是在大量投入。我们的"嘻多猴"历时 1 年 9 个月才诞生，其间是基本没有任何收益的。虽然我们创作了很多东西，但这是无形的，而企业的发展需要资本推动，单靠个人的投入很难实现，很多创业型企业都死在成功前一天的晚上。动漫与实体经济不同的是，实体经济价值相对稳定，但动漫企业的爆发性很强，一旦成功便会创造出巨大价值。因此，希望相关单位能够搭建专业的价值评估机构，通过对动漫企业的知识产权评估来解决现在企业发展的融资难问题。

（执笔人：王彬）

第七章 河南网络与华夏文明传播

2015 年是中国文化发展中的关键一年，文化产业的相关政策密集出台，落地各个省会。我国文化产业的发展从方向性的把握上逐渐向具体的产业门类转变，向结构性的产业转型升级。2015 年文化产业的发展在"互联网＋"、公共文化服务、创业创新、双效统一、文化创新、融合发展、文化消费和知识产权等方面亮点频频。"互联网＋"代表一种新的经济形态，即充分发挥互联网在生产要素配置中的优化和集成作用，将互联网的创新成果深度融合于经济社会各领域之中，提高实体经济的创新力和生产力，形成更广泛的以互联网为基础设施和实现工具的经济发展新形态。2015 年，云计算创新发展、培育信息产业新业态、互联网信息发布、"互联网＋"的 11 个方面等一系列政策文件的出台为互联网的安全发展以及"互联网＋"的顺利推进提供了重要的战略支撑。与此同时，互联网在河南的发展势头迅猛，截至 2014 年 9 月，河南省的互联网宽带接入用户达 1067 万、移动互联网用户总数达 4718.1 万，排名全国第六①。2014 年，河南省网络通信行业围绕着中原经济区建设的战略部署，致力于宽带中原、智慧中原、中部信息基地等网络基础设施建设，深化各领域的信息化应用，为中原经济区的建设提供有效的网络支撑。同时，网络对河南省华夏文明与中原文化的传播提供了创新路径。中原文化是中国文化的发祥地，华夏文明博大

---

① 河南省社会科学院：《河南蓝皮书·河南文化发展报告（2015）》，社会科学文献出版社 2015 年版，第 144 页。

精深、源远流长，丰富的历史资源造就了河南省文化资源大省的地位。但是，长久以来，河南省文化品牌的传播力和影响力有限，使河南省离文化强省还有一定差距。因此，在互联网技术充分发展、国家相关政策出台落地、地方政府大力支持的背景下，中原文化必须牢牢把握机遇，思考如何用新的眼光、新的方式去发展、传承、创新华夏历史文明。

一 河南网络新媒体发展现状

新媒体的快速发展改变了人们的交往结构和生产方式，但究竟何为新媒体，至今没有一个统一的标准。陶丹（2001）最早把新媒体定义为"以数字技术为基础，以网络为载体进行信息传播的媒介"①；清华大学熊澄宇（2003）提出，所谓新媒体，或称数字媒体、网络媒体，是建立在计算机信息处理技术和互联网基础之上，发挥传播功能的媒介总和；匡文波（2012）在梳理了发展到现在有关新媒体的定义后，将新媒体定义为"借助计算机（或具有计算机本质特征的数字设备）传播信息的载体"②。可以看到，尽管新媒体的定义不一而足，但其共同点在于新媒体是建立在互联网技术发展之上的。在三网融合的背景下，两微（微博、微信）一端（APP 客户端）成为人们传授信息最主要的方式。在新媒体蓬勃发展的语境下，河南文化产业发展也紧跟脚步，借力新媒体不断向前推进。据《河南微信公众号发展报告》显示，在全国 17524 个活跃公众号样本中，河南地区占 2761 个活跃样本。截至 2015 年 12 月 15 日 14 时，河南媒体微信公众号数量达 274 个，阅读总数达 228 万以上③，如表 1 所示，大豫网、《大河报》、《河南日报》、河南交通广播、小莉帮忙占据微信公众号榜单前五名。其中，大豫网是腾讯公司和河南日报报业集团联合打造的河南地区综合门户网站，现

① 陶丹、张浩达：《新媒体与网络传播》，科学出版社 2001 年版，第 3 页。
② 匡文波：《到底什么是新媒体?》，《新闻与写作》2012 年第 7 期。
③ 新媒体指数：《河南—媒体》，2015 年 12 月 15 日，http：//www.gsdata.cn。

在也紧跟趋势开通微信公众号平台，将门户网站的内容搬到微信上，每天发布贴近河南人民日常生活的相关动态。在传统门户网站上，网易、新浪网、凤凰网都开设了河南频道，整合河南媒体资源，扎根于5500万河南网民，面向全国展现河南风采。凤凰网河南频道推出"旅游"版块，根据时节变化推荐河南不同地市的城市名片和地域风光，精选河南各地的著名景点、饮食文化和城市特色，成为凤凰网河南频道点击率最高的版块。此外，电子商务也成为对外展示河南文化特色的新路径。木版年画是汉族传统民俗文化艺术形式之一，河南朱仙镇木版年画被誉为中国木版年画的鼻祖，2006年列入第一批国家级非物质文化遗产名录。现在，借助新媒体传播渠道，朱仙镇现存的几家百年老店也纷纷入驻以淘宝、京东为代表的电子商务平台，在这些网站上销售自己的产品，让人们足不出户就可以通过电商平台买到自己喜欢的木版年画，这也是运用新方式、新手段对河南非物质文化遗产的传承。

表1　　　　　　　　河南媒体微信公众号前十名排行榜

排名	公众号	总阅读数	总点赞数	WCI
1	大豫网	131577	3471	1158.40
2	大河报	122758	695	1099.08
3	河南日报	119216	774	1086.56
4	河南交通广播	126981	1166	1084.23
5	小莉帮忙	55334	440	1013.68
6	郑州晚报	66366	846	1003.32
7	汽车912	103842	375	945.48
8	都市报道	48271	831	941.69
9	郑州新闻广播	101341	526	936.11
10	中原网	90448	579	921.44

资料来源：新媒体指数：http://www.gsdata.cn。

新媒体不仅拓展了文化传播的平台，更新迭代了文化传播模式，还创造出了新兴文化业态。早在 1947 年，法兰克福学派的霍克海默和阿多诺就在《启蒙的辩证法》中首先提出"文化产业"的概念，他们从艺术和哲学价值评判的双重角度对文化产业进行了否定性批判和猛烈的抨击①。吕庆华（2012）认为"文化业态"是文化企业为应对外部环境、市场竞争及消费者需求变化，组合文化产品价值链不同要素而形成的企业经营管理模式和企业运营形态②。互联网的广泛运用使文化产业从传统文化业态转向新兴文化业态。王健（2011）指出新型文化业态是指为向消费者提供多层次、多类型的文化内容产品，而利用各种数字技术和软硬件载体，进行数字化创作、编辑、生产制作及传递，将图像、文字、影像、语言等内容进行整合，强调科技的支撑力③。杨京钟（2012）指出新型文化业态基于传统文化产业转型发展，为消费者提供创新内容，通过各类网络技术，将传统文化产业业态中的影像、语言和文字等内容与现代科技相互融合，进行数字化技术的编辑、创新、制作④。总的来看，我们可以把新兴文化业态看作是伴随现代科学技术发展产生的新的产业形态，具有内容丰富、传播迅速、传播范围广、互动性强的特点。互联网在改变社会结构的同时，也创造了新的商业运作模式，促进了多种行业之间的跨界融合。当前，新兴文化业态呈现出集群化的发展趋势。新兴文化业态利用集群化所独有的专业化分工与互动协作能力，以最经济的方式使各类新型文化形态的发展形成整合，使整个文化产业产生巨大经济效应。河南在坐拥丰富文化资源的同时，运用新媒体及新兴文化业态传承、保护、创新中原文化，不仅有利于提升河南在全国的影响力，塑造良好的河南形

---

① ［德］马克斯·霍克海默、西奥多·阿多诺：《启蒙辩证法》，洪佩郁译，重庆出版社 1990 年版，第 117 页。

② 吕庆华、任磊：《文化业态演化机理及其趋势》，《理论探索》2012 年第 3 期。

③ 王建：《新兴文化业态的概念、分类及特征》，《中国城市经济》2011 年第 10 期。

④ 杨京钟、吕庆华：《文化强国视野的新型文化业态培育》，《重庆社会科学》2012 年第 12 期。

象，也对推动河南华夏历史文明传承创新区建设、建设河南文化强省的目标具有重要的现实意义。

二　运用新媒体传承创新中原文化

文化产业发展历史的本身，其实就是一个充分展示想象力，力图不断跨越地域限制，最终走向无障碍全面沟通的历史①。对于文化产业而言，必须用全新的眼光和思维方式去理解，运用新媒体技术，借助互联网平台，顺势建构起"互联网＋"的文化产业发展模式，才能更好地传承创新中原文化。本节以"豫记"新媒体、"互联网＋"智慧城市和"互联网＋"智慧景区、河南形象宣传片《世界，由此东望》为例，探析如何运用新媒体传承创新中原文化。

（一）豫记

"豫记"新媒体，是由遍布全国的 400 余名河南籍媒体人首倡发起，旨在为全球河南人提供优质精神食粮，打造中国首个以乡土乡情为纽带的社交平台。豫记建立的初衷为致力于以中原文化为核心的华夏文明挖掘，以新闻手法制作乡土文化产品。2014 年 4 月，豫记从一个以交流业务、吐露乡愁为主的 QQ 群转身新媒体试水。经遍布中国的 400 余名豫记成员的论证，相继开通了豫记新浪官方微博、微信公众号、蓝媒汇豫记频道和网易官方博客，并入驻今日头条、搜狐新闻客户端等媒体平台②。其中，微信公众号是豫记最主要的发声阵地，具有强关系、精准性、黏合性的传播优势。截至 2015 年 12 月 11 日，豫记微信公众号总排名 16352 位，微信传播指数 WCI（WeChat Communication Index）为 507.12③；豫记在今日头

① 张成良：《基于"互联网＋"的文化产业发展模式初探》，《2015 郑州大学"新媒体公共传播"国际学术研讨会论文集》，2015 年。

② 常钦：《微信公众平台上的中原文化传播》，硕士学位论文，郑州大学，2015 年，第 37 页。

③ 新媒体指数：《豫记》，2015 年 12 月 15 日，http：//www.gsdata.cn。

条的订阅用户达 26516 万，累计阅读量达 4605 万，说明豫记具有庞大而又稳定的阅读群体。

2014 年 8 月，福建邵武张三丰太极拳要申请国家非物质文化遗产，陈式太极拳传人陈正雷，是陈家沟四大金刚之一，知道消息后不禁"金刚怒目"，于 8 月 5 日召开新闻发布会，反对张三丰太极拳申遗。豫记主编杨桐知道后，连写三篇相关文章《太极宗师陈正雷隔空对战神仙张三丰》、《谁是祖师：太极源流百年争斗史》和《张三丰太极拳申遗风波再升级》。一石激起千层浪，主流媒体纷纷跟进报道。12 月 3 日文化部官网公布非遗项目名单，张三丰太极拳落选。可以看出，自媒体不仅可以传播中原文化，更在保护中原文化方面起到了四两拨千斤的作用。2015 年 4 月 21 日，豫记受邀出席黄帝故里拜祖大典，负责论坛深度报道撰写工作。2015 年 5 月 1 日，豫记联合"古村之友"和郏县冢头镇龙湖社区探访郏县古村落，吸引了来自郑州、南京、重庆、上海等地的百余名古村爱好者参加，豫记古村游正式起航。在 2015 年，豫记紧跟时事热点，接连推出了《发现故乡之美》《祭城路改名平安大道风波》《河南工业大学和丁楼地铁名之争》《二胎开放政策话题大讨论》等一系列文章，而且自我话题设置能力日益增强。自创办以来，豫记从未缺席发生在河南大地上的重要事件，并积极组织线下活动，不遗余力地传承中原文化。

截至 2015 年 12 月，豫记共推出《天下豫商》《咱河南人》《锦衣豫食》《豫地密码》《老家河南》等 8 个各具特色栏目。其中《天下豫商》栏目是豫记聚焦由中原商界的领袖级人物共同组建的豫商群体，跟踪报道河南商人的最新动向；《咱河南人》是豫记对遍布在全国各地的河南人身上的故事进行挖掘，如身在北京、广州的河南人背后的奋斗史；《锦衣豫食》专门记录河南地方特色美食，探索地方特色小吃背后的故事，发表的文章包括《铁棍山药为什么让人受不了》《最具河南特色的十种小吃》《河南人的早餐为何首选胡辣汤》等，文章以平民视角讲述美食故事，不仅是作为食客对美食味道的眷恋，也是游子、故人对家乡味道和记忆的承接，以家乡美食为切入点，以味蕾号召乡土情怀；《豫地密码》栏目主要介绍河南各地市的不同特色，深度解读不同城市的风俗民情，是解密河南的一个窗口；《老家河南》讲述了河南人如何重温快乐的童年时光或是艰苦辛酸的日子，不同作者笔下有对家乡不同的记忆，有的回忆母亲的俗谚俚语，有的怀念曾经居住过的旧屋，有的回想起童年最喜欢的赶庙会，把每个人对幼时家乡的思念回忆起来，就是大家共同的河南老家。

当传播渠道的获得性成本变得廉价，"内容为王"才是运用微信公众号的关键所在，也就是说，只有内容才能真正增加用户黏性。豫记打造的中原"乡土"品牌，首先吸引了一批立志于传播中原文化的学者、爱好者的加入。他们不仅有渊博的知识，丰富的基层工作和生活体验，而且对于传播中原文化充满热忱。传统媒体的垄断性影响了他们的创作热情，而豫记微信公众号的产生却为他们搭建了表达生命体验和展现独特视角的创作平台。于是他们纷纷在豫记微信公众平台上针对自己擅长的领域笔耕不辍，开辟专栏，成为专栏作家，成功解决了豫记微信公众号内容建设问题。不少作家、学者都加入豫记文章的创作之中，一方面是进行内容奉献，另一方面通过自己朋友圈和微信好友进行分享，培养了网络社群，也为豫记打开了传播渠道，并且作家们浓重的生活经验，让文章更充满河南独有的泥土气息，为豫记创作"乡土"产品打下了中原文化的烙印。

彭保红在二孩政策开放后，写了多篇关于二孩政策、计划生育的文章，引起了读者的强烈共鸣，文章在朋友圈里广泛转载；骆淑景是三门峡卢氏人，喜爱文史，她的文章《曾经乡村常见的动物如今已难见，你认识几个？》《春天麦地里几近消失的野菜，你认识几种？》等投放在今日头条后，阅读量近二百万；韩晓民本身就是许昌人，是许昌学院中原农耕文化研究员，现今在许昌县政协文史委工作，主编《许昌县文史资料》，一方面由于生活地缘，对许昌风土人情十分了解；另一方面其本身的工作为他积累了大量有关许昌的第一手素材，让他可以专注许昌本地的资源挖掘，提供文章内容；刘海永是开封杞县人，痴迷于开封文史研究十余载，因此其《起底河南"造币中心"：冯玉祥熔了大相国寺的罗汉当铜元》《圣诞快乐！造福开封八十年的修女们》《这个女人拯救了一万多河南人》等文章都是立足开封写成的，这与他的生活积累和研究成果分不开。现在豫记稳定的作者人群累计人数达到80人，其中不仅有专家学者、商人、平民百姓，还有来自河南高校的大学生，这表明高校学生对于微信公众平台这一渠道的认可以及对家乡的热爱，愿意自觉担起传播中原文化的责任。这些专栏作家在当地都是比较有名的学者、作家，在中原文化传播中起到一定的意见领袖作用，他们的生活体验具有很强的本土化，更容易展开叙事，微信这种以强关系为核心的熟人社交性质，让信息的可靠性和安全性有了保障，也为豫记积累了良好的口碑。豫记深深扎根于河南文化，形成了乡土性、地域性和专一性三大特点。

1. 乡土性

中国社会的传统文化分为精英文化和民间文化两种。精英文化包括艺术中的诗词歌赋、书法、绘画、声乐、园林等；民间文化则包括年画、手工艺、染织、民谣、俚语等。民间文化中又可以分为市井文化和乡土文化，乡土文化是中国传统文化中最基础、最纯粹、受众面积最广的文化，它涉及农村的风水地理、村落民居特色、社会结构、文化习俗、民间艺术、民间故事和口头文学等。可以说，乡土文化是"中国人民在历史发展过程中，在物质和精神生产实践中所形成的具有地域文化特色的文化传统和文化体系，它具有独特的地域文化精神和思想内涵，也有自身的历史渊源和社会存在形态"①。和豫记的口号"打造国内首个乡土社交平台"一样，豫记的文章内容始终扎根在这片黄河大地上，从选题到语言都充满了乡土气息。本文统计了豫记在2015年11月15日至30日推出的共21篇文章（豫记为每天推送文章两篇，周六、周日不推送）。从

---

① 赵旭：《我国优秀乡土文化的"慢城"传播研究》，硕士学位论文，山东师范大学，2012年，第7页。

表2中可以看出,文章内容均是有关河南的人、河南的地域文化、河南的美食和河南人的日常生活。在《有一句好听的河南话,只有固始人会说》一文中,作者穿插着历史典故、奇闻逸事,从各个角度举例解释固始土话"俏巴"的含义,"俏巴"一词已成为信阳固始的一张名片。这样的文章只有河南人才看得懂,只有扎根在这片热土上的河南人才能写出最原始、最纯粹的家乡文化。

表2　　　　　　　　豫记新媒体推送文章内容统计

时间	文章一	文章二
11.16	北京户口送全家:这个河南农民干了啥?	漯河曾经的底气与申凤梅们的摇篮
11.17	焦裕禄栽下的那棵树,如何变成兰考人的金矿?	河南人吃甘蔗的奇葩招数,你知道几种?
11.18	有一句好听的河南话,只有固始人会说	一个文艺女青年在郑州买套房有多难?
11.19	火车拉来一座软绵绵的郑州	无
11.20	史璞教授坐禅记:第一次进禅堂学坐禅	直击粉条制作,好大的排场
11.23	郑州之殇:还有没有希望?	豫北农村的野性婚礼:新郎吃喜面,大战几回合?
11.24	大雪过后,你能感知郑州的体温吗?	大雪,把每一个成人都变成了孩子
11.25	最牛固始农民工:将一百多位老乡变成千万富翁	大宋朝就火起来的灌汤包
11.26	潘采夫:我和郑州的未了酒缘	有一种闺蜜好到你想和家人绝交
11.27	奇葩租房记:对啥样的开发商说三不	灶台革命:何处寻觅炊烟袅袅
11.30	如果你有蓝天和自由,我愿意跟你走	我在冬霾里回味新县的碧水蓝天

2. 地域性

豫记定位于全球河南人的精神食粮，这其中包含两层意思：一是核心读者定位，既包括土生土长的河南籍人，也包括现在不居住在河南但曾经在河南生活过的外地人；既包括漂泊异国他乡的河南游子，也包括所有关注、热爱河南的全世界人民；二是文章内容定位，要求文章都是和河南人、事、物息息相关的，发生在河南大地上的。可以是故事、散文、诗歌、回忆录，也可以是事实报道、热点事件讨论。2015 年 11 月 14 日，河南各地都飘起了漫天飞雪，郑州达到了 5 年来 11 月最大降雪量。豫记在当天就及时推送了两篇和雪有关的文章，应时应景。既可以让身处河南的读者感同身受、共享喜悦、抒发感慨，也可以让外地游子思念家乡，怀念儿时家乡下雪的情景。2015 年 12 月 24 日，是西方传统节日圣诞节的前夕——平安夜。豫记借势推出了《河南最接近上帝的地方在哪儿》和《百年前，河南三分之一的小学生来自教会学校》两篇文章。在第一篇文章中，豫记介绍了散落在河南各地、具有悠久历史的老教堂，不仅具有宗教价值，还具有建筑、文化等多种价值。如郑州市铭功路耶稣圣心堂、巩义小关镇教堂、开封耶稣圣心主教座堂等数十座教堂。在第二篇文章中，作者通过查阅资料发现，从 1902 年河南基督教小学教育发端直到 1920 年，教会小学在校学生 6832 人，学生人数占全省小学学生总数的三分之一。基督教在河南创办的教育事业客观上带来了西方先进科技和思想文化，推动了河南的社会发展和教育进步，为河南兴办新式学校提供了最直观的借鉴范例。豫记巧妙地借助人们对圣诞节的关注，通过西方的节日来发掘和宣扬河南文化，极大增强了读者的阅读兴趣。从上面的两个例子中可以看出，豫记文章的选题具有时效性、地域性和深度性。同时，豫记还经常组织线下活动。2015 年 5 月 10 日，豫记发出一封公开信，呼吁关注河南人文乡土的各界人士参与到"发现故乡之美 打捞中原记忆"的行动中，挖掘河南即将遗失的古村落、风俗、"非遗"、传统工艺和特产。豫记计划用三个月的时间，每周一篇深度报道的周期刊发系列文章，派出最得力的写作者去行走、发现、思考，用笔杆记录中原文明。追本才能溯源，中原大地上的每一个乡村，都承载着浓厚的历史文明，是每一个漂泊在外的游子的灵魂归宿。豫记文章内容具有强烈的地域性，强调人文视角的打捞，以媒体合力的方式开发内容产品，通过内容黏合和线下互动探寻价值传播的新路径，不仅精准地锁定了阅读人群，还增强了用户黏性。

3. 专一性

在微博、微信等自媒体风生水起和传统媒体被唱衰的大环境下，传统媒体人纷纷离职或跳槽，如何转型或创业成为传媒领域最热门的话题。作为其中的一员，豫记决定在新媒体领域进行试水，展开自己的转型试验。但豫记放弃了如日中天的以时政为主的资讯类报道，转而向深厚的中原文化发掘历史资源，推出人文类乡土文章，成为国内首家乡土类社交平台。许多本土作家和人文学者在分文不取的情况下，为豫记提供了转载量巨大、引起强烈共鸣的高质量文章，为一个碎片化阅读时代保留了一份可以安静思考、充满文化气息的阵地。从创始日至今，豫记始终如一地坚守自己的定位，为全球河南人提供来自家乡的精神食粮，内容不断深化、选题愈加丰富，影响力逐渐从河南扩散到全国。2015 年 11 月 7 日，豫记人文体验游在周口淮阳正式启动，嵌入式的专家深度讲解、零距离体验方式、沙龙式晚宴，把文化作为体验留在人们的记忆里。未来的豫记将淡化媒体属性，借助日益壮大的社交平台，逐渐聚合有知识、有文化、有乡土情怀的河南籍人士，形成一定规模的具有乡土文化内容黏性的网络社群。

起初只是对于历史文化资源的整合盘点与讲述传播，随着影响力和传播力的提升，豫记也站出来主动引领社会讨论、设置创新话题，在活动组织能力上有较大进步，比如太极拳申遗、亚布力峰会、"互联网＋"河南新闻发布会等。豫记提供给全球河南人发声的平台，不遗余力地传播中原文化，深入挖掘历史文化资源，用朴实的语言讲述发生在中原大地上的人文故事，其经验对如何传承创新华夏历史文明具有深刻的启示意义。

（二）河南形象宣传片《世界，由此东望》

2015 年 8 月，一则以河南形象为主题的宣传片《世界，由此东望》出现在美国纽约时代广场的大屏幕上，被游客迅速抓拍并上传至网络，受到了广泛关注。大屏幕上的宣传片里出现了多个河南的标志性元素，古老与现代、传统与时尚、厚重与活力跃于屏上。

《世界，由此东望》形象宣传片片长 58 秒，分为中、和、商、粮四个部分。在"中"版块里，宣传片呈现了河南的黄河流域、龙门石窟、嵩岳寺塔、观星台和少林寺等宏伟霸气的河南物质文化遗产；在"和"版块里，太极、中医药、豫剧这些传统文化和郑州二七塔、郑东新区 CBD 商圈的现代化发展相得益彰；在"粮"版块里，展现了河南的小麦、烩面、洛阳水席和各个地方的特色美食；在"商"版块里，展示了河南的汴绣、《清明上河图》以及代表河南省经济实力的保税物流区、高铁、郑州航空港。该形象宣传片内容丰富，把河南最重要的文化元素在不到一分钟的时间里表现出来，画面精美、寓意深远。本片采用对比的拍摄手法，如在"商"版块里，宣传片把代表了华夏文明传承千年的手工艺技术的河南汴绣、展现宋代国力鼎盛时期市井街头繁华热闹景象的《清明上河图》，和代表城市现代化进程的郑州保税物流区与郑州航空港放在一起进行对比。千年前宋朝古都的繁华和今朝河南经济实力的展现遥相呼应，寓意华夏文明的繁荣昌盛将传承千古，生生不息。

此部宣传片由河南省一家文化传媒公司拍摄，而最终播放是由河南籍的另一位爱心企业老板出资并促成。该宣传片共在纽约时代广场播放一周，每天滚动播放 80 次，总花费达 10 万美元。河南省文化底蕴深厚，近些年的发展日新月异，要想让更多的人知道并了解河南优秀的历史文化，就必须大力推广。而选择在纽约时代广场播放，是因为那里是全世界瞩目的地方，在那里播出才能听到世界的回响。河南是一片有着丰厚文化遗存的神奇土地，孕育中华文明的热土在过往的历史岁月中留下了太多辉煌。

但是，人们对河南的印象总停留在过去，不能正视河南今天的成长。形象宣传片就是要将今天河南特有的生活气质和人文情怀传递给世界，并向全世界释放出河南的"有容乃大"以及敞开胸怀拥抱世界的自信与豪迈。

随着中国的文化、建筑、时尚等在世界上的影响力越来越大，东方文明和东方艺术吸引了全世界的目光。著名文化学者纪连海认为："中华文化在从周秦以来直到清朝前夕的时间里，曾一直因为是世界文化的中心而让'世界向东望'。只是到了清朝晚期乃至民国的这百余年才逐渐落伍于世界主要发达国家，进而被世人所看不起。"① 随着中国国力的日渐增强，世界各国人民必然会再度掀起研究中国国力增强的原因。届时，中华文化会再度成为世界文化的中心。换言之，"世界向东望"也将再度成为必然。当河南的形象用一部宣传片矗立在了纽约街头，这代表了河南已迈出国门，逐步走向世界，被世界所知。

（三）"互联网＋"智慧城市和"互联网＋"智慧景区

1. "互联网＋"开封

2015 年 3 月 5 日，李克强在两会作《政府工作报告》时提出："制定互联网＋行动计划，推动移动互联网、云计算、大数据、物联网等与现代制造业结合，促进电子商务、工业互联网和互联网金融健康发展，引导互联网企业拓展国际市场。国家已设立 400 亿元新兴产业创业投资引导基金，要整合筹措更多资金，为产业创新加油助力。"② 这是我国首次正式提出"互联网＋"概念。2015 年 3 月 23 日，河南省政府与腾讯公司签署战略合作框架协议，将共同探索和推进"互联网＋"在各个城市领域的应用。2015 年 9 月 28 日，开封市工信委对外公布，开封腾讯智慧城市一期项目上线，开

---

① 刘洋：《纽约时代广场的河南形象片 原来是他们筹钱拍的》，《东方今报》2015 年 8 月 10 日第 2 版。

② 赵竹青：《学者热议：李克强提的"互联网＋"是个啥概念？》，新华网，2015 年 3 月 5 日，http://scitech.people.com.cn/n/2015/0305/c1007-26644489.html。

封成为河南首个上线的"互联网+"城市。所谓"智慧城市",是"以城市的生命体属性为基本视角,以运用新一代信息技术为基本手段,以全面感知、深度融合、智能协同为城市运行的基本方式,以提高城市公共管理和公共服务的效益为基本目标,以实现城市可持续发展和为人类创造美好城市生活为根本目的的信息社会的城市发展形态"①。目前,我国正处于城镇化加速发展时期,部分地区"城市病"问题日益严峻。为解决城市发展难题,实现城市可持续发展,建设智慧城市已成为当今世界城市发展不可逆转的历史潮流。在腾讯研究院 2015 年 11 月 18 日公布的《河南"互联网+"蓝皮书》和《中国省市"互联网+"发展情况》中,河南省郑州市位列全国 351 个城市中前六名,郑州、开封引领河南省"互联网+"发展。河南省政务民生微信发展位居前列,公众号总量排在全国第六位,医疗、食品药品监督局、社会保障、工商管理等与民生密切相关的政务微信公众号超过了四成。

2015 年 10 月 18 日,"中国开封"公众号正式上线,旨在"让政务和生活更轻松",主要包括三大版块:开封服务、开封游玩、开封故事。在"开封服务"版块,只要点击"服务大厅",客运购票、数字城管、供暖缴费等 9 项民生服务悉数呈现;点击"微信矩阵",开封市 18 个政府部门或网站的官方微信号在此集结,成为集中展示开封政务生活的窗口。

在"开封游玩"版块,吃小吃、逛清明上河园、看东京梦华实景演出,已由它为市民答疑解惑。目前该版块集纳了吃、住、行、游、购、娱 6 大模块,游客可以根据需要自主选择游行路线。智慧城市的发展,大大促进了开封旅游业的发展,提升了开封旅游业的服务水平,给游客提供了极大便利。

"开封故事"版块包括知名景点推介、知名历史人物介绍、特色小吃推荐、特色街区导引、历史建筑讲解等。景点街区、楼宇城

---

① 赵大鹏:《中国智慧城市建设问题研究》,博士学位论文,吉林大学,2013 年,第 72 页。

墙、店铺塔楼，背后的悲欢与离合，繁华与落寞，将通过真人语音讲述的形式，缓缓"流淌"出来。目前开封市全城共 90 个景点、街道、特色建筑以及老字号名店都在其显著位置布置了语音导览标识牌。游客通过扫描标识牌上的二维码进入"中国开封"微信公众平台，回复标识牌上的数字代码，便可听到开封市民给你讲解脚下的故事。讲解的人中，有开封的老百姓，有离开开封但根系开封的故人，还有远在国外求学生活的开封游子。通过鲜活的讲述，让古老沉寂的历史复活，让每一个聆听的人穿越历史，身临其境地感知历史，真正领略古中原文化带来的"震撼"。"互联网＋开封"的发展，整合了微信、二维码等现代技术，用 UGC（用户生产内容）模式提供内容，可以丢弃书本和导游讲解，用最便捷的方式了解开封历史文化。

正如河南省开封市委书记吉炳伟所说，我们只有记得住文化、记得住民俗、记得住乡愁，才能使开封这个城市更有特点，更有韵味。吉炳伟认为，华夏文化发展历程中处于巅峰的宋文化，是开封独占鳌头的资源，用文化建设引领古都复兴，是实现开封重现辉煌的重要途径①。未来，古都开封和大宋文化，将通过更多的形式和载体连接互联网，让历史、文化和科技深度融合。通过"互联网＋文化"，来唤醒沉睡千年的历史文化宝藏，并使之重新焕发光辉；用文化建设引领宋文化和古都复兴，进而通过文化建设推动古都开封城市转型，最终形成"智慧开封"和"文化开封"双品牌。将来在河南的其他地市，会有越来越多的"互联网＋"下的智慧城市出现，依托互联网技术，每一个城市都会在新旧技术的结合中闪现自己独特的光芒。运用新兴文化业态传承城市文明、中原文化，开封只是一个开始。

2. "互联网＋"智慧景区

2015 年 7 月 15 日，龙门石窟建成全国首家"互联网＋"智慧

---

① 刘先琴：《开封"文化＋"引领城市转型》，《光明日报》2015 年 10 月 4 日第 1 版。

景区，吸引了旅游业、互联网界的高度关注。龙门石窟景区被注入"互联网基因"后，实现了景区在管理、购票、游览、宣传和运营方面的多个转变，开创了新的发展模式。自上线以来，龙门石窟微信公众号平均每天增加粉丝 9000 人，平均每天超过 12 万人次点播体验智能语音讲解，上线 20 日超过 13000 位游客通过微信购票，成为国内"互联网 +"智慧旅游的开创者、先行者，给洛阳、河南乃至全国的景区融入"互联网 +"进行改造升级提供了有益的启示和借鉴①。

在"互联网 + 购票"方面，龙门景区实现了从"线下"到"线上"的转变。游客可以通过手机实现自主购买电子票，既可以在龙门石窟景区官方微信公众号内购票、景区入口购票墙扫码购票，还可以在各类宣传广告等媒介上扫码购票等。"互联网 + 龙门"智慧景区上线运营后，游客可以体验三大类十项产品，具体包括：扫码过闸机，实现 3 秒自助快速入园；向龙门石窟景区官方微信服务号回复景点数字编码，即可体验对应景区内 64 个景点的语音讲解、文字及图片说明；通过微信摇一摇功能，可以参与"体验 360° 全景洞窟""龙门送您祈福魏碑"等互动体验项目；在"互联网 + 管理"方面，实现了从"大众"到"个性"的转变。统一管理智慧龙门平台，不断积累游客大数据，利用后台数据分析，对游客开展有针对性的旅游推荐、旅游服务等；设立微信在线客服，实时与游客保持互动沟通，针对游客的个性化需求，快速高效地解决游客咨询、诉求、求助等事宜；在"互联网 + 宣传"方面，充分利用互联网强势宣传渠道和影响力优势，借助腾讯网、微信、微博、客户端等平台，对腾讯 QQ 用户和微信用户开展高密度的立体宣传，塑造龙门石窟景区品牌新形象。

洛阳人文历史资源丰富，承载着中华民族 5000 年灿烂文明。洛阳现有博物馆馆藏文物近 40 万件，在洛河沿岸分布着隋唐洛阳

---

① 洛阳市委政研室课题组：《洛阳"互联网 + 智慧景区"龙门模式的实践与思考》，《河南日报》2015 年 8 月 6 日第 1 版。

城遗址等五大都城遗址。但由于历史久远，战乱频繁，现存文物和都城遗址的展示处于静态、孤立运作阶段，旅游观赏性不强、可体验性较差，游客很难从中领会其博大精深的文化内涵。如何把静止的、沉默的、过时的、无形的历史文化遗产，变成可以理解的、讲述的，甚至是能够留下深刻印象的文化旅游产品，这就需要将历史文化遗产有效活化。活化历史文化遗产，"互联网＋"是一个极好的工具。龙门景区借助互联网，通过现代信息技术、依托手机等智能终端，对景区文物资源、传说典故等进行活化，将湮灭在历史尘埃中的情形进行再现，为游客带来全新的旅游体验和感受。充分利用互联网工具，激活文化遗产，丰富旅游形态，将"互联网＋"作为活化历史文化的有效手段，对传承创新中原文化大有裨益。

"互联网＋智慧景区"龙门模式具有现实意义。一是龙门石窟作为传统历史文化景区，运用现代科技信息手段，通过与互联网融合，"活化"洛阳历史，为游客带来全新旅游体验，符合新常态旅游产业发展规律。二是以"互联网＋"为契机，龙门石窟景区在内部管理和产业运营等方面实现了质的提升，拉长了旅游链条，塑造了全新的品牌形象。三是借助"互联网＋"的东风，龙门石窟一跃成为全国著名景点，打响了河南文化品牌，生动鲜活的中原历史和新技术相结合，创新了华夏文明传承发展模式，为河南省其他旅游景区的建设起到了标杆的作用。在未来的发展中，龙门景区还要进一步挖掘历史资源，对历史文物遗产进行全面的数字化，建立数据库，利用大数据技术挖掘游客的需求，进一步完善景区的运作模式；也可以尝试拍摄非物质文化遗产视频，在景区内和网络各大平台上播放，进一步扩大品牌影响力。互联网实现了景区和龙门的连接，游客实现了旅游和文化的连接，改变了景区传统的游览模式，让龙门石窟这个古老的文化瑰宝焕发了青春，互联网为龙门插上了腾飞的翅膀。

三 运用新媒体传播中原文化面临现实困境

(一) 传播策略单一，传播内容匮乏

根据 CNNIC 发布的《第 36 次中国互联网络发展状况统计报告》显示①，截至 2015 年 6 月，中国网民规模达 6.68 亿人，农村网民占比为 27.9%；互联网普及率为 48.8%，其中河南互联网用户数量位列全国第六。但总体上来看，2015 年河南省信息社会发展水平居全国第 26 位，在中部六省中居倒数第二；河南省信息经济指数位列第 29 位，仅比广西和西藏高一点②。由于河南人口基数大，人均 GDP 落后，文化消费水平较低，以河南为主体的中原地区农村人口比重较大，因此，农村偏远地区和城市之间还存在着信息鸿沟；农村地区人民的文化水平相对较低，与城市之间也存在着一定的认知偏差。并且，相对于传统媒体，新媒体的使用门槛较高，利用新媒体传播的受众人群相对也较狭窄，不能很好地兼顾到农村地区文化消费群体的认知结构。在这种背景下，传播策略就显得较为单一，缺乏针对特定群体的传播策略，不能够系统地、有的放矢地对不同人群进行传播，进而达不到理想的传播效果。新媒体具有时效性、互动性、视觉性等优势，但就目前的发展现状来看，河南省的新媒体如微信公众账号、微博账号、新闻客户端等，只是简单地对传统媒体内容的搬运，没有很好地利用新媒体的优势，也就很难吸引用户的目光。

(二) 民间力量分散，缺乏系统整合

谢因波曼与克里斯威理斯（2003）曾对"We Media"下了一个十分严谨的定义："We Media（自媒体）是普通大众经由数字科

---

① 中国互联网络信息中心：《第 36 次中国互联网发展状况统计报告》，2015 年 7 月，http：//www.cnnic.net.cn/hlwfzyj/hlwxzbg/hlwtjbg/201507/t20150722_52624.htm。

② 国家信息中心：《2015 年河南省信息社会发展报告》，2015 年 5 月 28 日，http：//www.sic.gov.cn/News/250/4679.htm。

技强化、与全球知识体系相连之后，一种开始理解普通大众如何提供与分享他们自身的事实、新闻的途径。"① 简言之，即公民用以发布自己亲眼所见、亲耳所闻事件的载体，如博客、微博、微信、论坛等网络社区。在人人都是记者的时代，每位普通人都可以运用网络传达自己的观点和声音；在传统媒体日渐式微的背景下，许多媒体的从业人员纷纷跳出体制，转战新媒体，成立自己的品牌。无论草根还是精英，都可以为传承中原文化贡献自己的力量。他们可以在网络平台发帖、上传视频、留言、点赞、转发，但是，这些来自民间的力量缺乏专业的分工合作，每个人都自说自话，缺乏统一的认知和观点，无法形成一套完整的传播体系，每个人的表达都是碎片化的、无序的，资源整合能力有限，从而很难抱团形成影响力。

（三）中原媒体缺乏议题设置能力

相比较北京、上海等发达地区，河南媒体在全国媒体中缺乏影响力。由于中原地区普遍受教育程度较低，人口素质相对不高，媒体上的河南经常以负面形象呈现，一旦出现与河南有关的负面信息，人们就自动给河南贴上负面的标签，这对对外传播中原文化非常不利。媒体缺乏对河南正面形象的宣传和报道，长时间的负面信息使人们对河南形成了刻板印象，对河南的认知总是停留在媒体呈现的层面，看不到现实中河南今日的成长。中原媒体在传统媒体平台上的话语权不够，发出的声音不大，影响力较低；在新媒体平台上缺乏议题设置的能力；在面对突发事件中不能掌握权威话语，辟谣、应对不够及时，总体在对外宣传中处于被动的劣势地位。

---

① 邓新民：《自媒体：新媒体发展的最新阶段及其特点》，《探索》2006 年第 2 期。

四 运用新兴文化业态传承创新 中原文化的有效对策

（一）利用全媒体传播中原文化

全媒体是综合运用文字、图像、声音、光、电等多种表现形式，把各种不同类型的传统媒介加以融合，从而形成的媒介实践形态。全媒体是传统媒体和新媒体相互融合后的产物。传承创新中原文化，需要用新的思维方式在新的媒体平台上传播，打造全新的中原文化名片。在传播的过程中，要保持核心价值观不变，保持中原文化核心特色不变，做到相同的内容通过不同的传播方式在各个平台传播。传播时，要根据不同人群性质，综合运用不同的形态传播，形成一套完整的传播策略。对年龄较大、文化素质较低的人群，就要考虑他们所能接受的传播内容和传播形态；对受教育程度较高的人群，可以侧重于传播内容的广度和深度。在传播形态上，要充分利用全媒体的特点，一改以往官方死板教条的口吻，充分运用视频、语音、图文、二维码等多媒体形态，多种方式相组合，增加传播内容的趣味性。简言之，需要做到在传播过程中把握价值核心，针对不同的人群精准传播，投放到位，全方位立体展现中原文化特色。同时，伴随着互联网发展长大的新一代年轻人是网络的原住民，也是网络用户的主力军，他们对新鲜事物怀有强烈的好奇心，因此，把握年轻人的需求特点，掌握年轻人的接受心理，树立河南在年轻人心中的形象，对传播中原文化而言就显得至关重要。

（二）加强中原文化资源的系统整合能力

河南有着得天独厚的优秀文化资源，但是中原市场开放性不强，缺乏创新意识，还没有充分打开大门。河南的各种文化资源，急需系统整合，打造多条文化产业链，从而形成文化生态圈。在传播过程中对各种物质和非物质文化遗产进行符号化、具象化和创意化，形成文化品牌，扩大影响力。在"互联网＋文化"产业发展模式下，在突出互联网思维的现实背景下，要以用户作为大数据指导资源配置、产业运作，做到有的放矢，生发于大数据分析更有利于系统视野下对于用户需求的定位分析与预测，由此形成科学合理的用户定位①。换言之，用大数据挖掘技术可以有效检测分析受众的偏好，针对不同人群投放不同的内容，做到有序、系统地传播。在系统整合的过程中，系统内部各要素之间存在着协同有序的整合过程，这就要求我们在整合过程中不能顾此失彼，需要由专业人员进行协调，从而实现新媒体之间的分工合作。草根是互联网的庞大用户群体，他们构成了互联网生态圈的底层。他们的言行举止，一旦得到了号召，可以在网络上形成核裂变式的爆炸式的传播，牵一发而动全身；他们在互联网的狂欢中，形成了自己的亚文化生态圈，具有边缘化、抵抗性和风格化的特征，这些来自民间的声音不可忽视。如豫记在太极拳申遗风波中，来自民间的自媒体们和官方分庭抗礼，起到了四两拨千斤的作用。因此，政府和媒体应该注重挖掘草根的力量，利用草根的力量来扩大中原文化在全国的影响力。系统整合河南的文化资源，不仅包括河南的物质、非物质文化遗产，还包括充分整合来自民间的力量，通过草根的声音宣传中原文化。

（三）官方媒体提升自身影响力

新媒体时代，政府要进一步完善互联网发展战略，大力推进中原文化的新媒体传播，并提升通过互联网传播中原文化的公信力②。政府首先要做的是站在全省经济社会发展的高度，制定详细的战略规划。针对互联网和新媒体，制定和完善相关政策，扶持新兴产业的发展，注重河南的形象传播。其次要培养网络意见领袖。网络意见领袖由于其行为的非功利性而容易获得网友的信任，这种

---

① 张成良：《基于"互联网＋"的文化产业发展模式初探》，《2015 郑州大学"新媒体公共传播"国际学术研讨会论文集》，2015 年。

② 楚明钦：《新媒体时代中原文化的传播路径探索》，《青年记者》2016 年第 17 期。

信任不掺杂权力、利益等外界因素，从而更加真实，更易于被网民所接受。因此，可以利用网络意见领袖的号召力，主动设置议题，积极宣传河南正面的形象，来改善河南长久以往的负面形象，进而更好地传递来自中原的声音。再次，官方媒体要充分利用网络新媒体，积极传播河南形象宣传片、河南纪录片、河南的电影、电视、电子出版物等。最后，官方媒体在新媒体环境下，要制定一套适用于新媒体的传播策略，传播有内涵、有质量的内容，避免三俗新闻的出现。河南省每年都会举办"感动中原"十大年度人物评选活动，是河南省宣传河南人精神的重要文化品牌。自 2005 年开展以来，每年都会评选出一些触动我们心灵的道德榜样，他们用公正廉洁、勤劳善良的高尚风格传递着时代正能量，展示着河南人的精神、河南人的追求，赢得了全国人民的尊敬。河南媒体要主动策划议题，宣传来自河南的道德楷模，重新树立起河南人的对外形象。总之，官方媒体在众声喧哗中要时刻保持清醒，牢牢把握话语权，树立自身的公信力，扩大自身的传播力和影响力，传递中原精神、中原力量，从而更好地传承中原历史文化。

附

互联网时代如何运用新媒体传承
创新华夏历史文明
——访豫记总编辑杨桐

采访人：汪振军　韩旭

2016 年 3 月 21 日

新媒体时代改变了整个传媒行业的格局。自媒体的迅速发展使传统媒体行业在新形势下既面临生存的困境，也面临转型的机遇。从传统媒体中走出的媒体人如何改变自身的境遇？新时代下如何把新媒体和中原文化相结合？在"内容为王"与传播变革的背景下，中原文化如何把握机遇，做好传承与创新？

作为研究华夏历史文明课题组的成员，带着诸多疑问，在 2016 年 3 月 21 日上午对豫记新媒体创始人兼总编辑杨桐进行了采访。

1. 问：您是怎么想到从传统媒体辞职，转身投入新媒体的呢？

杨桐：这个是基于以下原因：整个媒体大环境发生的变化。我们这一代新闻人基本赶在了媒体的黄金十年，我是 2002 年开始在《河南商报》做记者，之后又到《东方今报》和《凤凰周刊》工作，这三家都是市场化的媒体，单位和员工之间是一种双向选择关系，不像原来的党媒记者是一个铁饭碗。

2013 年之后，传统媒体受到强烈的冲击，传统媒体人受到的挑战和困惑是很大的。我转型的时候已经是 34 岁了，而媒体圈子吃的是青春饭，面对的是优胜劣汰，体力和精力跟不上的情况下适应新的环境很麻烦，中国和西方的媒体生态不同，很多方面对于记者来说拼的不是经验而是体力。

比如在中国"两会"上，你很少会看到白发苍苍的记者，相反国外这样的媒体人会比较多。豫记是由 400 余名河南籍媒体人形成的网络社区，新媒体时代已经来临，我们所供职的传统媒体都在转型，都是在适应新媒体的一个举措。

对于个体而言，大概留给记者的出路和转型的选项不多，无非是转型去商业机构做品牌宣传、文案策划等相关的一些工作。2013 年之后有大量优秀的记者转型、创业，都是基于移动互联网打破了边界。原来你想做些事情会有条件限制，比如你不知道如何选择和自己兴趣、特长等相关的方向，如何找到你所服务的对象、受众群体等，而互联网把这个通道打通了，移动互联网使这些限制变得模糊，条件门槛变低。

以微信公众号和今日头条为代表的自媒体平台，最初最活跃的并不是媒体人，反而是非媒体人在自媒体平台玩得风生水起。有媒体从业经历、擅长生产内容的人要想适应这个时代，就会主动地把握这样的机遇，这是做转型的前提。

2. 问：为什么不做财经、资讯类，而要做一个这样的自媒体平台呢？

杨桐：互联网的内容生产从商业变现的角度来看，精准地垂直于某一个领域和行业是大部分人的选择，而豫记和纯商业类账号主体不一样。2004 年年初，它已有 400 多个分布在各地的河南籍媒体人，这群人对家乡有着深厚的感情，有乡愁，有对中原文化有强烈的认同感和归属感。

豫记要做的事不是以个人名义，豫记最初的名称指的是河南籍的记者，而我们要做的事情就变成了河南人的记忆。从内容上定位为"全球河南人的精神食粮""国内首个乡土社交平台"。大多数媒体包括本土媒体已在碎片化阅读时代被海量信息冲击得晕头转向，丢失了很多优秀的内容生产方向。

3. 问：您能详细介绍下豫记的创办过程，在创办的过程中经历了哪些困难？

杨桐：豫记是河南媒体人的社群，2010 年我去了《凤凰周刊》之后和老乡组建了这个 QQ 群，而后逐渐扩大到 400 名河南籍媒体人，这个发展一直都是很顺利的，一群具有相同的地域属性、都怀有乡愁、具有同样价值观的河南人聚在一起，这是网络社群最初的形态，豫记新媒体使它的黏合力加大，现在已有 800 多位河南籍媒体人成为豫记成员，也就是说豫籍媒体人社群的发展整体上都是比较顺利的。

你所指的应该是豫记新媒体项目运作的困难。所有的创业者都不会一帆风顺，都会遇到困难。首先的困难当然是来自资金的压力，我们最初只靠十几万元起步，一直坚持到现在人员不断扩大。从开始我一个人带几名实习生到我们现在有 9 个人的专职团队。这个过程是很艰苦的，克服它靠的是毅力和团队的协作。豫记是一个完全开放、自由、多元、包容的地方，我们的目标是一致的，除了内容生产之外，还包括对自由的诉求，这个自由又包括经济自由和精神自由两个方面。

对于豫记整体而言，别人最关心的可能是豫记的生存，但这不是一个太大的问题，因为我们很少讲自己怎么做生意。生意归生意，内容归内容，豫记能生存这么久，人员不断增加，产品形式不断演进，它已经度过了最危险的时候，现在它的生存能力已经不是太大问题。经过了前期资金紧缺的关口和团队的磨合，接下来的事情就是把眼光放得更为长远。整体架构的设置、目标的推演和商业模式的建立，要赚更多的钱就要投入更大的努力，让你的商业模式变得更为清晰。

4. 问：在"内容为王"与传播变革的背景下，中原文化如何利用新媒体做好传承与创新？

杨桐：第一，河南是一个文化资源大省，有着悠久的历史和文明，是中华文化最重要的发源地之一。然而在庞大的互联网阵地里，却没有对河南乡土、历史、文明梳理的一个平台，如果说我们原来还有，至少到豫记上线这个节点上是断档和缺失的。河南一直强调要从文化资源大省向真正的文化强省迈进，但这一过程中还有相当一段路要走，需要河南人文历史研究者，包括文化产业的领导者和从业者共同努力，需要重新梳理和发现河南在文化方面的资源优势。"互联网＋"时代的来临，对河南的文化产业发展和中原文化走向世界提供了一个千载难逢的机会，天时、地利、人和这些条件都具备，新媒体对文化产业结构调整和中原文化传播至关重要。

第二，河南一直是受地域歧视最严重的地区，特别是在外河南人受到标签形象的拖累。河南到底有什么好，需要我们去展示它，重新树立在外河南人的文化自信和文化认同，这个事情我觉得非常紧迫，在天时、地利、人和都具有的条件下，如果我们没有这样的一种向心力，是很难形成聚合的。那么如何完成呢？豫记就起到了这样一个作用——一直致力于挖掘以中原文化为主的华夏文明的工作。豫记的内容不仅局限在对过去的回忆上，也在对国内的先进文化和先进城市的理念进行对比上。不能总是沉浸在过去的回忆里而不展望现在。我们做了"两个东京"的对比，一个是日本东京和过去作为世界一流大城市的开封"东京"。主要想在展示之外，更多地凝聚在外河南人的文化认同感，更多地呈现我们的文化资源。现在在河南从事和喜欢文化打捞和挖掘的人，能不能对他们进行聚合，因为只有热爱故乡的人才能重建故乡。

5. 问：河南网络新媒体在传播中原文化方面应该有什么样的担当和责任？

杨桐：我认为责任和权利是对等的。现在几乎绝大多数从事文化传播的地域性账号都是个体机构。而责任是出于对家乡土地的热爱，其实这实际上是一种自觉，这不是你必须要承担，而是自觉承担的责任和义务。你能否在实践的过程中发现价值，这个价值能否被公众所接受、认可，转化为生产力，保证可持续性，让更多的人愿意参与、互动，以至有强烈的归属感。我们认为谈责任不是像苦行僧一样，移动互联网时代，它应该变得有趣、好玩，大家喜欢跟你一起玩，玩得高兴、玩得有收获，这才是豫记想要的。

6. 问：豫记现在不仅推送文章，还兼职从事推荐书籍，卖小米酒，请问这是豫记尝试的一种盈利模式吗？豫记的最终盈利模式是什么？

杨桐：不管是读书会还是对作者书籍的销售等，都很难说是豫记的消费模式或盈利模式。书里还有出版社、作者自己的利润等，实际上我们代为销售更多的是想给读者推荐优秀的内容。但同时我们可以获取的是哪些人对豫记的依赖程度较高，其实就是用户数据，包括他的兴趣等。小米黄酒也是一样，我们在打捞河南人对故土的情感和热爱，实际上这需要一种载体，这样的载体除了阅读之外，还需要实体来转化。所以说我们从来没有把这个作为豫记最终的商业模式，只能说是在这种商业化运营里的一种尝试。

豫记最终的盈利方式，我们更多的是靠豫记的内容生产能力，包括创意、策划和传播的精准力，定制型的内容生产，还有关于河南乡土人文领域的活动。如豫记的人文体验游，淮阳的温酒话伏羲，"竹林论道·焦作休闲文化走向何方"大型城市休闲高峰论坛等。豫记最重要的能力最终来自内容，因为你对一个行业比较专注，掌握这个领域的话语权，你就有可能去深度介入这个行业的很多事情。豫记的内容保证独立性，在内容之外，我们会基于豫记的用户兴趣开拓更多的经营性事务。

7. **问：豫记总是与大活动、大事件、大影响在一起，今年在活动方面还有哪些大的规划？**

杨桐：今年我们想把河南80多个县进行县域文化的系统整理。一方面我们想寻找河南省的县域文化资源；另一方面通过系统的梳理，对县域文化资源进行有效的开发和利用，进行多种形式的包装，这是2016年最重头的事情，其他的还包括每年都会举办的大型论坛，介入和文化有关的重大事件等。

8. **问：豫记现已在北京挂牌运营，今后还会在上海和广东成立运营中心，这是否意味着豫记已走出河南，开始在全国布局？**

杨桐：豫记从一开始都不是河南的本土账号，我们的目标受众是3000万在外的河南人。豫记在做的是乡愁，离故乡越远，乡愁越浓。豫记有20%的粉丝是河南本土的，有80%是在外的河南人。所有的内容都是围绕河南、河南人。我们有个栏目是《在外河南人》，它实际上反映的是在外河南人的打拼创业史。豫记北京和豫记华南的读书会面对的是在外河南的精英群体。我们写开封"东京"也好，写广州的河南村也好，这都是站在全球的视野看待中原文化。在移动互联网的浪潮之下，河南人在这个背景下的生存状态是什么样的，有什么可歌可泣的故事，更多的是通过对于故乡和过去的回忆唤起河南人对家乡的热爱，另外通过现在取得的成就，打拼的经验告诉人们成长可参考的路径。

9. **问：据调查显示，现在80%的公众号都处于疲软状态，您对河南新媒体、自媒体发展现状，持一个什么样的看法？**

杨桐：我认为河南的新媒体还是很活跃的。你不能用公众号来界定一个新媒体，公众号只是腾讯公司微信团队搭建的一个平台而已，所有的自媒体都不是完全依靠公众号活着的。比如，豫记在今日头条的点击数是4500万，这远远超出了公众号的阅读。在微博上我们发起的"少林寺招聘"仅仅这一个话题获得阅读量就有450万等，包括参与重大事件，这些影响力远远超出公众号的范畴。我所知道的河南大多数的内容创业者在各种平台上都有入驻。

整体而言，河南的活跃度一直挺高的，大家都很用心。现在微信公众号有 1200 万，做得好的这一部分，大部分都不是一个人单打独斗，都是一个团队在合作。能坚持下来这么久的，都有着自己的特长，它最基本的生存能力都是具备的，而具备的前提是被用户认可。

10. 问：豫记对河南自媒体和新媒体发展有什么样的启示？未来豫记的发展会遵循什么样的发展模式？是否会出手机 APP？

杨桐：每一个自媒体从最初到发展过程中都经过了深思熟虑、反复的推演，别人的成果很难完全照搬和参照，很难去完全借鉴。做新媒体有一点很重要，那就是要坚持内容原创，你的影响力永远是核心竞争力。然后是社群，社群的黏性、活跃度是在商业运营上最重要的体现。本土账号各有千秋，很难说你有什么样的经验，在给别人什么样的启迪，我们也不会完全照搬别人的模式，做好自己，坚持、自主、开放、多元，这是非机构媒体人做内容创业者首先要具备的品质。

未来的豫记肯定是奔着内容、文化、创意、产业去的，创新能力永远是豫记最核心的东西，不论是内容生产还是商业模式。豫记未来不会出手机 APP，APP 如果功能不强的话，其实是没必要出的，这实际上是对受众进行了二次分流。

（执笔人：韩旭）

第八章　河南省主题公园与
华夏文明传播

2016年6月16日上海迪士尼乐园正式开园，这是我国内地首座迪士尼主题乐园。迪士尼乐园自1955年7月以来已经发展了61个年头，作为最具代表性的主题公园，其发展带动了世界各地主题公园的兴起。主题公园不仅是儿童游乐嬉戏的场地，同时也成为成年人放松社交的重要场所之一，另外，还为不同领域内的文化交流体验作出了贡献。

随着主题公园的发展，其在各区域内的覆盖面逐渐增多，种类和功能也不断地完善和丰富，但其存在的问题也逐渐暴露，加之游客娱乐需求的提高，主题公园形式重复化、内容同质化、概念单一化等现象越发明显。另外，伴随着科学技术的进步，及各地区各民族对传承和发扬传统文化的需要，主题公园的发展也迎来了一个新的契机。

一　主题公园的发展及河南省主题公园发展现状

（一）主题公园的概念

主题公园是一种以游乐为目标的拟态环境塑造，或称之为模拟景观呈现。[①] 它根据特定的主题营造游乐的内容与形式，以虚拟环境为载体，以主题文化贯穿整个游乐过程，是集观赏、娱乐和服务

---

① 周向频：《主题园建设与文化精致原则》，《城市规划汇刊》1995年第4期。

于一体的创意性现代旅游场所。

（二）主题公园的发展历程

主题公园最早可追溯至古希腊、罗马时代的集市杂耍。17 世纪初，欧洲兴起了娱乐花园。1937 年的维也纳世界博览会展出了骑乘及多种机械娱乐设施，由此将机械游具带进了游乐园，并由欧洲传至美国。电影动画大师沃尔特·迪士尼于 1955 年在加利福尼亚州打造了世界上第一个主题园——迪士尼乐园，将主题情节融入机械项目中，并加入动画人物在景区现场与游客的互动、表演，极大地丰富了主题乐园的体验感受。

基本与此同一时期，荷兰的马都洛夫妇在 1950 年用 1∶25 的比例投建了微缩景观园区"马都洛丹"（Maduro – dam），这为在有限空间内展现不同历史时期、不同地域的文化提供可能，使得拟态环境模型具有了新的意义。

此后，主题公园进一步发展，在一定程度上影响了传统意义上的博物馆、植物园及动物园等的发展，主题公园将游乐性质引入，添加了人物及文化活动来展现主题，并因文化传统、自然特征以及经济状况等不同因素的影响衍生出更多新的类型。

（三）我国及河南省主题公园的发展现状

中国大陆在 20 世纪 80 年代建设了一批机械型游乐园，由此带动了国内游乐主题公园的发展。但真正具有主题意义的主题公园则诞生于改革开放以后的深圳。

我国于 1989 年开幕的深圳"锦绣中华"，创建了一个区别于传统游乐园的、汇集我国风景名胜并具有传统特质的主题公园，标志着我国主题公园发展的起点，并成为一个成功的代表，高峰期日游人量达 1.5 万—2.0 万人。1991 年，深圳又继续推出了"中国民俗文化村"项目。主题公园的概念及兴建逐步在全国各地展开。

2015 年河南统计年鉴显示：2015 年，河南省旅游业接待入境游客人数为 60.05 万人次，旅游创汇收入达 21604 万美元。其中，2014 年，郑州市、开封市、洛阳市的旅游业接待国内游客总人次数分别达 10216.60 万人次、3565.34 万人次、7037.95 万人次，总花费分别达 1149.19 亿元、277.20 亿元、773.87 亿元，位列全省前三。2015 年，娱乐场所机构达 2249 个，其中游艺类占 725 个，娱乐场所资产总计 293606 万元，营业收入 148954 万元。在文化产业中，旅游娱乐产业相关数据与往年相比均有大幅度增长，为文化产业的发展不断注入新的活力。

河南省的主题公园发展到今天也已颇具规模。有从以自然为依托的传统型公园到唤醒天性的野外互动型公园，如郑州森林公园、郑州野生动物园、郑州绿博园、郑东 Meebo 野孩子、西峡恐龙遗迹园、郑州金鹭鸵鸟园等主题公园；有以历史文化传承为主的仰韶文化主题园、互动式参与民俗村"开封·清明上河园"、紧跟时代热点的丝绸之路主题；深圳华强投资的科技型文化主题公园：方特欢乐世界、方特水上乐园、方特梦幻王国以及亟待启动的中华复兴之路和"明日中国"主题园。此外，还有正在计划中的中牟野生动物园，在建中的华特迪士尼衍生品基地，郑汴地区的主题公园，有望发展成为一个旅游文化产业链和聚集区。

二　河南省主题公园传承华夏文明的个案研究

目前省内较为成功的文化型主题公园是位于开封市的清明上河园，它是按照 1:1 的比例把《清明上河图》复原再现的大型宋代历史文化主题公园，最大限度地真实再现了画中的场景及人物活动。清明上河园占地 600 余亩，其中水面 180 亩，大小古船 50 多艘，房屋 400 余间，景观建筑面积 30000 多平方米，是中原地区最大的复原宋代建筑群。[①] 2009 年，清明上河园荣膺世界纪录协会中国第

---

① 《河南开封清明上河园景点介绍及门票优惠政策清明上河园简介_ 未必孤独网》，http://www.vbgudu.com/html/20161018/105297.html。

一座以绘画作品为原型的仿古主题公园。

（一）清明上河园——景观与演艺的完美结合

《清明上河图》是北宋画家张择端所作的世俗风情画，画幅为绢本，高 24.8 厘米，长 528.7 厘米，描绘了北宋都城东京清明时节的城市构象和人物活动，从城郊的自然景象到虹桥的汴河贸易，再到城内的繁华街市，不仅清晰地再现了北宋时期的自然环境、城市发展和建筑特征，更真实地反映了当时历史下社会经济的发展现状，百姓的日常生活及文化风俗习惯。无论从美术艺术价值，还是历史文化价值来说，都是不可多得的珍宝。

清明上河园景区目前分为两大展示区，"南苑"景区以《清明上河图》的石渠宝笈版本为参考，展示宋代民间风俗；"北苑"景区以《清明上河图》的台北故宫版本为参考，展示宋朝皇家文化；在筹建当中的第三区域将衍生出现代科技与传统文明相结合的 4D 科幻体验体系。

景区当中的工作人员都以宋人造型出现，无论是商家还是景区日常维护人员都身着宋服，统一于宋文化主题之下，1000 多位演员在每天的不同时段、景区的不同区域为游客带来不间断的宋文化表演。与此同时，景区还提供民间手工艺品的展卖、开封传统小吃一条街以及园区民宿等服务，以期为游客带来全方位的宋文化游览体验。

1. 清明上河园景观分析——宋建筑的真实还原

清明上河园一期工程"南苑"最早始于 1993 年，完整还原了石渠宝笈版的城市布局及建筑特色，图中的经典场景与建筑都能在园区中找到对应与还原（见表 1），在微观细节上处处展现了北宋时期百姓的社会生活及市井风情。二期工程"北苑"于 2005 年扩建开放，是台北故宫版东京城内景观和皇家园林景观的衍生，丰富了水上风景区与表演，增设了恢宏的皇家建筑群以及宋代科技教育等历史信息的展示区，宏观上展现了北宋的繁荣昌盛。

表1　　　　　开封·清明上河园南苑及北苑景观分布

园区	《清明上河图》场景	增设景点
迎宾广场	迎宾门；大宋邮驿；东京码头	张择端塑像；民俗街；《清明上河图》石雕；宋都广场
南苑	上善门；驿站、醉杏园；双亭桥；虹桥；十千脚店；平桥观鱼；东京夜市；玉景苑；鸿福寺；孙羊正店、孙羊码头；四眼方井；久住王员外家；赵太丞家	古玩市场；擂台；磨坊；瓦子码头；鸳鸯坛、鸳鸯桥；吊索桥；校场；茗趣院
北苑	丹台宫；九龙桥；茗春坊、拂云阁；临水大殿（宣和殿、宣德殿）、水心榭；四方院	景龙湖；千秋干

（1）园区布局依照原图的整体还原

在清园南苑，园区中商铺、楼宇、桥梁、河流、园林等都依城建设计而合理布局，整体格局错落有致，构成了宋代东京城市建筑的总体特征。

从《石渠宝笈三编本》到台北故宫版本，"南苑"和北苑都按照原图进行了1:1的还原，在接下来的完善中，会将上善门郊外的自然景观概念也做一个还原，力求呈现最原汁原味的《清明上河图》，展现北宋独具生活气息的市井文化，传递普通阶层的民俗风情。

（2）园区内景观细节的整体还原

清明上河园是我国目前最大的仿宋建筑群，复原建设了一万多平方米宋代的各式建筑，面街而开的店铺售卖着古玩、字画，各类民间作坊应有尽有，大街小巷随处可见推车售卖小吃的商贩，反映了北宋东京城繁华热闹的景象。

《清明上河图》中的经典场所如官驿、王员外家等客店，醉杏园、十千脚店、孙羊正店等餐饮酒家，勾栏瓦肆、擂台等娱乐文化场所，以及四眼方井、平桥观鱼等景观，从布局位置，到建筑细节

153

都在清明上河园中一一作了逼真还原。在建筑技术上参照宋代李诫所著的《营造法式》一书。园中的亭、廊、屋、殿等仿古建筑群的结构与形式均显露出宋代的建筑风格特色。

（3）园区意境概念的融会贯通

除建筑的外部构造还原外，清明上河园还针对典型建筑特征结合园区景色做到了意境的和谐，例如景龙湖上临水大殿，它由宣和殿、宣德殿连理而成，与四面临水的水心榭①一桥相连，从这里可俯瞰全园景色，尤其是池中诸景，尽收眼底。此外，在标志性景观四方院中，游客可以亲身参与大宋·科举考场，着古装、入号舍、答考题，以及提供宫廷豫菜及几十种风味小吃的"孙羊正店"，可同时容纳300人就餐。这些设置都使得游客不仅可以从外部参观，还能进入其中，参与感受古人生活。

2. 清明上河园文化及民俗表演——宋文化的神奇再现

清明上河园除了在园区建设上逼真再现历史图景外，还结合历史文化典故及地方志等文献，通过景区实景文化演出及民俗表演的形式展现北宋文化社会生活状态、传递北宋文化精神内核。

园区	文化典故表演	民俗民艺演出	休闲游乐设施
迎宾广场	包公迎宾	高跷；盘鼓	民俗街
南苑	包公巡案；汴河漕运；梁山好汉劫囚车；杨志卖刀；王员外招婿	勾栏瓦肆民俗；气功喷火；布袋木偶	趣园；水车园；秀野园
北苑	科举考试；汴河大战；岳飞枪挑小梁王	编钟乐舞；皇家皮影；蹴鞠；斗鸡；水傀儡	大宋游艺；鬼谷漂流

---

① 北宋时期，宋太宗诏发3万多民夫疏扩都城开封城西的金明池，引入金明河之水，使原周世宗所建、周长达9里有余的金明池水面更加浩渺辽阔。在池中心，还建有亭台水榭及水心五殿。宋太宗扩建金明池的最初目的只是演戏水阵以加强战备，"每岁三月初，明神卫虎翼水军教舟楫，习水嬉。"然而没有多久，这种水战习练便被充满娱乐色彩的水嬉活动所取代。

（1）表演形式种类、地点、时间的多样性

清园会在不同的游览地点、不同时间段循环向游客提供多样的表演活动，一方面分散了过于集中的人流，避免了游客的拥堵，使得游客可按照各自需求合理安排园内游玩路线，同时更节省了游览时间，提高游玩效率，且有效避免了游览资源和演艺资源的浪费，带给了游客多样化的娱乐体验。

（2）宋文化符号传递园区文化内涵

园区的真人表演及典故演绎一般都是依据宋文化历史中的经典故事，各具其独特的文化符号，从而传递多样丰富的具有教育价值的文化信息，展现了宋文化平等思想与侠义精神/多元并存的兼容精神/重文轻武的仕人精神/激烈高昂的民族意识等文化特征。例如，在园区表演中，清园引入了《水浒传》中的两个经典故事——《梁山好汉劫囚车》和《杨志卖刀》。作为讲述北宋末年农民起义的经典著作，《水浒传》不仅传递了下层阶级追求平等的反抗意识，也通过梁山108位好汉及聚义堂的概念表现了平民阶层肝胆相照的侠义精神。

（3）保护、传承与创新民间艺人、手工艺人与手工艺品

清园的演艺活动及传统手工衍生品的发展也给传统民俗文化、手工艺品的发展带来了新方向和新契机。一方面，将传统的曲艺、杂耍等民间艺术形式加以丰富、创新，以当代人更乐于接受的方式展现出来，既给游客普及了民间传统文化，又给这些传统文化本身找到了一条传承与创新发展的现代化新道路。另一方面，民间的手工艺品通过清园的旅游衍生品渠道可以得到新的发展，经过专业设计团队对其的开发改造，打造出兼具实用性、观赏性、趣味性的旅游纪念品也是传统手工艺发展的新方向。

3. 清明上河园的宋文化产业链——吃住游艺全方位活化

除园区建设和实景表演以外，作为一座中华历史文化主题公园，清明上河园也充分发挥了其作为主题公园的作用，提供吃住游艺及传统节会庆典等活动，丰富和活化了园区景观，带给游客更加全方位的文化体验。但就以上两方面来说，目前清明上河园在这一

部分的发展较弱,游客服务系统不够完善,服务水平有待提高,园区人性化设计建设也需加强。

(1) 互动式手工艺品制作展卖

古都开封是中原民间手工艺的摇篮,朱仙镇木版年画、大宋汴绣、抟埴坊、瓢艺坊、琉璃坊、大宋剑炉、泥人、木雕、酒坊、中国结等鲜为人知的绝技奇巧都在此静静流传。其中,朱仙镇年画[①]自宋代以来就名声远扬,与官瓷、汴绣一起被誉为开封三大特产。在衍生品开发设计上,邀请了为故宫设计衍生品的台湾团队对传统手工艺品进行发掘。

清明上河园联合省民间艺术协会对民间手工艺人及民俗艺人等物质及非物质文化遗产传承人进行了广泛征集,其中不乏濒临失传的珍稀传统文化遗产,通过园区活动,以创新的形式对其进行保护和传承。游客在园区内不仅能够看到汴绣、木版年画、官瓷、茶道、纺织、面人、糖人等手工艺术的现场表演制作,还能欣赏曲艺、杂耍、神课、博彩、驯鸟、斗鸡、斗狗等民俗表演。

清园还组织了商户到各地学习考察,将把商铺进行整合,设置主题,提升文化氛围,展现传统手工艺制作过程和售卖商品的同时,传递古作坊文化与手工制作的魅力,再现宋朝手工业发达的盛况,使清明上河园成为中国非物质文化遗产的展演基地。

(2) 东京食坊与客栈,打造全产业链

清明上河园内的东京夜市小吃品种繁多,味道各异:杏仁茶、四味菜、大宋灌汤包、大宋叫花鸡、黄记砂锅、黄焖鱼、王楼灌汤包子、三碗不过岗、黄河渔夫、鲤鱼焙面、凉粉、焖羊肉串、羊肉炕馍、凤梨茶、花生糕……孟长老的《东京梦华录》里有这样的描述"夜市直至三更尽,才五更又复开张,要闹去处,通宵不绝"。东京繁盛时期的夜市场景可见一斑。

---

① 《东京梦华录》记载:"近岁节,市井皆印卖门神、钟馗桃版、桃符及财门钝驴、回头鹿马、天行帖子。"由此可见,当时东京木版年画的印刷及销售盛况空前。

目前清明上河园内有仿古建筑——孙羊正店，模拟图中同名建筑所建，其作为《清明上河图》中最大的酒楼，建筑面积近1000平方米，设有豪华包房十余间，大厅面积近600平方米，可同时容纳300人就餐。同时，清明上河园在三期工程中也在规划扩展住宿业务，计划将现有驿站的客房由60个扩充至300个。这样一来，游客不仅能在日间游览清园景致，感受大宋文化，还能在衣食住行方面全方位感受身为宋朝人的穿越体验。

但就目前来说，相较于游园项目，清园在食物和住宿等服务项目上的完善程度和质量水平还有很大的提升空间，从现有的情况来看，其依旧停留在传统的食宿模式上。开封小吃本身可挖掘的空间很大，但目前开发力度不足，首先，食物本身在色香味上没有构建强有力的基础；其次在外延上，孙羊正店除外部建筑，内部从装修到服务都没有形成现代化的具有设计感和体验感的就餐环境，整体环境十分传统和乏味；最后，作为开封和古都宋朝一大特点的夜市也没有被充分发挥，随着游客年龄层的需求以及市民夜间生活的丰富，夜市的存在本身具有很大的开发潜力，应很好地利用这一点，发挥开封小吃优势，打造特色夜市街道，丰富夜市游玩活动，形成独具特色的开封·清园夜市品牌也不无可能。

（3）节日庆典增加客流，扩展形式

中华传统节日是传统文化的重要内容，其中包含了节会庆典、饮食文化、典故传说、纪念精神、风俗习惯、服饰装扮、节气岁时等多种多样的元素。丰富的民族传统节日是宋文化构成中不可获取的重要部分，它反映了这个时期内文化的传统习惯、道德风尚和宗教观念，寄托着人们的精神诉求和生活期盼。[①] 春节、元宵、端午、重阳等传统节日，在宋代被赋予新的内容，各类宗教和政治节日也不例外。除传统的祭祀与祈福外，庆祝方式逐步向商业化和世俗化发展，集会活动的兴旺反过来又促进了市民文

---

① 张亚席：《民俗比较视野下的泰国宋干节和中国泼水节》，硕士学位论文，赣南师范学院，2013年，第38页。

化的繁荣。

清园利用其自有的园区建设、园区表演、园区人员等硬性条件，将传统节日与园区项目相结合，每逢传统节日都会展开丰富多样的庆祝游园活动。借助此活动不仅可以扩展清园的经营项目，扩大清园的知名度，增加客流，同时也对于传承发扬传统节岁文化，丰富创新其传播形式，起到了积极的作用。目前清园内举办过的节庆活动有：

A. 中国（开封）清明文化节

每逢 4 月，园区都会举办"清明文化节"活动，游客可以在这里踏青、插柳、看民俗、品小吃，了解传统文化，感受古人节气活动氛围，体验清明上河园的春季景色。

B. 客家国际龙舟邀请赛

开封是最早举行龙舟赛的城市之一，早在宋代开封东京城就举行盛大的龙舟赛。① 清明上河园于 2016 年 6 月 9 日举办了客家国际龙舟邀请赛，是 2014 年开封世界客属第 27 届恳亲大会的延续，共有运动员 300 余名，国内外 12 支队伍，吸引了 30 位世界各地的客家社团领袖、代表，50 位国内各界领导、代表出席。

C. 中国（开封）端午文化节

清明上河园在虹桥、清明文化广场、勾栏瓦肆等园区主要景点及干道上打造五大特色景观：端午迎客、宋韵端午、一见"粽"情、端午怀古、"粽""香"万里，还增设了端午迎送雄黄酒、花祭先贤等特色大巡游，以及"汴河竞标"龙舟表演赛、大宋端午科考等特色活动。

D. 大宋民俗年

清明上河园区正月初一至正月十六举办第十六届民俗文化节，上演最具民俗特色的春节大戏：盘鼓、高跷、舞龙、舞狮、肘阁、小豫剧、跑驴、老背少、旱船、蚌舞、大头舞、蹦杆轿、竹马、小

---

① 据《东京梦华录》记载："皇帝于临水殿看金明池内龙舟竞赛之俗。"可见龙舟赛已成为当时东京的习俗。

车、抬老四等以及景区内大型民俗队伍的巡游。

此外，在元宵节清园还会举行元宵民俗狂欢节和焰火晚会，秋季菊花盛开之际，还会举办国际菊花展等活动。

（二）方特欢乐世界与梦幻王国——游乐型文化科技产业

华强方特业务分为文化内容产品及服务和文化科技主题乐园两大类，形成了优势互补的产业链。在主题乐园方面，"方特欢乐世界"、"方特梦幻王国"、"方特东方神画"、"方特水上乐园"四大品牌目前已在芜湖、青岛、株洲、沈阳、郑州、厦门、天津等地投建运营。此外，由"华夏历史文明传承主题园"、"复兴之路爱国主义教育基地"、"明日中国主题园"三大主题园区构成的"美丽中国·文化产业示范园"项目也已启动。此外，方特还将主题乐园输出到伊朗和乌克兰等国家。

2012年6月28日，郑州方特欢乐世界正式开园，这是深圳华强集团在全国投资的第9个高科技主题公园，占地70万平方米，总投资25亿元，标志着河南在高科技文化旅游领域向前跨进了一大步，填补了中原地区高科技文化旅游项目的空白，也拉动了中原地区冬季旅游市场热潮。

2014年12月20日，郑州"华夏历史文明传承创新示范区"第五、六期项目签约仪式在郑州举行。此次签约的"华夏历史文明传承创新示范区"五期项目"华夏历史文明传承主题园"，是以华夏历史文明传承为主题，包含了"儒、释、道"传统文化、华夏历史故事、华夏文明对外的交流与影响、中华传统文化艺术、中华民俗风情等各方面的内容。[1]

郑州方特三期项目"方特梦幻王国"是以中国神话为背景，于2015年5月1日开业。此外，以中国近现代史为背景的四期项目"中华复兴之路"主题公园也即将动工。

---

[1] 《郑州"华夏历史文明传承创新示范区"再建三期新项目》，中原网，http://news.zynews.com/2014 – 12/21/content_ 9977405. htm。

1. 从方特欢乐世界、梦幻王国到方特东方神画的转型

（1）科技主题公园——郑州方特欢乐世界与梦幻王国

A. 郑州方特欢乐世界

郑州方特欢乐世界以科幻和互动体验为最大特色，由飞越极限、恐龙危机、海螺湾、逃出恐龙岛、唐古拉雪山、暴风眼、极地快车、飞翔之歌、宇宙博览会、电影魔术大揭秘、生命之光、聊斋、嘟比历险等20多个大型主题项目区组成，涵盖主题项目、游乐项目、休闲及景观项目200多项。

B. 郑州方特梦幻王国

方特梦幻王国以高科技演绎古老的中华文化，以互动体验营造梦幻的氛围，以创新设计建设理念和表现形式，将中国神话中许多脍炙人口的故事以主题项目的形式展现在游客面前。

相较于方特欢乐世界来说，方特梦幻王国更加注重科技手段与文化的结合，其游乐项目主要由4D电影与室外机械项目两部分组成，在这当中4D电影占了相当大的比重，除了华夏五千年、秦陵历险、决战金山寺、千古蝶恋、西游传说、龙王传说等表达中华传统文化的项目外，还有探秘玛雅文明的飞跃传说以及方特代表性卡通剧熊出没剧场和展现魔法世界的魔法城堡。

①历史题材的衍生发展

华夏五千年，以华夏五千年历史为主要内容，讲述了从炎黄传说时期开始，直至当代中国七个阶段的众多重大历史事件，影片总时长10—15分钟。秦陵历险，室内4D探险项目。游客乘坐多自由度游览车行驶在蜿蜒曲折的轨道上，感受由现场实景、立体电影、现场特技等多项高科技游乐技术营造出的千年秦陵古墓。

②民间传说的创新演绎

决战金山寺，以《白蛇传》为故事背景，结合灾难模拟、水幕电影、天幕表演等高科技表现形式，再现白蛇法海决战金山寺的故事。千古蝶恋，四面"幻影成像"4D电影，亦真亦幻地演绎出梁山伯与祝英台的旷世之恋。

③经典故事的生动再现

西游传说，根据《西游记》大闹天宫改编，大型球幕立体电影，通过虚实景观、可升降旋转观众平台，一睹美猴王风采。龙王传说，以《哪吒闹海》为背景，融合4D电影、实景表演等手段再现哪吒闹海闯龙宫的故事。

C. 郑州方特水上乐园

方特水上乐园是华强方特集团打造的水上主题乐园项目，目前已在郑州、芜湖等地建成开业，聚集了多项项目，如《一飞冲天》《大喇叭》《小喇叭》及国内首屈一指的大型《熊出没水寨》等20多个游乐项目，其中许多项目获得国际行业旅游协会最佳水上设备奖。

（2）方特"美丽中国·文化产业示范园"项目

华强方特还全力推动了"美丽中国·文化产业示范园"项目，由"华夏历史文明传承主题园""复兴之路爱国主义教育基地""明日中国主题园"三大主题园区构成。

A. 方特东方神画（华夏历史文明传承主题园）

方特东方神画是以中华五千年文化精髓和"非遗"文化为核心的高科技主题乐园，综合运用激光多媒体、立体特效、微缩实景、真人表演等表现手法，创新诠释传统艺术。从2015年至2016年，济南、芜湖、宁波的方特东方神画相继开业。目前，"华夏历史文明传承主题园"已落户郑州等地，正在建设中。

整个园区由8大主题区、29大独家主题项目及1000余个非物质文化遗产小类组成，有牛郎织女、决战金山寺、化蝶传说、孟姜女等观赏型项目；有七彩王国、九州神韵等表演型项目，更有丛林飞龙、极地快车、仙岛探秘等游乐项目；也有展现各民族风情的节庆广场户外项目。可以看到，从方特欢乐世界到方特梦幻王国，再到已在其他地区开始运营的方特东方神画，中国传统文化与现代科技的联系越来越密切，传统文化在游乐型主题公园中的分量也越来越大。

B. 方特复兴之路爱国主义教育基地

以1840年鸦片战争到21世纪初这170多年的史实为背景，表现中华民族在苦难中奋起抗争，多方求索民族和国家出路，寻求实现民族复兴的历程。

目前，"复兴之路爱国主义教育基地"已经落户郑州、宁波和芜湖等地，正在建设当中。

C. 方特明日中国主题园

明日中国主题园是以未来美好图景为主题，以未来科技发展为主线，将我国在环境保护、能源科技、智能技术、航空航天、海洋科学、交通运输、网络通信、生物技术等多个科技领域所取得的辉煌成就进行了展现。[①]

2. 科技与文化结合提升趣味性，但没有展现内核

从游乐项目上来说，方特欢乐世界与方特梦幻王国的项目主要分为真人表演类、4D 电影类、室内机械项目、室外机械项目这四类。这些项目的特点是：体验式审美：通过真人表演结合 VR 技术，提升传统故事的艺术表现力和感染力；互动性观影：通过 4D 电影和室内机械的结合，增强观影的互动性和趣味性。以方特东方神画的项目举例：

（1）体验式审美观影

A. 真人舞台表演：化蝶传说，采用裸眼 AR 真人舞台表演，带游客重回梁祝的凄美故事。

B. 立体巨幕电影：通过科技手段融合传统文化，带来体验式审美观影的重要形式，"九州神韵"通过全亚洲最大的立体电影巨幕，讲述了华夏文化发展历史。"雷峰塔"和"女娲传奇"都是立体电影结合 darkride 打造综合性表演项目的典型，利用升降座椅、喷雾喷水特技和多角度机械特技等科技手段，打造视觉体验之外的包含触觉、听觉等多方面感官体验的逼真观影效果。

C. 实景虚景组合观影："长城绝恋"利用已有建筑投影和大型可控运动球形阵列再现"孟姜女哭长城"的经典传说。"天河之

[①] 《郑州"华夏历史文明传承创新示范区"再建三期新项目——郑州新闻——中原网》，http://news.zynews.com/2014-12/21/content_9977405.htm。

恋"同样也是采用实景与球幕相结合的方式，打造逼真的星空银河特效，重现牛郎织女鹊桥相会的场景。"梨园游记"巧妙利用园区实景建造的牌坊和酒馆，楼阁与戏台，采用360°立体影像和全方位声效，游客乘坐自动寻迹无轨车绕园，在真实的戏台内体验科技模拟戏曲环境，观赏名角经典戏曲演出。

（2）互动性表演活动

歌舞节庆广场，在开放性的表演场地，于表演中融入与周边观赏游客的互动活动，在具有感染力和带动力的舞蹈中使游客亲身感受传统民俗表演的魅力和各民族节日庆典的欢乐气氛。七彩王国则是水上的观赏项目，游客乘船穿梭河上，欣赏河道两岸颇具特色的民族特色歌舞表演。

此外，"非遗"小镇作为主题公园内江南水乡风格街景体验区域，融汇了全国各地非遗的名吃、传统手工艺品和民间技艺表演，游客走进景区观赏的同时也饱览了非物质文化遗产的魅力。

（3）科普性娱乐项目

"烈焰风云"和"仙道探秘"分别取材于《西游记》火焰山和"徐福东渡求仙药"的经典传说，采用抓举式多自由度动感轨道游客车系统和水上滑倒项目，让游客在惊险刺激的游玩中，身临其境地感受翻越火焰山和穿越仙岛迷雾的故事。"决战金山寺"和"大闹水晶宫"则都是乘坐大型多角度变化游览车，亲临《白蛇传》和《哪吒闹海》现场的娱乐性科普项目。

主题公园作为"体验性"游乐场所，通过以上方式，使得游客在传统的室外机械性娱乐以外，在感官刺激、逃避现实、科普文化等需求上也能得到满足。不过对于方特来说，目前选取的文化类型还较低龄，传播方式和角度还不够深入，在做到娱乐和基础科普之余，深入挖掘文化内涵还是需要加强的方面。

（1）感官刺激

通过机械性游乐设施及声光表演达到视觉和听觉等生理上的感官刺激。例如过山车、海盗船通过极速和旋转带来失重眩晕感，4D电影通过科技手段带来立体观影体验。

（2）逃避现实

主题公园区别于一般公园的特点正在于为游客建构了一个完全独立于现实的第二世界，通过其园区规划与外部建筑等硬件设施，加之园区表演等游乐项目，让游客放松身心置身于主题公园的"主题"之下。

（3）科普文化

在放松身心的同时，主题公园作为一种文化内容的商业性表达，通常在无形中起到了教育、普及的作用，将其所要展现的文化内核通过游乐观赏的方式传递给游客。同时，这也是主题公园作为家庭型游览场所的原因之一。

3.品牌内容产品及服务的拓展和文化产业链的完善

主题公园通过把娱乐、餐饮、购物、休闲、文化、教育等多种功能串联起来作为指向，创造出一种全新概念的主题公园范式，其中包括制作卡通人物的电影，多渠道的文化传播等前期影响，科学的人力资源与服务质量管理的中期影响以及主题公园建成后产业联动的后期影响。通过公司的自有品牌，包括卡通人物、零售商品、传播媒介等，使主题公园成为一种全方位、多角度体验快乐的休闲娱乐目的地。

（1）特种电影

华强方特拥有目前国内规模最大、种类最多、设备最齐全、产量最高、技术最全面的特种电影专业公司，已成功研制出十多类特种电影，其自主研发的"环幕4D电影系统"输出美国、加拿大、意大利等40多个国家和地区，每年配套出口20余部影片。

（2）方特动漫

华强方特原创动漫作品《熊出没》系列在央视少儿等200多家国内电视台热播，多次在央视夺冠，延展至爱奇艺、优酷、乐视、腾讯视频、搜狐视频等国内一线视频网站，长居中国动漫网络排名第一；还出口了20万分钟，覆盖美国、意大利、俄罗斯、新加坡等100多个国家和地区，登陆Nickelodeon、Disney等全球知名主流媒体。

动画电影《熊出没之夺宝熊兵》《熊出没之雪岭熊风》《熊出没之熊心归来》相继于 2014 年、2015 年、2016 年寒假档登陆全国院线，分别以 2.47 亿元、2.95 亿元、2.9 亿元的票房打破当时国产动画电影的多个票房纪录，赢得了观众和市场的广泛赞誉，口碑爆棚；并先后在俄罗斯、韩国、菲律宾以及秘鲁、哥伦比亚等多个拉美国家和地区的影院上映。

华强方特动漫作品连续两届荣获中宣部第十二届和第十三届"五个一工程"奖以及中国文化艺术政府奖、广电总局优秀国产动画片一等奖、国家动漫品牌，法国戛纳电视节儿童评审团"Kids' Jury"大奖、美国休斯敦国际电影节雷米奖"白金奖"和"黄金奖"、意大利海湾卡通节普尔辛耐拉奖，入围韩国釜山国际电影节 BIFF Cinekids 奖、2015 法国 MIPJunior International Pitch Finalists 决赛和法国昂西电影节水晶奖等众多国内国际大奖。

（3）主题演艺

华强方特打造"丛林的故事""猴王""飞翔之歌"和"孟姜女"等多个国际顶级的主题演艺项目，艺术水平高超，呈现气势磅礴、美轮美奂的舞台效果。多部优秀演艺项目摘得中国舞蹈"荷花奖"当代舞表演银奖、2015 IAAPA "铜环奖"特别颁发的最震撼人心奖、2014 IAAPA "铜环奖"最佳现场演出奖等海内外专业大奖。

（4）文化衍生品

华强方特依托成熟的多元化产业发展基础，将特种电影、数字动漫、主题演艺、文化科技主题乐园、文化衍生品等相关领域有机结合，[①] 广泛开展文化衍生品的自主创意开发设计、品牌授权跨界合作、市场销售渠道搭建，已有涵盖玩具、文具、音像图书出版物、服装鞋帽、家居家具、电子产品、食品、体育用品、手游等二十多类两万余种产品上市销售，极大提升了品牌附加值。

---

① 《文化衍生品_ 文化产品内容及服务_ 主营业务_ 华强方特官方网站》，http：//scholar. google. com/schhp？ hl = zh – CN&as_ sdt = 536311331f022425c9c629975249b9d8。

目前郑州方特欢乐世界内的餐饮主要有嘟比汉堡、西部餐厅、情牵一线面馆，衍生品零售店主要有嘟比卡通世界、方特欢乐生活、恐龙礼品店、海螺湾礼品店；方特梦幻王国主要有熊记汉堡、食全食美、临水餐厅，衍生品零售店主要有熊出没之欢乐礼品屋、魔法学校、嘟噜、嘟比礼品店、民俗坊等。但以目前发展来说，郑州方特的餐饮和衍生品发展同样具有发展不完善、创新性不足等问题。

方特把单一的游乐场发展为集观赏、娱乐、科普、购物于一身的主题社区，把原来由游客主动寻找单一的娱乐方式转变为被动地享受丰富多彩的多元化快乐。[1] 更重要的是，从文化传播的角度来说，为传统文化在当前时代的展现提供了一个平台，使得各地文化在此得到交融、传播与发展。但同时，如何解决文化差异与冲突的问题，是一个地区性主题公园欲发展成为全国性主题公园必须要认真思考的问题。一方面为了控制风险，在投资的战略中可实施与当地合资或是委托经营的方式，以此转嫁风险；另一方面，也可以通过本土的娱乐休闲产业公司了解当地在这方面的发展情况，学习经验。

（三）郑州绿博园——自然与文化的相得益彰

郑州·中国绿化博览园简称郑州绿博，位于郑州东区，面积2939亩，于2009年8月26日开工，累计完成投资14亿元。园内除了绿博会时打造的国内各省、市及相关行业的86个和8个国际友好城市修建的永久性展园外，还有观光塔、展览馆、音乐喷泉、综合服务中心等多项主体建筑工程；栽植各类绿化苗木700多个品种、63.5万株，园内开挖的枫湖，水面面积有260余亩。[2]

1. 绿博园的设计建造基于"景观生态学"

著名建筑学家吴良镛先生提出了在城市环境中建立"自然—空

---

① 于一可：《浅析当代欧美文化传媒企业的文化营销策略——以美国迪士尼公司为例》，《青春岁月》2011年20期。

② 《郑州·中国绿化博览园—我是一俗人—微头条（wtoutiao.com）》，http://www.www.wtoutiao.com/p/34527Ax.html。

间—人类系统"的理论体系，指出在现代景观规划中应注重研究文化、空间和生态学等各个因素的相互作用。绿博园的设计和建造基于"景观生态学"的设计方法，强调空间格局、生态学过程与尺度之间的相互作用，通过研究、构造各种空间形式来引导自然、生态、文化等因素，为主题公园的设计提供了新的思路和具有可操作性的方法。①

园区规划设计充分体现"让绿色融入我们的生活"的主题。绿化景观结构分为"一湖、二轴、三环、八区、十六景"，兼具生态性、休闲性、文化性、科学性等特点。

一湖为中心湖区"枫湖"；二轴为"绿色宣言"景观轴和"山水中原"景观轴。二轴线交汇于枫湖，形成全园视觉中心；三环为三个景观环，内景观环体现湖光山色的"绿博"美景。中间景观环主要为各类展园，为"绿博园"精华荟萃带。外景观环为背景森林带，是整个园区的绿色大背景；八区：全园分为入口区、枫湖区、展园区、湿地区、背景森林区、绿色生活体验区、休闲娱乐区和苗木花卉交易区八区；十六景：指外八景和环湖八景。外八景是指内环以外八景，包括挹秀亭、桃花源、多彩大地、果林花溪、森林剧场、科普园、北入口、东入口。环湖八景包括枫湖半岛、阳光沙滩、生态浮岛、观景台、演艺中心、东码头、西码头、南码头。中心湖水具有流水环绕、碧波荡漾、水绿交融、坡岛交接的水系特征。形成绿博园"一湖、二轴、三环、八区、十六景"的布局形式，使园区功能分区明确、空间结构清晰、景观特色鲜明。②

作为自然型主题公园，在园林建造中应注意以下几点：首先是作为主题公园的立意，以使造园所追求的意境主题能够与园区的景致规划相互融合与呼应；其次，应注意人造景物、园区规划与建园用地、植被等自然环境的相得益彰，尤其是自然类主题公园，更不

---

① 王欢：《现代主题公园的设计方法探析——以西安大唐芙蓉园规划设计为例》，硕士学位论文，长安大学，2009年，第19—20页。

② 《郑州绿博园 _ 图文 _ 百度文库》，http://wenku.baidu.com/view/e7b1399a5acfa1c7ab00cce0.html。

应为了刻意满足人为设计而去破坏原有的生态环境与自然意趣①；最后，在整体规划与景物布局分区上，应注意疏密虚实的设计与安排，从景物远近、植物高低明暗、园区间衔接过渡等的变化，在整个游园观赏活动中，借用传统园林的移景、借景、换景等手法，从视角、视野等变化带给游客丰富趣味的观景体验。尤其例如绿博园这类由多个展区组成的主题公园，更要注意不同景物组合展现不同主题意境以及多个展区共同融合于"绿色"这一个主题之下的意景相融。

2. 郑州绿博会展区

第二届中国绿化博览会于 2010 年 9 月 26 日至 10 月 5 日期间在河南省郑州市举办，"以人为本，共建绿色家园""让绿色融入我们的生活"分别为此届绿博会的主题和副主题，秉持"绿色、人文、和谐、创新"的理念，实现"生态绿博、人文绿博、和谐绿博、科技绿博"的办会目标。②

"绿博会"由室内展览、室外展园、绿色论坛、学术交流研讨及贸易活动等组成，其中室外展园是"绿博会"由主办方提供土地并完成主体园林绿化、基础设施建设等，再由各参展省市依据其各自文化特色结合当地代表性绿植打造的特色园林综合性展区。

郑州园将园区中心打造的"月祭坛（月季坛）"作为文化符号，展示了以黄河文化、炎黄文化、商都文化、大河村文化等为代表的"郑文化"，其主体构成来源于对甲骨文"商"字——"商鼎"的提炼，在此基础上融入市花"月季"，阐释郑州作为"商城"和"绿城"的双重概念。

在主体框架城池之下，"沙漏"置于天地之间，水晶月季位于正中地心接纳天地之精华；两侧"祥云"托起主体构架展示和谐进取之精神；主体形象厚重且充满张力，大气恢宏，传递出历史文化名城之渊源，展示了中原崛起的历史进程和未来科技进步发展的动

---

① 《园冶》相地篇主张"涉门成趣""得影随形"，不能"非其地而强为其地"。
② 《第二届中国绿化博览会会徽、吉祥物、主题口号揭晓》，《生态文化》2010 年第 1 期，第 20 页。

力，同时提示了美好和谐的人居环境。①

3. 以绿博园为代表的自然类主题公园的现实意义

（1）都市人的心灵家园：精神放松与身体放松的统一性

随着生活节奏的加快及环保意识的加强，都市人越来越多地开始追求"有氧"、健康、绿色的生活方式。自然型公园的存在，填补了这类人娱乐休闲的空缺。承受工作及生活重压的中年人群对于主题公园的娱乐性要求并不高，其看重的是自然环境的纯净与基础设施的舒适，相较于其他主题公园酣畅淋漓的发泄与刺激，他们更需要一片静域来安放焦虑的内心，回归宁静，调节压力。

另一方面，对于生活在都市的老年群体来说，其生活状况和娱乐场地也是一个令人堪忧的社会问题。广场舞大妈"侵占"广场现象的背后恰恰显现了老年人活动场地与放松场所的匮乏。区别于青春活泼，朝气蓬勃的青少年群体，居住在钢筋水泥的老年群体更渴望及怀念儿时与自然相伴的生活环境，自然类主题公园的存在也是解决老年群体娱乐休闲问题的一大助力。

此外，对于青少年儿童来说，亲近绿色，适当远离科技也大有裨益。

（2）贴近生活，融入城市

目前在河南省内所见的自然型公园，无一不是靠近郊区，远离市区，这样的区域选址出于面积的考量，可以为自然环境的培育提供良好及广阔的发展建设空间，但从实用性考量，自然型公园最佳的区域还应在城市之中，将绿化与自然公园相协调，巧妙地融入城市生活，为绿化城市空气质量及绿色环境作出切实的贡献，而不是逃离城市，将两者隔离开来。

（3）绿色主题园新风尚——潜力巨大亟待开发

从现有的主题园来看，河南省内民俗类文化主题园与游乐类科技主题园都在行业发展的先驱，无论从设计理念到园林规划还是游

---

① 《郑州绿博园 _ 图文 _ 百度文库》，http://wenku.baidu.com/view/e7b1399a5acfa1c7ab00cce0.html。

乐及基础设施乃至科技的应用，表演的融合都可以说是紧跟发展的潮流，而对于自然型主题公园来说，其发展就显得颇为滞后。

除了绿博园之外，其余此类公园大多都各自存在定位不清晰、主题不明确、基础设施落后、轻视宣传推广、配合服务不到位等情况。针对各个园区的特色，可开发养生休闲类、教育科普类、珍稀植物物种类、花卉类、植物雕塑类等各种类型。绿色主题园的发展潜力是巨大的，但目前开发商缺少足够的重视，在设计上缺少足够的挖掘。

三 目前主题公园在传承华夏文明上遇到的问题

（一）经营模式单一

从河南省目前的主题公园来看，无论是以清明上河园为代表的文化型主题公园，以方特为代表的科技机械型游乐主题园，还是以绿博园为代表的自然景观型主题公园都或多或少存在经营模式单一的问题。具体表现在：

1. 盈利模式多样化不足

我国主题公园在建设上，盈利模式较为单一。当前阶段，我国的主题公园盈利的来源主要是凭借门票的收入，单一的盈利模式增加了主题公园的运营风险。

因此，利润的来源一是门票收入，二是其他潜在消费，比如在餐饮和衍生品购买上，做到主题公园在衣、食、住、行上的全产业链发展，在增加盈利模式的同时，避免游客的消费疲劳，促进消费者游园的频率和积极性。

2. 主题设计多样化不足

主题设计需要体现出新意，这样才能保证公园的主题明显突出，吸引眼球。当前，我国的各类主题公园同质化问题较为严重，主要是由于缺少前期的市场调查，对地缘特质与文化脉络的考虑不足，却盲目跟从。主题的外延偏窄会使公园在将来的品牌建设上陷入被动，当消费者对其内容已经熟知后，新鲜感降低，景点的文化附加值就会有所降低。

此外，因为对主题与产品的研发认识不够，没有将主题公园的主题延伸纳入其发展的蓝图之中，很难实现主题公园的可持续发展的长期发展目标。我国的大多数经营失败的主题公园，普遍在生命周期上存在问题，最主要的就是主题公园更新换代的间隔很长，有的甚至从不更新。①

3. 园区建设和项目策划不到位

我国主题公园对一些体验项目的策划缺乏新意。一是徒有文化的名称，太过强调主题公园实体工程的建设，没有对文化理念做深度的挖掘和升华，只是对静态景观进行复制或者重现；二是项目设计形式化明显，片面做大做全，没有突出主题。三是仍以传统机械体验项目为主，大多数主题公园始终是通过大型机械设施来提供给游客感官体验，缺少与游客的情感互动和娱乐体验。

对于文化型主题公园来说，目前河南省内的此类公园数量不在少数，主题从丝绸之路到魏晋文化，基本充分挖掘了中原作为中华文化起源的优势，凡应涉及的人文典故历史都有涉及。但在资源开发的深度上还明显不足，目前已有的文化型公园大多数更类似于室外展览与室内博物馆的结合，较主题公园这一类型来说还有相当大的差距，创新性和娱乐性都明显不足，没有将文化资源进行充分地转化发挥，只是简单地罗列展览。

科技机械型游乐主题园相较于主题公园的概念来说是最为经典与传统的主题公园类型。方特作为全国连锁的游乐主题园，从园区建设到游乐设施以及现场表演的发展都站在同类项目的前列，但就传承华夏文明来说，科技手段与文化内核的结合尚处于表面。建筑方面的中国风，经典故事如梁祝、白蛇传等转换为现场4D表演，以及结合哪吒闹海做场内互动式观影，其实都只是在形式上做了包装创新，整体上没有深入结合内涵，会给游客一种"换汤不换药"

---

① 王忠丽：《论主题公园建设与城市旅游竞争力的提升》，硕士学位论文，河南大学，2006年，第60—61页。

171

的体验。河南省内的其他游乐型主题园，目前基本处于下滑态势，一方面是因为随着游客需求的增高，单一的机械玩乐已经不能满足其身心放松的需要，另一方面原因是没有强大的资金支持，设备老化、装修陈旧，导致此类公园几乎无路可走。依目前来看，此类游乐型主题园若想取得长足发展，还需要类似国外迪士尼、国内方特这样的发展成熟、具有规模的公司作为依托。

自然景观类公园在公园作为花园发展伊始，是最古典的公园类别，类似于我国古代园林的形式，种植花草，修建亭台楼阁，供人们放松休憩使用。其在发展当中曾被机械型游乐园的风头盖过，但发展到今日，随着环保概念的提出，都市人亲近自然意识的加强，自然景观类公园又迎来新的发展契机。但目前河南省内乃至国内的自然景观类主题公园的发展都不太尽如人意，基本处于基础的绿植覆盖和园区建设阶段，创意匮乏，同质化严重，经营模式单一，在经营模式上大多处于政府扶持的半免费状态。

（二）服务意识不强服务能力较低

主题公园因其特殊性，具体商品形态始终在变化，它不单单是提供商品或娱乐的场所，更重要的是提供服务。当下，经营者们缺乏足够的服务理念，对主题公园的商业化缺乏足够认识，对公园的服务质量不够关注，员工的服务意识有待提高。

主题公园提供的服务内容与其他服务领域的内容有很大不同。游乐设施及配套的餐饮和购物构成了主题公园不同层次的消费市场，这就意味着任何一次消费都离不开游客与公园的互动，所有可能出现的消费行为都与游客对园区服务的感受有着密切关联。目前国内的大部分主题园存在的一个明显问题就是服务意识不够强，主题公园从属旅游业归于第三产业当中。但作为服务业来说，主题园的服务意识还不够强。在完善园区建设、丰富园区内容的同时，游客的游玩体验是非常重要的内容，直接决定着园区的人际口碑与盈利水平。但是目前主题公园的建设，仅从发展较好的三家公园来说，人性化服务水平还有待提高。

首先，在公园的基础设施建设中，游客体验的水平不能保证。造成该问题的原因主要有两个：一个是对设备的硬件设施维护工作不够及时；另一个是管理体系和服务上不够严密。因为主题公园的机械设备在使用年限和承重范围等方面有着各自的标准，加上存在一些不合理操作和检修工作不到位、限流措施不合理等问题，导致游客的排队等候时间太长、园区景点的卫生整洁不够、游艺设备的运作经常处于超负荷状态等问题。另外，园区的路径规划，游玩项目的密度排列，人流疏散以及卫生间、饮水处、垃圾桶、游客休息中心等基础设施的建设都不够人性化，在省内乃至国内的游乐园中，无论其发展程度如何，都经常能见到游客汗流浃背，在花坛草丛处席地而坐以及在卫生间门口排队的现象。可以说，在这些最基础的人性化体验服务上，国内的大小游乐园都有很大的提升空间。此外，国内的很多主题公园都缺乏基础设施完善意识，存在交通配套设施不齐全、道路的指示标不清晰等问题。

其次，目前一些主题公园在完善游玩体系的同时，也在开发饮食、住宿、衍生品服务，说明其具备一定的游客服务意识。但在执行方面，因经验的欠缺及管理的僵化，存在餐饮住宿的种类很少、相关衍生产品质量较差、设计重复等问题。园区内的饮食价格普遍虚高，而质量明显低下，经常能看到游客自带零食，或是餐厅门可罗雀，游客景区排队吃泡面的场景。在衍生品方面，我国目前的故宫系列发展开拓了新的思路，但就一般景区而言，衍生品不够具有特殊化、新颖性及实用性，作为文化型主题园来说，刺绣、木版年画等传统手工艺需要创意性销售，而不是僵化售卖。游乐园里传统的毛绒玩具、吊坠等低龄化玩具与主题园外玩具商店里的并无差别，除儿童外，其他游客很难产生购买的欲望和理由。

最后，服务人员与游客直接互动，他们代表着公园的形象，关乎着游客体验的质量，在呈现主题的体验氛围上作用突出。我国的主题公园普遍存在着服务人员素质水平不一的问题，他们大部分都缺少专业的培训，并且对主题公园的文化认识也比较浅；在对服务内容的认识方面，从具体的工作人员到管理阶层，都属于被动提供服务，缺乏积极的态度和主动意识，没有将自身和游客融为一体，影响游客对主题公园的归属感。很多主题园基本上除了售票处外，很难见到服务人员，游客出门在外的意外事故求助途径不通畅，而辅助于园区本身游乐的工作也不到位。迪士尼的人性化管理及服务的故事经常在网络上流传，游客在那里不仅可以通过园区内的设施享受到乐趣，更可以从整个园区的游玩体验、周到服务得到心灵的慰藉与精神上的放松。

（三）宣传力度薄弱

主题公园在类型上属于服务产业，其受众在年龄层上也较低，在新媒体渠道层出不穷的今天，针对这类消费人群，在新媒体上的宣传渠道还是很有效的。目前省内乃至国内的主题公园在宣传上还存在宣传意识不强、宣传系统不完善、宣传渠道过窄、宣传能力薄弱得问题。其采用的仍是电视广播、车载广告、传单等传统传播形式，传播渠道很窄，传播效果不佳，加之传播内容单一，其内容大多为优惠票价信息，在宣传策略上整体还处于较为低级的阶段。

另外，大多数以政府为主导的文化型、自然型主题公园主要以传统媒体的新闻稿宣传为主，而游乐型主题园主要以落地化的优惠宣传为主，层次较低。这导致受众无法对每一座主题公园形成有效的品牌认知和差别差别，且易造成主题园脱离受众，服务反馈接受不及时，公园发展传递不到位的双向沟通困境。

四 华夏文化在主题公园传承上的建议

（一）丰富经验模式，形成自我品牌，完善产业链条

1. 从整体工作到局部的完善

第一，从公园的整体层面上进行工作，做好选题工作，不盲从，不固化；第二，立足于公园的不同类型和主题，对公园整体的主题做进一步分类，依据各个类型的主题化操作，来加强公园的整体建设；第三，加强主题化与内部产品的关联。从这三个层面来实

现从整体到各个区域分类，从抽象的主题文化到具象的文化符号体现，从创意性思维到商业化操作的实现。①

2. 促进多样性的发展

依据派恩的相关理论，消费者往往会对自己不了解的事物产生浓厚的兴趣，然后生出体验的想法。

现代主题公园的发展具体包括以下两个内容：一是在主题选择上的多样性。主题的成立要突出个性：无论是古代的主题，还是异国风景、魔幻的城市、未来的国度等，都是较佳的选择。时空维度的变换和地域之间的不同可以满足消费者对多样性的需求。其次，是内容的持续更新。在主题公园建设完成后，已有的景观具有某种程度的稳定性，在这个基础上提高主题公园内容的创新水平，缩短产品更新的周期时长，提高主题公园的重游率成为关键。迪士尼乐园运用"三三制"的产品创新理念：即每年都要淘汰 1/3 的硬件设备，新建 1/3 的新概念项目，每年更新或补充 1/3 的娱乐内容和设施。从园区装修、园区服务、游乐机械到真人表演、动画放映都应保持主题性。②

3. 树立商业化概念

主题公园应通过主体化的力量，利用内部的合作来尽可能多开发全产业链商业性的可能。现代的主题公园更应是综合性的游憩空间，其盈利模式也应该是多元化的。主题公园在建设之初就应考虑"吃住游行"全产业链模式，并考虑其配套基础服务设施与公园接待能力是否相匹配，是否能满足游客多元的消费需求。

在不同类型的消费形式之间整合优化，使其相互提供支持，制造尽可能多的消费机会，建立主题公园内各个游乐区域组合式消费的基本类型，此类型可描述为"游乐设施＋配套商品＋支持性餐厅"。做到同时满足游客感官、情感、消费三重需求，在主题公园这同一个消费环境中变换出多样的消费形式，避免产生消费疲态和

① 郭融融：《迪士尼快乐文化传播研究》，硕士学位论文，上海师范大学，2009年，第25—26页。

② 于德珍：《试论旅游主题公园与节庆活动的组织》，《大众科技》2010年第6期。

消费逆反心理。

要达到以上目标，就要打造高质量的游玩体验、传递令人深刻的文化内涵、提供高质量的服务，主题化的消费模式可以把更多的文化要素与符号含义融进整体的消费过程，让顾客将单纯的商品购买欲望转变为享受性的感官体验。

（二）增强服务意识，提高人性化水平，发展体验型文化产业

主题公园与传统公园的不同之处有几点，其中一点是创意性感受，主题公园为消费者提供有很高体验价值的项目。

现代人对休闲娱乐活动提出了更多样性范围更广的全方位的需求，除了传统意义的观赏性活动外，更希望观看到动态的、有更多互动的景观。主题公园是典型的新型公园，它拥有普通游玩和观赏、休息等诸多项目，其中拥有动态性的景观是构成整体的关键组成部分。动态性景观设计最常用的手法是角色扮演、具有地方特色或传统风俗的表演、互动性游戏等。创造体验性景观的意义在于建造与公园主题一致的环境，从现实的烦恼中解脱，获取更多的轻松感。

第一是科技标准。主题公园的科技标准决定了公园制造想象空间的水平。主题公园要通过借助高端和制作技术来打造园区景观，营造多样的园区氛围，还要利用比较超前的机械设施来支持出现的灵感，让它为具体的游乐项目提供支撑和服务，带给消费者更新鲜也更安全的感受。其中，互动与参与其中是现代娱乐项目的重要部分，先进的科技手段为实现互动性文化体验提供了技术支持。

第二是表演和服务相结合。表演性服务，将员工的工作和主题公园企业的文化相结合，可激发其工作主动性和创造性。最先提出情感劳动的是霍克希尔德先生，他把它定义为"创造一种容易观察到的面部和肢体表现而进行的情感管理"。在主题公园更应格外注重这一点。

若将主题公园比作一个舞台，员工在主题公园内的工作活动就可称作为表演，作为主题公园的演员，员工通过其"表演"带给游客的情感体验。除了做到基本的温和有礼、文明亲切外，还应具有主动服务和互动意识，深层次地理解公园文化。此外，还要依据岗位的不同特质制定具体的规定和细则。

除员工的服务互动意识外，还要通过外部条件达到主体化服务的要求，如身着特定角色的服饰，融入情境当中的语言和动作等，使得员工的活动能够与主题公园景区完美融合。此外，与消费者进行沟通交流也是直接获取其对服务质量的反馈的最有效方式。迪士尼乐园服务四要素——"SCSE"即安全（safe）、礼貌（civility）、表演（show）和效率（efficiency）为员工服务提供了衡量标准，具有很强的参考价值。[1]

通过对员工的教育培训以及园区体系、奖罚制度的建立完善，来保证员工的服务质量。此外，注重来自游客的对服务质量和游玩体验的反馈，也是需要着重注意的一方面，以游客的需求为起点，将游客是否满意当作衡量服务质量的评估方法。

第三是提供多层次的教育体验。派恩曾提出体验经济的重要意义就是完成消费者对自身的改造，人们希望通过教育体验来获取自己不了解的知识和信息，提升自我认知和社会回归。[2] 主题公园的景点除具有美学特性外，还具有丰富的文化内涵，使游客能在轻松、愉快的游乐过程中接收主题公园所要传达的文化信息，在无形中、游乐中收获知识，这也就是我们常说的寓教于乐。

首先是文化主题的选取。主题的选取要保证新颖，也要重视文化内涵的持续发展。每一个较为成功的主题乐园都少不了较深层次并且具有持续发展能力的内涵来支持。其次是文化内涵的挖掘与创新。借助已经分析出的深厚文化内涵来对公园做整体的打造，保证用文化魅力打造主题公园引领创新与时尚。这要从动、静两方面的工作来入手。

---

① 张佃青：《基于顾客价值的服务接触管理对策研究》，硕士学位论文，山西财经大学，2006年，第48—49页。

② 罗艳艳：《民族主题公园景观设计研究——以"云南民族村新建民族村寨"工程为例》，硕士学位论文，昆明理工大学，2005年，第50—51页。

（三）增强宣传意识、拓展宣传渠道，树立品牌形象，利用新媒体增强双向互动

将主题公园作为获取文化意义的地方，将各类消费形式做调整组合，加上电影和电视机等新媒体工具，为其建立起较为具有代表性的品牌形象和完善的品牌文化体系，增强与游客的双向互动反馈，拓展宣传渠道，利用新媒体吸引更多受众群体，并在这个过程中不断加强已有受众的忠诚度。

首先，可通过园区内的文化符号进行传播，再依托游客体验带来的人际传播为主题公园营造好的口碑印象。例如戏剧表演、公园游行、蹲点合影、餐饮住宿娱乐等补充方式，把文化符号与主题公园进行多层次的组合，通过品牌之间的协作和互相促进实现全产业链效益的最大化提升。

其次，利用多媒体渠道对主题公园进行大众化传播和定向传播。从性质上说，两者兼有传播媒介与渠道的功能。一方面主题公园可以与各类媒体在园区内进行合作；另一方面媒体网络也为主题公园的广告传播提供了良好的媒介支持，如网站、移动端的信息更新，游览行程的预定，园区表演的线上观看，以及通过在微博、微信等社交媒体的活跃度培养客户忠诚度等形式，充分发挥大众传播对消费者的影响力。此外，还可利用互联网大数据的支持，向对主题公园或文化产业相关领域感兴趣的受众进行有针对性的定向传播。

最后，利用全产业链互动的方式，将文化产业的产品同时作为宣传渠道，在主题公园、媒体网络、影视娱乐、零售消费品等方面，多渠道、多方式地建立起主题化品牌，使得主题公园的文化内核能够通过多层次的媒介以多样化的方式进行发掘和传播，建立起从产品到渠道不断更新的良性循环。

附

一朝步入画卷　一日梦回千年
——访清明上河园董事长周旭东
采访人：汪振军　杨航西
2016 年 3 月 24 日

　　新闻出版在传承华夏历史文明中扮演着重要的角色，新媒体技术的不断发展为新闻出版业带来了新的机遇和挑战，在不断更新的传播载体和变化万千的传播环境中，河南新闻出版业目前的发展情况怎样？如何更好地传承华夏历史文明？如何做好新老媒体的现代融合？如何打造新闻出版品牌？我们带着上述疑问，在 2016 年 3 月 22 日上午采访了河南人民出版社副总编辑蔡瑛。

1. 问：您对开封是否有特殊的情结，打造清明上河园的初衷是什么？

周旭东：我是半个开封人，奶奶是杞县人，老家在商丘睢县和开封杞县的交界。清明上河园（以下简称"清园"）项目最初是国家旅游局第一任局长韩克华先生提出的。韩先生是河南滑县人，在他的推动下，开封在 1988 年建成了仿宋商业街——宋都御街。1992 年，韩克华先生来汴考察，建议深入挖掘开封作为千年古都的历史底蕴，充分再现北宋的辉煌文化。

　　就此，开封政府开始整合旅游资源，提出了打造"大东京旅游城"的概念，清园在当时作为其水系工程的一个节点。1994 年，已进入筹建阶段的一期工程因各方原因被迫中止，历经了长达 4 年的搁浅期。

　　1998 年，开封政府与海南置地实业有限公司（以下简称"海南置地"）重新就该项目进行了商讨，清园于同年 3 月重新启动。我当时已调任海南置地河南分公司副总，通过前期了解对这个项目很有信心，加之在北海有过做娱乐旅游业的经验，便水到渠成地担任了清园的负责人。从 1998 年"五一劳动节"到 2016 年 5 月，不知不觉已经在清园奋斗了 18 个年头，我从 42 岁走到了花甲之年 60 岁。

2. 问：众所周知，清明上河园是按照原图 1:1 的比例建造，在由"图"到"园"的落地还原过程中，是如何做到形神兼备的？

周旭东：一期工程"南苑"以北京故宫博物院的《石渠宝笈三编本》为蓝本打造，1:1 呈现了从虹桥到城楼门、再到城内街道的真实图景，展现了北宋独具生活气息的市井文化，传递普通阶层的民俗风情。在接下来的计划中，我们将会把郊外的自然景观也做一个概念上的还原，力求向游客呈现一个最原汁原味的《清明上河图》实景画卷。

在张择端的原作中可以看出，画作的高潮部分是虹桥上的汴河漕运片段，人物间的冲突与张力也在这里体现得最为明显，他为什么选择了将重心放在内城与郊外的结合地带呢？

画作里的虹桥①是方便过大船的拱桥，大船到这里就要停泊了。虹桥作为沟通汴河两岸的节点，自然而然就形成了热闹的河市。在古代文明当中，在看似清净的郊外能够发展出一个如此繁荣的商业场所是不多见的，而这种繁荣恰恰就是漕运带动的。清园的实景表演《汴河漕运》就是由此而来的，我们刚开始只有三四条船，后来增加到 20 多条，就是为了把静态的历史变成活态的历史，更加真实地再现漕运繁忙的景象，让游客能够感受历史的温度。

二期工程"北苑"占地将近 250 亩，风格定位为皇家园林，以台北故宫博物院、由清朝宫廷画家所作《清院本》为依据打造。此外，我们还增设了"皇家百戏"项目，将水傀儡、皮影戏、蹴鞠、斗鸡、马球等民间传统游戏引入清园，希望通过古代的娱乐活动来满足现代人的娱乐需求。

---

① 《东京梦华录》载："自东水门外七里，至西水门外，河上桥十三。从东水门外七里，曰虹桥，其桥无柱，皆以巨木虚架，饰以丹艧，宛如飞虹。"

3. 问：除了一期、二期的景观建设，实景表演也是园区的一大特色，清园是如何将历史典故结合园区建筑来进行创新性演绎的？

周旭东：2014 年，我们计划利用马场的资源，结合历史典故《岳飞枪挑小梁王》做一个马战的表演，这是《说岳全传》的一个知名桥段，刘兰芳讲了那么多年，大家都耳熟能详。我们联系到杭州一家专业文化公司，将现有马场进行了改造，打算集结目前国内最好的马战元素，充分发挥园区的设施与文化优势，将其打造成一场震撼人心的表演。2014 年的"十一国庆节"长假，《岳飞枪挑小梁王》的马战表演一炮打响，到现在仍是长盛不衰，每逢旺季，游客甚至会提前 1 小时去占座位。

2015 年 10 月，清园又启动了《大宋·东京保卫战》，再现了金军攻打西水门的历史剧目。为此，我们专门咨询了河南大学旅游规划中心的刘坤太教授，对水门①的历史进行考据调研。刘教授现在已成为清园的文化旅游顾问。清园本身完整的内部水系构造，加之专业团队的打造、先进技术的支持，《大宋·东京保卫战》一经开场，便收获了各方好评。

除了大中型实景演出外，清园还在各个景点适时安插了各类小型表演：王员外招亲、大宋科举、蹴鞠、斗鸡、水傀儡、高跷、编钟乐舞等，每天大概有上百场的演出。我们希望通过这些将由《清明上河图》静态的画卷变成活动的画卷，把北宋东京静态的历史变成活化的历史，游客可以走入，可以触摸，可以通过亲历历史的方式来获得历史穿越感。

4. 问：园区内可以看到很多商铺及民间传统工艺的展示，在传承非物质文化遗产方面清园目前有怎样的规划？

周旭东：在清园，我们提倡商家通过现场展示向游客传递古作坊文化与手工制作的魅力、再现宋朝手工业发达的盛况。

---

① 《宋史·地理志》载："汴河上水月，南曰'大通'、知北曰'宣泽'。汴河下南曰'上善'、北曰'通津'。"

清园近期组织了一批商户到各地学习考察，下一步还计划把商铺进行整合，针对各自特色分别设置主题。我们的目标不只是促进商品销售，而是要提升门店的文化氛围、展示传统手工艺内涵。

当游客一踏进民俗街，就会看到一幅活动的日常生活图景，身着宋代服饰的人在这里耕作生息，有打铁的、雕木工匠，还有弹棉花的、刺绣的、做擀面杖的……让游客亲身体验作为普通北宋居民的生活状态。

科技越发展，生活越便捷，同时也意味着我们离现代化越近，离古代就越远。我们的目标之一就是要把清明上河园打造成中国非物质文化遗产的展演基地，让那些逐步消逝的文明在这里再现，那些渐渐远去的精神在这里复活。

5. 问：目前，清园在旅游纪念品的开发上面临的问题是什么？是否考虑借鉴故宫衍生品的发展经验？

周旭东：第一，在旅游产品的设计开发上，我们的经验与水平还有明显不足。第二，旅游产品的整个产业链发展还不完善、体系还不健全，产品设计商和生产商间的联系不够密切。台湾在这方面基本上实现了一体化，台北故宫的衍生品种多达2000多个，可我们是脱节的，仅有几十个品种。第三，目前的游客层次较低，加上纪念品缺乏特色，消费水平还跟不上来。

6. 问：在园区内的非物质文化遗产保护和传承上，清园具体做了哪些工作？

周旭东：我认为市场化保护才是最好的保护。上海社会科学院一位专家谈到，日本有一个地域文化设计专业，专门研究以地方手工艺打造地域文化。我们对于文化产品的开发，也要借助专业性的设计公司。

对于"非遗"保护，除了与民协保持密切合作外，市场化也尤为重要，通过利益来延续民间艺术传承，吸引更多珍稀手艺人的加入。在园区里，哪些手工艺品卖得好，其传承人也一定不缺，一个木雕手艺人的年收入就能达到十几万、二十多万元。

7. 问：随着科技发展和人们生活方式的变化，清园下一步有什么样的发展规划？

周旭东：清园第三期准备做高科技动漫体验系统，打造4D馆。初步定位是：飞行影院——飞越大宋东京；黑暗乘骑——岳飞大战金兀术；4D动感环幕《清明上河图》宋代密室逃脱——包公断案；室内的高科技演出以及机器人餐厅，将现代机器人包装成宋代的店小二形象。通过年轻人喜爱的方式来拓展受众，吸引更多30岁、20岁以下的游客群体。

此外，南苑还计划扩充驿站、打造民宿民居区，客房预计要达到300多个，再加上东京食坊的特色饮食，来打造吃住游玩一条龙的游乐体验。

8. 问：偏文化型的主题公园引入高科技，有没有被游乐型的主题公园同化的担忧？

周旭东：没有这个担忧。因为文化能够快速传遍全世界靠的就是科技手段，科技手段并没有不同，不同的是文化内核。凡事都有一个过程，技术都可以拿来用的，是人类共同的智慧结晶，至于怎样通过它打造不同的文化表现形式，要看具体的文化内核有怎样的表达诉求。

9. 问：清园已经做得很成功了，河南有这么多资源，以你的经验来讲，省内哪些资源还可以进行文化产业开发、建设主题公园？

周旭东：河南省内的文化资源很丰富，洛阳、安阳、许昌、郑州都曾是古都，拥有丰富的历史遗迹和文化底蕴。除了需要把文化和旅游巧妙地结合在一起，还要考虑地理交通、市场需求、政策商机等诸多因素。现在迪士尼乐园已经进驻上海，海外品牌带来的竞争对本土品牌的树立是一个挑战，要想站住脚跟，起点就要高，由此会带来不小的压力，但同时也是难得的机遇。

"十三五"规划提出"大力发展旅游业，支持发展生态旅游、文化旅游、休闲旅游、山地旅游等"，可以看到，未来旅游业的发展主要还是靠主题公园引领的。美国有很多的自然景区，但接待量还是有限，反观游客最多的还是迪士尼乐园、环球影城这类主题公园。

就河南省来说，从开封到郑州这一带，目前已经有绿博园、方特欢乐世界、方特梦幻王国、方特水上乐园、银基水世界、开封·清明上河园等一系列主题公园，此外我们还计划合作打造中牟野生动物园，加上在建的华特迪士尼衍生品基地，郑汴地区的主题公园已经无形中发展成了一个旅游文化产业链和聚集区，借助这个势头，我们期待它能打造出一个媲美奥兰多①的世界级游乐休闲区。

（执笔人：杨航西）

---

① 奥兰多位于美国佛罗里达州的中部，拥有世界上最大的迪士尼乐园，美国境内最大的海洋世界以及由华纳兄弟与环球影城公司合作兴建的"哈利波特的魔法世界"，冒险岛乐园及其他众多旅游景点，是世界上颇受欢迎的几大休闲旅游城市之一。

第九章　河南文化创意与
华夏文明传播

文化创意是蕴含在文化产品中一种独特的内容与形式。创新性是文化创意产业的本质属性，只有在文化产品的生产和服务中提供独具特色的创意，才能获得消费者的青睐。文化创意能体现文化的独特性，同时也能使文化具有影响力。近年来，河南作为华夏文明起源地，逐渐利用起自身厚重的文化资源，打造了一批具有河南特色的文化品牌，成功推出了"信阳郝堂村""石佛艺术公社""二砂艺术中心"等文化创意产业园区。作为文化产业可持续发展的核心竞争因素：文化创意，成为传承华夏文明的重要手段之一。

一　河南文化创意产业发展现状

自 20 世纪 90 年代以来文化创意产业在发达国家逐渐兴起，2008 年金融危机的爆发，使文化创意的发展在面临挑战的同时也发现了新机遇，各国逐渐重视起文化创意产业的战略地位。随着经济全球化的发展，文化创意产业成为以创新性为核心的新兴产业。其中，英国作为最早发展创意产业的国家之一，充分将自身的历史文化融汇在教育、文娱、体育和旅游等产业中，以极强的服务性将文化创意与人们的生活紧密结合，通过创意不断拓展和满足不同层次人群的需求，由此涌现出了大量集聚的文化产业园区，带动着相关产业的发展。相比之下，中国在文化产业的消费性和创意性上还有巨大的潜力，亟待开采。

文化创意产业在我国处于不断尝试的萌芽阶段。地方政府借助国家战略环境给予支持，结合本地的文化背景，努力发掘自身的文化价值，探索科学可持续发展的文化创意产业发展模式，通过不断地实践、不断地探索，总结出具有自己特色的文化产业发展的道路。[1] 目前发展较为成熟的有北京 798、上海田子坊、上海 8 号桥创意产业园、杭州 LOFT49 新型创意社区、丝联 166 创意产业园、广州太古仓创意时尚园等。

近年来，河南省文化产业呈现出快速增长的良好势头，文化产业增加值年均增速达到 17% 以上，连年超过 GDP 增长速度。新兴文化业态快速发展，产生了良好的社会效益和经济效益。大力发展文化事业和文化产业，建设华夏历史文明传承创新区，有利于充分发挥中原文化的独特优势，展现中原风貌、打造具有国际影响的中原文化品牌，为建设中原经济区提供强大的文化支撑。具体的表现有：

1. 文化产业扶持力度增大

政府高度重视河南文化产业的发展，近年来，政府先后出台了《关于大力发展文化产业的意见》《关于加快文化资源大省向文化强省跨越的若干意见》等一系列重要决策，这些政策的出台都为河南的文化产业发展提供了较为完备的政策体系，奠定了基础和有力的支撑。与此同时，越来越多的人把目光从北京、上海、广州等文化产业发展迅猛的地区转移到河南，越来越多的人才加入到河南文化创意产业的建设大军之中。

2. 文化资源丰富

河南历史悠久，是我国古代文明发祥地之一。武术文化、宗教文化、饮食文化等异彩纷呈。作为中国古都的郑州、开封、洛阳，更是华夏文明的主要传承地，悠久的历史给河南留下了丰富的文化积淀。因此，河南进行文化创意产业的开发有着得天独厚的优势。

---

① 王菁：《798 文化创意产业园区发展对策研究》，硕士学位论文，中国地质大学，2014 年，第 1 页。

3. 河南利用自身优势发展了一批独具特色的优势产业。

随着网络、数字、信息技术的发展，动漫、网络游戏等新兴文化产业迅速增长，文化产业园区和集聚区方面也形成了较为合理的结构与布局。开封"宋城古都"被命名为国家级文化产业示范园区；2013 年 10 月，郑州市政府通过媒体传递意向，在中原区白鸽磨料磨具有限公司厂区进行工业遗产保护和文化创意园建设，短短几年，二砂艺术中心就发展起来；石佛艺术公社也朝着建设国际型园区的方向不断发展。

我们正步入一个创意时代，创意无处不在，并渗透到经济与社会各个方面。创意作为文化的推动力，将产生一个创意元素相互影响叠加的有益维度，文化创意作为风尚和潮流在社会上的传播会带来宽松的创作环境和多元的文化市场。文化生命力的标志主要体现在文化创意上，利用好河南优秀的文化，打造具有优秀品质的文化品牌是发展河南经济与文化的重中之重。

二 河南文化创意产业的案例分析

（一）石佛艺术公社：打造国内外一流艺术家的创作基地

石佛艺术公社，位于郑州高新技术开发区，2006 年起由旅美画家黄国瑞先生发起，随着多年来集聚效应的增强已经发展到拥有百余人的艺术家群体，是郑州市重点文化产业项目。

2006 年旅美艺术家黄国瑞先生回到祖籍郑州石佛村，在此地创建了个人画室，接着越来越多的艺术家入住石佛村，他们这里进行油画、影像、雕塑、陶艺等各类艺术创作。几年来，世界各地的艺术家慕名来访，石佛艺术公社的艺术家们还受邀到美国、法国等西方艺术之都开展艺术交流。他们相继举办的《三大纪律八项注意》《以公社的名义》《河南石佛艺术纽约展》等大型活动，均引起媒体和社会各界的广泛关注，石佛也被誉为继北京 798、宋庄之后中国又一当代艺术重镇。2008 年，德国艺术家在石佛村举办画展，石佛艺术公社在纽约 SOHO 举行联展，标志着石佛艺术公社在国际上受到了肯定，也展现出了其内在张力。石佛艺术公社是河南先锋文化的集聚地，是现当代艺术的重要标志，是把中国特别是河南文化输送到国外的重要桥梁。①

随着政府城市规划的落实，石佛村陆续拆迁。2015 年 11 月 17日，石佛艺术画廊作为石佛艺术园区首栋建筑开幕，并举行了《石佛石佛》当代艺术展，艺术展共展出 110 多位艺术家的精心之作。石佛艺术园区落成后，艺术家将告别以往工作的村落工作室，搬进现代建筑之中。新石佛公社是对老石佛公社的延续，也是升级。它不仅是一个艺术村落，更是一个彰显国际性和现代性的艺术园区。

1. 用艺术的方式重新赋予村庄活力

石佛村，是郑州高新区一个普通的村落，因为有了一群画家的入住而成为石佛艺术公社，它是河南省的首个画家村。这些艺术家通过建筑改造、景观改造或是业态植入等艺术的方式重新让村庄充满活力，这是艺术的独特之处，让传统村落的未来有了更多可能性。与美术馆、画廊等孤独的创造不同，艺术家的很多作品非常巧妙地融入在乡间、自然中。在这里，艺术家的创作与当地、当景紧密联系着。创作时村民也会热心帮忙并参与其中。比如黄国瑞先生根据卫星地图，把石佛村画了出来，画抬到了村民当中，让他们辨认自己家所处的位置，然后签上自己的名字，这种独特的互动方式引起了村民的兴趣，真正地把艺术与村庄融合在了一起。正因为这样，老石佛艺术公社形成了一种自然形态下的艺术群落。

2. 迈出大步子，与国际接轨

许多来自美国、法国、德国、意大利艺术界的知名艺术家都曾经来参观过石佛村，并对石佛艺术公社给予了肯定。这为石佛艺术公社要做国际型园区打下了基础。2006 年意大利著名艺术评论家莫妮卡来到石佛村，她的到访被认为是石佛在国际交流方面的重要一步。新石佛艺术公社的发展方向是一个大艺术区，作家、画家、

---

① 罗颖：《河南当代艺术传播的新生力量——石佛艺术公社发展探析》，《传媒观察》2010 年第 8 期。

诗人、导演等热爱艺术的人都可以在这里交流创造,不同门类的艺术家在一起交流进而迸发出更多灵感,创作出更多富有生命力的作品。同时,新石佛艺术公社将会建设国际艺术家交流工作站,国外的艺术家可以通过申请、评选后,拥有半年到一年的免费使用园区工作室的权利,这也给国内的年轻艺术家提供了一个可以了解国际艺术资讯,与国外艺术家进行思想碰撞的机会。

3. 艺术村落升级艺术园区

石佛艺术园区积极探索艺术家作品和市场商品化良性运作机制。2016年1月12日,由石佛艺术公社举办的《HOME——石佛当代艺术展》在石佛艺术公社画廊开展,画廊共展出黄国瑞、林禹光等七位著名艺术家22幅油画作品、一件装置艺术作品、两件雕塑作品。作品各具特色,吸引了不少艺术爱好者前来参观,再次掀起了一股"石佛热"。[①] 石佛艺术园区也在完善运营机制,培育产业链条,使这个市场自发形成的艺术集聚区走出一条适合其自身特点的发展新路子。在全面考虑社会效益、经济效益的基础上,努力让石佛艺术公社长久存续下去。[②]

(二)二砂艺术中心:郑州工业遗产的文化创意之路

工业遗产是一种独特的文化资源,对其进行有效的利用和保护有着非常重要的意义。目前国内对工业遗产的再利用有多种模式,与文化创意相结合建设成为产业园成为近年来最常见的做法。文化创意产业园的建设,有利于工业遗产的集中保护、统一规划和管理,有利于文化创意产业集群的形成发展。

坐落于郑州中原华山路附近的中国第二砂轮厂,1953年由民主德国援建,占地近800亩,是当时国内最大的砂轮厂,也是国家"一五"期间156个重点建设项目之一。它曾是亚洲最大的磨料磨

---

① 李明德:《从郑州石佛村到纽约艺术展》,《郑州日报》2008年12月25日第11版。

② 罗颖:《河南当代艺术传播的新力量——石佛艺术公社发展探索》,《新闻爱好者》2010年第16期。

具企业，号称"工业的牙齿"。1993 年，该厂成为河南省首家上市公司，更名为白鸽（集团）股份有限公司。砂轮厂厂区内一批建成于 60 多年前的老厂房，不只是郑州草根艺术家的聚集地，还是郑州第一批入选保护名录的优秀近现代建筑，也是郑州的地标建筑之一。①

与国内外发达地区相比，郑州工业遗产的研究和保护正处在起步阶段，市民对工业遗产的价值认同和保护意识有待提高，所以对其开展相关保护工作有着必要性和紧迫性。二砂的工业建筑独具西方建筑特色，与郑州其他工业遗产相比有着天然的保留价值。不管是从郑州工业发展史还是工业遗产现状与再利用的角度看，二砂都是郑州工业遗产再利用的首选。

2013 年二砂开始了艺术产业集聚的进程，期间政府针对河南的文化产业，出台了一系列相关政策予以指导和支持。二砂艺术中心的业态种类包括：工作室、展区、娱乐、餐饮、商铺、影视媒体等。具体的特点有：

1. 艺术与旧工厂的融合

第二砂轮厂由德国专家设计，波浪形的屋顶造就厂房结构，彰显着德式建筑的风格，同时厂房仓库结构开阔宽敞，园区可对其进行分隔组合，重新布局，将闲置的土地资源重新打造，把老工业融入到现代城市发展之中。② 二砂艺术中心充分利用第二砂轮厂的建筑特点和风格，根据艺术家自己的创意对厂房进行改造和创作。在这里，老厂房、旧仓库背后所积淀的工业文明时期的历史印记，更能激发创作者的艺术灵感，形成多种风格并存的艺术集聚地。

2. 整合文化创意产业优势资源

发展创意产业园区只利用已有的资源还是不够的，必须对资源科学规划，以统一管理的方式凝聚合力。2014 年，二砂创意 BOX

---

① 刘婵：《"二砂"不仅是文青的栖息地》，《河南日报》2015 年 12 月 24 日第 06 版。

② 朱一丹：《郑州西区工业遗产创意再利用研究》，硕士学位论文，广东工业大学，2013 年，第 37 页。

应运而生，在这里先由机构负责人出面租赁下比较大的厂房，然后将其分割后分租出去给各个创意工作室，入住的团队涵盖了包括室内设计、定制摄影、建筑设计、创意咖啡在内的文化创意产业的多种业态。创意 BOX 还设有大剧场、图书馆、会议室，既向各个工作室开放，也向大众开放使用。二砂创意 BOX 正是利用这些团队在业态上的相似与互补，规划商业业态，建立产业链，整合资源。例如，2015 年 7 月推出的新娘备婚创意派对就充分利用了这些资源，既有婚礼策划，又有场地提供，包括摄影、试装、咖啡、甜品。①

在二砂艺术中心运行了两年多后，郑州市政府两大投融资平台郑州控股公司和郑州地产集团共同组建了河南国创文化发展有限公司，对其进行打造升级，利用白鸽厂区工业遗址中的建筑打造"大房子 1953"文化创意产业园区，园区名字取意于 1953 年中央决定在郑州筹备砂轮厂，保护这份永不磨灭的工业记忆②。

（三）信阳郝堂村：新业态下的乡村文化旅游

目前，中国城市化进程在不断加快，逆城市化的势头也在不断上升。越来越多的人把视线转移到新农村建设之中，乡村的价值也在与日俱增。很多村庄大拆大建，去农村化现象严重。目前如何将乡土文化与新农村建设相结合，发展经济，打造特色农村是新农村建设的核心因素。

郝堂村位于河南省信阳市平桥区五里店办事处东南部，距离信阳市区 10 千米，郝堂村四面环山，溪水环绕。③ 2013 年 11 月 11 日，郝堂村入选全国第一批 12 个"美丽宜居村庄示范"名单，也

---

① 郑州楼市：《"二砂"的现在与未来》，http://mt.sohu.com/20150801/n417975847.shtml。

② 栾姗：《郑州最著名的文创聚集地"二砂艺术中心"整体搬迁》，大河网，2016年 4 月 24 日。

③ 王磊、孙君、李昌平：《逆城镇化背景下的系统乡建》，《建筑学报》2013 年第12 期。

是河南省唯一入选的示范村。① 旅游业带动了郝堂村茶叶、板栗、莲藕的销售，使其走上了生态效益、经济效益、景观效益、文化效益等多重效益并收的良性循环之路。2011 年郝堂村人均收入 4000 多元，2014 年人均收入达到 8000 元，该收入主要来自于观光、茶叶等。郝堂村的最大亮点就是用自然环保的方式建设美丽乡村，以乡村旅游为产业引导，加强基础设施建设，突出郝堂村原始的乡村风貌，开发乡村休闲度假生态旅游。

以前的郝堂村与大多数村庄一样，年轻人大多离家务工，只留下空巢老人，土地荒废，生活环境恶劣。而如今的郝堂村拥有整齐的水泥路，独具特色的豫南民居，时尚的 DIY 画室，配套整齐的幼儿园、学校、养老院、商场，整个村庄透露着田园气息，与城市的喧嚣形成了鲜明的对比。郝堂村的特色有如下几点：

1. 保留村庄原有的人文环境

郝堂村的建设是在保护当地自然环境、尊重当地历史人文脉络的前提下推进的，以自然生态、有机环保、可持续发展为主导，坚持不拆房，只修复。在保持村庄原有格局的基础上，根据郝堂村依山傍水的特色，针对每户村民居住的特点，分别设计出个性鲜明、新颖别致、风格迥异的原生态住房。② 郝堂村新农村建设着重体现建筑与自然、农民生产生活与山水环境相和谐，同时，为满足现实需求，郝堂村配备了客栈、农家乐、幼儿园、学校、养老院、卫生所、公厕、污水处理、图书室等公共服务设施，为目前一些新农村建设中的破坏生态问题提供了一套可借鉴的发展模式，有效地将人文与自然相融合，实现了村庄的可持续发展。

2. 加强村民的参与度

在新农村规划建设过程中，郝堂村充分尊重村民的意愿，提高村民参与的积极性。例如，每个房子的设计图纸都要经过户主的同意才能进行改造，户主也可以根据房屋的功能，与专家商议设计方

---

① 黄燕：《美丽乡村建设应处理好的几个关系》，《全国商情》2013 年第 13 期。

② 刘雯：《河南省郝堂村考察报告》，北京农经网，http://www.bjnyzx.gov.cn/zwgk/gz/201305/t20130522_ 315361. html。

案。同时郝堂村以顺应自然的"宜建则建，宜改则改"为原则，这就为新农村的建设减少了阻力。全民参与新农村建设不但加快了建设步伐，也产生了很多富有创意的设计与改造。

3. 探索环境改造和能源的循环利用

郝堂村最初的改变是从环境卫生做起的，村里给每家每户发两个桶，进行垃圾干湿分离，并邀请孩子当卫生评比员，挨家挨户查卫生，通过点滴的宣传、教育、引导，郝堂村的垃圾在一个月后开始逐渐减少。现在村里的生活垃圾分为两类：一类为可处理垃圾（如菜叶、果皮等）直接倒入农田，作为肥料自然降解；另一类为不可处理垃圾（如塑料制品等），村民做饭当作燃料直接烧掉。社区内不设垃圾箱，所有垃圾由村民自己处理。社区还修建有污水处理厂，村民生活污水经过污水管道排到污水处理厂处理后，流入河道，确保居民用水不被污染。[①]

4. 创新发展理念

郝堂村成立了村集体经济组织绿园生态旅游投资有限公司，公司经营古茶园 3000 亩，紫云英 3000 亩，香莲 220 亩，村民开办各具特色的农家乐、茶社、客栈等 20 余家，大力发展以生态休闲观光农业为引领的近郊乡村旅游。郝堂村居民围绕吃、住、行、游、购、娱等旅游产业发展要素，开展农家乐、农家客栈、农家特色手工艺品出售和乡村垂钓等旅游活动，并采取组团、散客、骑行、自驾等多种方式组织游客，满足了不同人的需要。[②] 同时，也为郝堂村带来了经济上的飞速发展。

发展新农村建设，除了郝堂村成功的发展模式之外，还可以借鉴乌镇模式。通过十多年的开发，乌镇成功创造了古镇保护与旅游开发的"乌镇模式"，将一个江南小镇打造成了一流的文化古镇。近年来，在文化方面，乌镇建设了乌镇大剧院，举办了高水准的戏

---

① 刘雯：《河南省郝堂村考察报告》，北京农经网，http：//www. bjnyzx. gov. cn/zwgk/gz/201305/t20130522_ 315361. html。

② 吴国琴：《乡村旅游引导美丽乡村建设研究》，《信阳农林学院学报》2015 年第 1 期。

剧节，改建了古戏台、沈家厅、老仓库等，这些都营造了浓厚的文化氛围，吸引了木心等一批文艺人士的青睐，将其作为寻找艺术灵感的圣地。乌镇精心打造的乌镇文化创意区，将进一步加大乌镇对知名文化艺术家的吸引力，像法国的普罗旺斯、德国的梅尔斯堡等世界知名文化小镇一样，成为艺术家的乐园和艺术的天堂。

（四）豫游纪：时尚与传统融合的原创品牌

旅游业在河南的发展速度越来越快，同时旅游纪念品的需求也在不断增加。目前在河南的旅游纪念品行业中，绝大多数产品缺乏创意，不同地方不同景点的纪念品千篇一律，不能反应地域文化特色。但是近几年迅速发展的河南本土品牌豫游纪却以其清晰的市场定位、富有设计特色的产品赢得了消费者的青睐。

走进豫游纪，扑面而来的是吉祥喜庆的视觉标识、斑斓的年画图案和形形色色的纪念产品，店铺内散发着浓郁的文化底蕴、时尚的设计美感及鲜明的民俗特色。家居抱枕、帆布包、手工钱包、骨瓷马克杯、手机壳、饰品等普普通通的日常生活物件，被重新诠释过的木版年画图案装点后，格外引人入胜。[①]

2013 年 9 月豫游纪成立，在短短两年时间内，豫游纪就发展了11 家线下实体店，包括三四百种产品，同时豫游纪根据不同的景区特点，采取了 80% 左右的相同产品，20% 根据景区设计的特点设计旅游纪念品的策略。豫游纪是河南本土原创文化品牌，以河南文化旅游业为立足点，深度开发蕴含河南文化民俗内涵、有品位、有代表性，并能提升河南形象的旅游纪念品，用独具河南文化特色的产品，积极打造一个时尚与传统融合的原创品牌。其具体特点有：

1. 用鲜明的个性和文化品位凸显地方特色

豫游纪是以河南传统文化为载体、以传递福运文化为宗旨所独

---

① 刘洋：《走进本土品牌豫游纪 感悟朱仙镇的版画文化》，网易河南 2014 年 9 月，http://henan.163.com/14/0928/16/A788OIUK02270H62.html。

创的文化品牌。它在尊重文化原有内涵、韵味、贴合现代审美观念的基础上，用时尚的形态、工艺、材质、颜色等去重新诠释传统文化、传递福运理念。同时，豫游纪将"龙门石窟、伏牛山、嵩山"等河南独特的旅游文化资源进行深入挖掘，对这些文化赋予动画新形象。让福运文化融入消费者的日常生活，基于传承基础上的扬弃与创新，打造更富有生命活力的文化现象。

2. 将民俗文化产业化，打造特色品牌

开封朱仙镇的年画蕴含着巨大的河南文化品质，豫游纪在此基础上开发了福礼系列。将寓意美好的形象镌刻在随身物件中，成为福礼系列的特点，凭借鲜明的年画形象及时尚的产品特色、上乘的产品质量，不仅让世界各地的游客了解木版年画，感受河南文化魅力，而且可以让国人感受到我们自己的文化精髓，重拾文化记忆。因此豫游纪产品不仅得到了许多游客的喜爱，也赢得了一定的品牌认知度。许多外地游客到河南旅游，都会慕名寻找豫游纪店铺。

3. 一体化运作

豫游纪致力于为景区提供配套产品及服务，借助产品提升旅游内涵，促进旅游消费。同时运用全新的景区连锁经营理念进行市场布局，并结合网络电子商务、核心商圈的文化消费体验中心等先进模式，构建了一个多元化的产品销售体系。它既有线下连锁直营渠道，又控制产品开发和设计，同时还掌握文化的开发和传播，不断延伸、拓宽自己的产业链，在跨界跟其他企业、资源对接的过程中，实现风险的分担，传播的裂变以及营收的多元化。①

三　河南文化创意产业在发展中存在的问题

（一）特色文化资源尚未有效挖掘

河南作为文化大省，拥有非常丰富的历史资源与深厚的文化底

---

① 王深圳：《豫游纪：跨界玩转传统文化》，《销售与市场》2015 年第 2 期。

蕴。但是很多特色文化资源未能有效挖掘，也没有依据地域特色、文化内涵开发出独具特色的文化产品。首先，未能对文化资源的情况进行深入了解。以工业遗产为例，随着产业结构和城市功能结构的改变，许多老厂房逐渐被限制或废弃，这些工业遗产是人类文化遗产的重要组成部分，但目前，河南在工业遗产保护与利用方面相对落后，再利用程度低，文化创意与工业遗产的融合发展经验不足。郑州的铁路遗产、编织工业遗产、洛阳的西工区的八大厂工业遗产等资源都没有很好地开发利用。其次，缺乏具有区域特色的文化资源开发。河南作为中原腹地，华夏历史文明的传承区，有着得天独厚的特点与优势，但在文化资源的开发利用，精品打造工程和能凸显中原特色的文化产品上存在不足。

（二）业态简单，同质化问题严重

文化产业的巨大潜力，使各地发展文化产业园的热情高涨，然而，盲目地开发、过度利用资源的短视发展，也会给当地文化发展带来一些问题。首先，相同的思路和做法使河南的文化产业发展"同质化"，缺乏个性与特色，也缺乏文化的根基与积淀，与本地文化发展特色、人文特征等结合度低，关联性不强，这是河南文化创意产业发展面临的普遍问题。其次，河南的一些文化产业园对市场和周边环境研究不够充分、选址不够合理，缺乏市场支撑与足够的创造性，缺乏成熟的商业模式和广阔的国际视野。这些同质化的业态模式，未能完全做到现代文化与传统文化相结合，继而传承并发展。因此如何避免同质化与业态单一性，把河南独具特色的文化资源优势转变为文化产业优势是亟待解决的一个关键问题。

（三）未能形成成熟的产业链

文化创意产业是与文化关联性很强的产业，其关联形成的产业链关系着产业能否长久发展，创意产业链是以创意为龙头，内容为核心，创新产品的营销，并通过后续衍生品的开发，形成上下联动,左右链接,一次性投入,多次产出的链条。① 现在河南的文化产品与发达地区相比仍有很大差距,突出表现在创新力不够,缺少品牌和成熟的产业链。产业化发展需要一个成熟的产业链支撑。例如,河南的浚县泥咕咕是一种古老的汉族民俗工艺品,有着浓厚的民间特色,造型古朴,夸张别致,深受广大群众和专家学者的好评。浚县泥咕咕作为国家级非物质文化遗产,是中国文艺百花园中独具特色的瑰宝。但在现代化经济的冲击下,泥咕咕的产业化发展面临严峻危机,如何把简单的民间手工艺品转化为适合现代审美的文化消费品,打造完整和成熟的产业链条,让浚县泥咕咕在被消费的过程中,使其承载的文化渗入人们的生活,被人们认识和认知,将是这项非物质文化遗产在产业化发展的道路上必须要解决的问题。

(四)高层次人才队伍在数量、质量上的缺乏

虽然在文化产业高速发展的背景下,河南的文化产业从业人员在不断壮大,但仍然存在精英匮乏这一主要问题。究其原因,首先是数量少。在我国的现有教育体制下,无论是师资基础还是硬件设施,都很难满足培养文化创意产业人才的需要。其次是人才质量欠缺,专业化程度低。目前河南现有的文化创意产业人才队伍创新能力不足,缺乏将文化产业化、市场化的复合型人才,存在着文化视野狭隘、文化资源观念淡薄、资源鉴赏和文化转换能力不高的问题,这也是河南优质的历史文化资源未被有效挖掘和利用的重要原因。同时,与北京、上海等城市相比,河南没有及时地搭建人才交流平台,造成河南人才外流。由此可见,高端人才的培养与发展已经成为文化创意产业急需突破的瓶颈。

---

① 冉朝霞:《河南文化创意产业发展现状及问题研究》,《中共郑州市委党校学报》2012 年第 1 期。

四　河南文化创意产业如何创新

（一）促进文化创意产业差异化、特色化发展

结合河南各地区的文化资源与优势，形成各区梯次演进、有序衔接的发展格局。以开封、洛阳为首的古都城市，应利用好历史文化名城的优势资源，着力传承河南的历史文脉和文化精髓，重点发展创意文化旅游、文化演艺等，打造全国知名的品牌，促进河南历史文化遗产和传统街区风貌的传承与复兴；以郑州为首的新兴文化城市，应着力发挥文化科技资源和先锋文化优势，重点发展文化艺术等产业；以信阳郝堂村为代表的新农村建设，可以结合村落各具特色的精品文化业态，加强历史文化名村的保护与利用，重点发展乡土文化、休闲文化、生态文化。

（二）加强文化创意产业与相关产业融合发展

河南可以围绕"文化＋"这一主题，充分发挥文化的引领作用，推动文化与旅游、体育、农业等行业的双相融合，积极培育文化融合的新业态。对于河南一些未经有效开发利用的传统文化与历史建筑可以依托传统布局形式，将文化创意产业与传统产业布局相结合，不仅能很好地保护和延伸传统产业的文化内涵，同时也为传统资源注入新鲜血液和活力，使其能够在现代市场竞争中占领一席之地。河南也可以利用互联网打造文化创意生态系统，整合创意、硬件、软件、资本等要素，实现文化生产力的提速换挡。鼓励众筹等模式的创新，支撑艺术创作；鼓励发展大数据等精准服务类文化创意产业，通过数字化平台为企业和用户提供精准服务，提升智慧服务的能力和水平。①

---

① 《北京市"十三五"时期文化创意产业发展规划》，京宣发〔2016〕29 号。

（三）完善文化创意产业链，发挥文化与经济的协同效应

河南拥有很多优质的农村文化资源，我们可以按照市场经济规律整合农村文化资源，为产业发展奠定基础，再加上创意的开发和创新机制的引领，逐渐实现文化资源向产业项目的转化。山东省潍坊市的杨家埠村拥有500年民间艺人世代相传的手工风筝扎制和木版年画绘制技艺，是中国手艺风筝品牌的代名词，当地政府、企业与农民利用其资源优势共同兴建了杨家埠民间艺术大观园，鼓励民间艺人开设风筝作坊和年画画坊，生产特色鲜明的民俗文化产品，并通过特色建筑与自然景观的有机结合，修建了明清古建筑一条街，同时大力改善交通和公共服务设施，使杨家埠成为山东"千里民俗旅游线"上的重要景点。[①] 河南的朱仙镇、平乐村等地方可以学习借鉴杨家埠的发展模式，将优秀的民俗文化与旅游资源整合推动产业升级，打造文化创意产业独具特色的农村发展路径。

（四）打造强有力的人才支撑体系

从根本上说我国创意产业发展的瓶颈是创意人才的缺乏，创意人才的教育与培养是我国未来文化创意产业获得大发展的前提。立足于河南，我们要吸引优秀人才与艺术家，提供完善的创作发展环境。在留住已有人才的同时，我们可以依托高校或其他社会研究组织等专业研究机构的力量和教育资源，激发人才活力，建立一个让人才自由成长的空间，培养一批文化产业的领军人物，带动一批人，将一方的地域文化从地方推进到全国，由一般到特殊，把文化变成品牌。同时要深入了解河南文化，创造新的培育机制，培养大量创新型人才，打造强有力的人才支撑体系，推动中原文化创意产业的健康快速发展。

总之，华夏文明的传承与发展至关重要，建立和完善文化创意

---

① 张振鹏：《我国文化创意产业农村发展路径寻绎》，《学术论坛》2012 年第 11 期。

产业体制机制是发展河南文化产业和经济发展的重要因素。目前，河南的文化创意产业正处于稳步发展中，只有创新才能保证文化的生机与活力；只有创新，才能打造具有河南特色的文化品牌；只有创新，才能保证华夏文明富有生命力地传承下去。

附

艺术是我一生的追求
——采访石佛艺术公社创始人黄国瑞
采访人：汪振军　陈萌莉
采访人日期：2016 年 3 月 23 日

　　河南作为华夏历史文明的发源地，有着得天独厚的资源。而在这样一个文化圣地，新兴文化也在不断生长。位于郑州高新区的石佛艺术公社作为河南先锋艺术的聚集地，一直备受大家关注。在河南的文化发展过程中，中原文化如何传承创新？古都文化如何在今天浴火重生，焕发新的活力？先锋艺术承担什么样的现实使命？它们在河南又如何发展？带着这些问题，课题组成员在 2016 年 3 月 22 日上午对石佛艺术公社创始人黄国瑞先生进行了采访。

1. 问：您 2006 年从纽约回国，是一个什么样的初衷让您决定回自己的家乡建立工作室呢？

黄国瑞：我是做当代艺术的画家，我希望把西方特别是纽约时尚的文化艺术带回家乡来，通过当代艺术的时尚性和创新性，改变外界对河南比较传统和保守的印象。我的祖籍在郑州石佛村，乡土情缘让我选择在这里办工作室。后来随着越来越多的艺术家聚集，石佛村就变成了被公众所知道的艺术公社，成为了郑州这座城市的文化名片。艺术是我一生的追求，艺术公社是我后半生的梦想。我已经在石佛艺术公社创作了十年，十年间，我一直坚持做活动和展览，我希望新园区建成后，它能成为我的一个新起点。

2. 问：新园区建成后的定位是什么？石佛艺术公社园区区别于其他园区的独特之处在哪儿？

黄国瑞：石佛艺术公社的定位是六个字：国际性、当代性。这也是它区别于其他艺术园区的独特之处。河南省内有很多艺术园区都想走国际化路线，但是缺乏国际渠道、国际眼光和沟通的桥梁。我在国外待了多年，结识了很多来自美国、法国、德国、意大利艺术界的文化名流，他们当中有很多知名的艺术家都曾经来参观过石佛村，所以石佛艺术公社要做国际型园区的道路就比较顺畅了。特别是以后石佛艺术公社的发展方向不是一个画家村，而是一个大艺术区。作家、画家、诗人、导演等热爱艺术的人都可以在这里交流创造，不同门类的艺术家们在一起往往能迸发出更多的灵感，创作出更多更富有生命力的作品。同时艺术家的生存需要市场，一个工作室没人去找你，一百个工作室聚集在一起，就会形成一个市场，情况也就大大不同。这也就解决了艺术家跟商业、作品和市场之间的平衡关系。

园区改造完成后，双向管理模式也将成为我们的一大亮点，普通的产业园区建成后房屋和与之相配套的设备、设施、场地都会交由物业公司管理，而艺术园区具有特殊性，所以石佛艺术公社成立了艺术委员会，对园区内艺术品的摆放，雕塑的布置、艺术活动的开展和艺术基金的评定、发放等问题进行决策，物业公司需要听取意见并贯彻执行。

3. 问：石佛艺术公社在改造升级的过程中，遇到过什么样的困境？

黄国瑞：在我看来打造新园区是一件令人愉快的事，虽然会遇到很多困难，但我们还是会以积极乐观的态度来对待，努力做好自己。比如说石佛艺术公社的新址于 2010 年立项，预计 2017 年后才能投入使用，那么在建设的过程中就面临着艺术家流失的问题。但是想到石佛艺术公社新园区建成后，会成为国内最好的艺术园区，让艺术家们的创作环境得到很大的提升，那么遇到再多的困难也就不算什么了。

4. 问：石佛艺术公社园区建成后，下一步的规划是什么？

黄国瑞：我的计划是梳理出一套专门针对石佛艺术公社的理论体系，从高度上与西方艺术史发展连接在一起，在理论体系的制定过程中我们会邀请国际上优秀的艺术家、理论家来共同研究。一旦体系确立后，艺术家在石佛艺术公社的理论体系框架内进行创作，同时保留自身的作品风格，这样以后每一年都可以集中在国外做展览和活动，慢慢地，国际上一个新的艺术流派就会产生，当体系演变成流派后，这一批人也可以成为艺术大师了。这就是我们现在要努力的方向。比如以前印象派在巴黎属于边缘艺术，后来建立印象派艺术理论体系后，第一批创作的艺术家都成为了大师。

一个地方首先要建得好，才能留得住艺术家。我回国之前，河南没有艺术区。我在石佛村建立了石佛艺术公社后，最近几年，很多人开始模仿石佛艺术公社的模式，建立艺术区。但是河南的艺术资源和艺术家是有限的，我们应该合力打造一个真正能够在国际上"叫得响"的艺术区。艺术讲究创造性，艺术区的发展也需要团结在一起才能产生更强大的气场。目前，石佛艺术公社在国际艺术圈很有影响力，有很多重要的艺术家慕名而来。我们以后会建设国际艺术家交流工作站，国外的艺术家可以通过申请、评选后，拥有半年到一年的免费使用园区工作室的权利，这也给国内的年轻艺术家提供了一个可以了解国际艺术资讯，与国外艺术家进行思想碰撞的机会，开阔眼界，避免成为"井底之蛙"。

5. 问：您能谈谈对国内创意园区例如北京 798、宋庄等的看法吗？

黄国瑞：这些年来，中国的文化创意产业发展速度很快。北京 798、宋庄属于国内发展较早的一批文化产业，目前已经形成了一套较为完备的发展体系。但是我们也可以看到它们的发展存在着不稳定性。宋庄的艺术家租赁的是当地村民的小产权房，随着房价的增长，一些年轻的艺术家就会负担不起房租，工作室也面临着城市改造和拆迁的危险。北京 798 吸引艺术家聚集的重要因素是艺术元素、历史遗迹、低廉的房租，但是废弃的厂房并不能为艺术家提供一个良好的创作环境，也面临着随时可能被拆迁的危险。

没有人喜欢用又旧又脏的仓库和厂房做工作室，艺术家也是不得已而为之，刚出道的年轻艺术家们考虑空间大又便宜的因素才选择了旧仓库，事实上，艺术家们需要在一个稳定性高、设施完备、租金低廉的环境中创作，我们不能一味地学习北京798的废弃工厂改造利用模式，而是要发展自己的特色。新石佛艺术公社拥有国际前沿的硬件水准和软实力，较之以前的老石佛，整个新的艺术园区建成后将更具稳定性，为艺术家们提供了一个稳定的创作平台，至少不会面临着搬来搬去的窘境，同时也为把石佛艺术公社打造成独具中原特色的当代艺术新地标打下坚实的基础。

6. 问：作为河南先锋文化的引领者，您觉得如何才能让河南文化的创新更具有生命力？

黄国瑞：我在纽约的那些年对西方的现代文化有了一个较为全面地了解，也认识到东西方文化有着很大的差别。美国虽然只有几百年的历史，但是当代文化却很强大，云集了很多世界文化名流。在我看来西方更多地讲究发展和创造，比如在影视剧方面，中国经常翻拍《水浒传》《西游记》等被观众熟知的历史故事和钩心斗角的宫廷剧，而美国的影视题材很新颖，经常表现的是城市被外星人攻击，人类受自然灾害影响等情节。从作品可以看出美国一直有较强的危机感，不停地考虑如何应对问题；中国讲究的是继承，比如小孩子学习书法要学会临摹，但是西方学习毕加索、梵高等大师的作品不是去模仿，而是先去了解和欣赏，然后创造出属于自己的独特作品。这就启示我们要用发展和创造的眼光去看待河南的文化，没有危机感是不行的，我们要清楚地认识到自己的优势和不足，把创新作为继承和发展河南文化的核心。

在建设艺术园区方面，首先河南的艺术家不要过分自恋自己的文化，而是要客观地认清自身的现状与不足，要想让河南文化"走出去"，就必须将其放在世界艺术的格局中，用世界的眼光来审视。其次，发展河南文化，我们不能故步自封、不思进取。我们要放下包袱做当代文化，用创新的眼光创造今天的文化。提起河南，我们不能总是停留在昨日的辉煌，而是要轻装向前，尝试着去创造能被后人称赞并能引领时代的先锋文化，甚至要探索未来文化，研究未来文化的发展方向，这才是我们当代人要做的事情。只有这样，我们的中原文化才能变得更强大，更有意义，更具影响力。

（执笔人：陈萌莉）

第十章 河南文化节会与华夏文明传播

一 河南省节会发展现状

"节会是指一个地区依托本地区特有的自然资源、民俗风情、特色文化、人文历史等文化资源举办的一系列大型的活动或事件，来达到对当地优势资源的宣传及促进区域经济快速发展目的的活动，包括节日、庆典、大型活动或事件以及其他非日常发生的特殊事件。"[①] 源远流长的中原文化，绚丽多彩的风土人情，造就了河南丰富的节会文化资源。河南省位于全国交通动脉的十字枢纽位置，区位优势十分显著，这也为节会旅游发展提供了可靠的交通运输保障。河南利用富有特色的自然和文化景观陆续推出了一系列丰富多彩的节会活动，涉及面广，发展迅速，除了淮阳太昊陵庙会、鹿邑老子庙会等传统的民间节会，改革开放后河南还积极培育和发展了众多现代节会，策划举办了洛阳牡丹文化节、新郑黄帝故里拜祖大典、安阳殷商文化旅游节、登封少林国际武术节等一些具有一定影响力和生命力的文化节会。这些节会的成功举办张扬了城市的个性，丰富了广大民众的文化生活，吸引了国内外的游客前来参加，促进了经济文化交流，提升了河南的对外形象，增强了河南文化的影响力。

---

① 蔡杨雪：《节会文化传承及产业化问题研究——以中国洛阳牡丹文化节为例》，硕士论文，郑州大学，2013年，第6页。

（一）河南节会的分类

河南文化旅游资源丰富，为节会活动的开办提供了充裕的资源优势与条件。从资源和表现形式两方面来看，河南的文化节会主要分为以下几类：

第一，旅游休憩型。主要以自然景观为主题，依托当地突出的地理特征和自然景观，结合当地旅游资源而开展，如云台山国际旅游节、三门峡国际黄河旅游节等。

第二，民俗风情型。主要为展现当地的民俗、民风，以向民众传播当地文化、民族服饰、生活方式为目的，具有浓郁的地方色彩。如开封清明文化节、商丘火神台庙会、鹤壁民俗文化节等。

第三，特色资源型。这类节会又分为两个子类型，第一种是依托地域历史文化资源，为传播当地著名的历史文化而举办的旅游节会活动，如安阳殷商旅游节等。第二种是依托地域自然资源，以当地独特的自然资源、特色景观为主题而举办的节会活动。如中国洛阳牡丹文化节、中国信阳茶文化节、洛阳伏牛山滑雪旅游节等。

第四，纪念著名人物型。结合当地的历史文化资源而开展，如黄帝故里拜祖大典、淮阳祭拜伏羲大典、鹿邑老子文化节、泌阳盘古文化节、南阳张仲景医药科技文化节、南阳诸葛亮文化节等。

第五，特色美食文化型。以"地方物产"为主题，地方特色饮食文化，如新郑枣香风情游、郑州樱桃节、中牟西瓜节等。

第六，工艺品展示型。目的是展示并推广当地特色工业产品、工艺品，比如南阳玉雕节、禹州钧瓷文化节等。

（二）河南文化节会的影响和意义

1. 有利于弘扬中原文化，提升河南知名度，推进河南对外交流。

河南是中华文化的古老发源地，我们要有宽广的历史视野和高度的文化自觉，整合河南省的历史文化资源，彰显河南丰厚的历史文化底蕴，担负起弘扬、传承中华优秀传统文化的历史责任。通过举办文化节会，能够改变人们对河南的老旧印象，使中原文化能够得到有力的展示、表达和广泛的传播，增强河南的文化软实力，提高知名度和美誉度。

2. 塑造城市形象，提高公民素质

节会的举办能够推动城市在建设、管理、服务等方面的提高。为了进行形象推广，提高节会对举办地的宣传效果，举办地会加强环境建设，完善城市旅游基础设施。伴随着文化节会的可持续发展，举办城市的服务功能也能得到不断的提升，文化、休闲旅游产品体系会日趋完善。除改善城市硬环境外，节庆活动的举办增强了地方的文化底蕴，丰富了人们的文化生活，提高了民众的文化自豪感。举办地民众会以一种主人翁的姿态参与到活动之中，配合相关部门做好服务工作，对旅游者抱持友好态度，使城市人文软环境更加包容和人性化，通过文化节会的举办树立起城市旅游新形象，推进城市文明进程。

3. 促进经贸活动，带动相关产业发展

节会活动具有很强的资源整合作用和集聚效应，能带动当地以及周边地区饮食、交通等相关行业的发展，搭建引资平台，从而促进整个区域的经济发展；随着节庆旅游举办地知名度的不断提高，创造城市旅游收入，在一定程度上还可解决当地群众的就业问题，改善居民的生活环境，提高其生活质量。文化节会显现出可观的经济效益，带动了旅游和经贸的发展，助力河南由经济大省向经济强省、文化资源大省向文化强省跨越。

二　河南的代表性节会分析

近年来，河南省为了对外展示本省的精神风貌，升级城市文化形象，促进经济繁荣发展，各地先后举办了众多内容丰富的节会活动，在促进河南经济发展和文化繁荣，推进城市建设和对外开放等方面具有重要作用。

（一）洛阳牡丹花会

牡丹被誉为"中国国花"，寓意富贵吉祥、繁荣昌盛，深受人们喜爱，"洛阳牡丹甲天下"，牡丹已经成为洛阳最亮丽的城市名片。牡丹在洛阳的种植始于隋朝，受日本樱花节的启发，洛阳于1983年开始举办"洛阳牡丹花会"，后更名为"中国洛阳牡丹文化节"，会期为每年4月5日至5月5日前后。洛阳牡丹花会2008年入选国家非物质文化遗产名录，2011年升级为国家级节会，是全国举办最早、持续时间最长的节会之一，在全国范围内都产生了较大的影响力。经过多年的发展，洛阳牡丹花会逐步发展成为融赏花观灯、旅游观光、经济贸易、文化交流活动为一体的大型综合性经济文化盛会，吸引了无数中外宾客到洛阳旅游观光、洽谈经贸，如今牡丹文化节已成为洛阳发展经济的平台和展示城市形象的窗口。

牡丹文化节的举办带动了洛阳交通运输、餐饮住宿等旅游相关产业的发展，各类牡丹产品得到进一步开发，公园门票等行业年年创收。为了适应节会旅游购物的需要，洛阳市以牡丹为依托，已成功推出牡丹歌舞、书画、摄影、邮票、牡丹瓷、牡丹石、牡丹饼、果脯、茶、酒、化妆品、香料、精油、食用油等400余种深加工产品，年产值超亿元[①]。在文化产业发展上，洛阳编创和引进了一批舞剧如《河洛风》《天下洛阳》3D动画电影《牡丹》等文化精品。除了各种各样精美的牡丹花艺展览，花会期间还举办牡丹诗会、牡丹摄影展、书法展、画展、邮展、灯展、河洛文化民俗庙会等文化活动，丰富了人民群众的文化生活，提高了人民生活质量。2016年牡丹文化节洛阳市共接待游客2349.78万人次，旅游总收入近200亿元。牡丹文化节期间举办的洛阳牡丹文化节投资贸易洽谈会、国际芳香产业（洛阳）展览会等经贸会展活动，为洛阳带来了巨大的经济和社会效益。

洛阳的旅游资源十分丰富，自然风光、园林花卉、历史文化、古代建筑应有尽有。不过，单纯以牡丹为主题的文化活动会略显单薄，洛阳应利用牡丹文化节的平台，充分整合旅游文化资源，塑造

---

① 王金辉、李自豪、徐锋涛：《洛阳牡丹花开盛世——中国洛阳牡丹文化节长盛不衰的生命力何在》，《决策探索》2015年第8期。

鲜明的城市文化形象。具体方法有：

1. 活化文化景观，打造都城遗址游

洛阳是八大古都之一，历史上曾有 13 个王朝在此建都，拥有丰富的古都历史文化资源，但与北京和西安相比，洛阳的古都文化旅游特色还不够突出。洛阳应利用好东周王城遗址、隋唐洛阳城遗址、汉魏故城遗址等人文景观，在地面遗存比较集中的区域，规划城市历史形象区，利用建筑外观、不同朝代的风俗礼仪，打造主题酒店等高端休闲旅游产品，让游客感受古代文明与现代文化的天然融通，反映洛阳的文化意境，打造古都文化旅游品牌。

2. 大力弘扬周文化，提升洛阳文化内涵

洛阳是周王朝的国都，周公在洛阳制礼作乐，孔子在洛阳"入周问礼"，奠定了中华文明的基础。洛阳应深入挖掘周文化，以人民群众喜闻乐见的形式，如 2015 年牡丹文化节期间举办的汉服文化节和公益交友大会，举办古装汉服汉仪结婚典礼、宫廷乐舞表演等参与度高的文化活动，聚拢人气；举办周公礼乐大典集聚周氏后裔，开办国学讲堂普及礼乐教育，弘扬传统，使之成为古都洛阳的旅游新亮点。

3. 办好洛阳辞赋峰会，弘扬国粹、传承国学

洛阳是"辞赋之都"，辞赋这种文体为中国所独有，汉赋最兴盛的时期就在洛阳，汉赋的集大成者贾谊是洛阳人，辞赋文化是洛阳文化的重要组成部分，素有"最宜诗赋洛阳地"之说，流传着"洛阳纸贵"等文坛佳话。洛阳应作为汉赋的研究和创作基地，举办辞赋学堂，引领年轻人学习辞赋，为现在的旅游景点创作新的赋篇，传承和弘扬中华文化的优秀遗产，树立起洛阳独具魅力的旅游品牌和形象。[①]

洛阳要通过牡丹花会这一载体，把这些文化传播出去，传承下来，展示洛阳具有的独特人文魅力，提高洛阳的城市品位，提升综

---

① 孙继刚：《洛阳与中国辞赋》，海峡两岸辞赋与地域文化学术研讨会，2012 年 4 月 10 日。

合竞争力。

（二）黄帝故里拜祖大典

河南新郑是中华民族共同的祖先轩辕黄帝的出生、建都之地。黄帝姓公孙，名轩辕，他是原始社会末期的部落首领，先后打败炎帝和蚩尤，统一了中华民族，还发明了算术、文字、图画、音乐、医学、天文历法、火食、礼制社仪等。据说黄帝总共有 25 个孩子，黄帝给予他们十二姓，从此以后的各个姓氏都是这十二姓的分支。因此，只要是中华民族后代，都可以说是黄帝的子孙。黄帝是中原政治文明、物质文明和精神文明的开创者，与炎帝共同被后世尊为"人文始祖"。据文献记载，早在春秋战国时期，新郑民间就有农历三月三，登具茨山，拜轩辕的习俗，这种祭拜活动在唐代以后渐成规制，一直延续至今。1992 年起，新郑市整合民间的祭拜活动，在每年农历三月三举办寻根拜祖节，后改称"炎黄文化节"；2006 年 3 月，升级为省级主办的"黄帝故里拜祖大典"；2012 年，拜祖大典第一次由国务院批准举办；2014 年，拜祖大典成为国家免审的保留举办项目，影响力逐步上升。举办拜祖大典对打造中华民族共有的精神家园、增强民族凝聚力发挥了重大作用，它所带来的整体效应已经凸显。2015 年以来，提议将拜祖大典这一文化品牌升级为"国祭"的声音越来越多，彰显出中原文化的无穷魅力。

自 2009 年起，拜祖大典的主题一直延续为"同根同祖同源，和平和睦和谐"，自 2006 年起，议程固定为九项，包括"盛世礼炮、敬献花篮、净手上香、行施拜礼、恭读拜文、高唱颂歌、乐舞敬拜、祈福中华、天地人和"，2008 年，拜祖大典成为第一批国家级非物质文化遗产扩展项目。大典每年都邀请党和国家领导人、台湾政要、港澳台同胞、海外侨胞、道德模范等优秀群众代表和社会各界知名人士参加，如今，拜祖大典已由地方性的纪念活动发展成为全球中华儿女的文化盛事，成为河南打造的一张强势文化品牌。

高规格的大典仪式影响力大大提升，在拜祖大典的带动下，众多海内外炎黄子孙前来认祖归根，为河南带来了巨大的旅游收入。

每年大典期间都会举办黄帝文化国际论坛、诗歌朗诵音乐会、海内外华人书画作品展、"老家河南"文化活动周、精品剧目展演周、河南省精品图书展销等文化活动，对河南坠子、河洛大鼓、宋绣等传统民间文艺进行集中展演，使得中原文化得到了广泛传播。除了一系列的文化交流活动，经贸洽谈、旅游推介等经济活动也是拜祖大典的重头戏。拜祖大典与黄帝文化巨大的感召力、影响力和凝聚力，吸引了众多优秀华商来到黄帝故里进行考察、寻求合作。为了搭建起交流合作的桥梁，大典每年都在举办期间组织开展一些经贸洽谈项目，加大对外开放的力度，吸引外来投资，推进中原经济区建设。2016年，第十届中国（河南）国际投资贸易洽谈会在拜祖大典期间举行，结合社会发展热点，围绕"一带一路"、电子商务、城市发展等主题，举办了"一带一路沿线华商领袖峰会暨世界华侨华人杰出成就展"等相关经贸活动，取得了可观的经济效益，给郑州、河南的经济发展带来了新活力。

（三）焦作"一节一赛"：文化与山水的有机融合

焦作市是近代全国著名的"煤城"，然而随着煤炭资源的逐渐枯竭，这个工业重镇逐步走向没落。从1999年，焦作为了实现经济和城市形象的转型，决定依托得天独厚的自然和人文资源，利用境内分布密集的景区名胜，大力发展旅游业，重点开发北部太行山一线以云台山、青天河、神农山、青龙峡、峰林峡五大园区为主的云台山世界地质公园自然山水峡谷景观，[①] 推出了"中国云台山国际旅游节"和"中国焦作国际太极拳交流大赛"，打造世界地质公园、焦作山水、太极拳三大主题品牌，短短几年就发展成为全国知名旅游品牌。"中国云台山国际旅游节"前身为"焦作山水国际旅游节"，每两年一届。2015年云台山旅游节期间举办了中国山地旅游可持续发展国际研讨会、温县太极拳爱好者寻根拜祖活动、青天河帐篷露营节、神农山登山比赛等系列主题活动，是一系列融体育

---

① 范莉莉：《从"焦作现象"看资源型城市转型》，《现代商业》2008年第23期。

赛事、文化交流、经贸活动、特色旅游为一体的综合性节会活动，为展示焦作城市形象，进一步扩大焦作旅游的知名度和影响力作出了巨大贡献。

焦作是太极拳的发源地，是中外太极拳爱好者向往的"太极圣地"，全国有代表性的"杨、武、吴、孙"等诸多太极拳流派皆源于此。太极拳融合了中国传统哲学、养生学、传统医学以及传统美学等多个方面，是中华民族文化的典型代表。1992年起，焦作开始举办国际太极拳年会，在国内外引起了很大反响。2005年起，更名为"中国焦作国际太极拳交流大赛"，每两年一届，时间为当年8月中下旬，为期5—6天。2006年焦作陈氏太极拳被列入第一批国家级非物质文化遗产名录。2009年太极拳大赛升格为由国家体育总局和河南省政府共同主办，单项赛事由国家体育总局主办，为全国首创。太极拳交流大赛，为各国选手展示自我提供了舞台，对弘扬太极拳文化、传播中华武术作出了积极贡献，焦作也利用太极拳大赛形成了城市的文化核心竞争力。

焦作致力于打造"食四大怀药，练太极神拳，览焦作山水"的休闲、养生旅游品牌，构建山水文化、太极文化，为提升旅游的知名度和美誉度，不断加强形象品牌的宣传，推出形象宣传片，制作旅游微电影《爱如初见》，把焦作旅游主题形象打造得更为鲜明。焦作将国际太极拳交流大赛与山水国际旅游节合在一起举行，同时举办摄影采风、独具太极故里文化特色的文艺晚会、太极拳学术交流等活动，将旅游资源整合发展，寓文化于山水中，突出焦作的文化底蕴，增加焦作旅游的整体竞争力。从开发矿产到开发旅游，焦作用云台山实现了从以往的"黑色印象"转为以旅游业为主的绿色城市，使经济重新焕发了生机和活力。在区域合作上，焦作应通过"一节一赛"联合中国郑州国际少林武术节，塑造河南省武术文化节会品牌，扩大中原武术文化在海内外的影响力。

（四）中国郑州少林国际武术节

嵩山少林寺始建于公元495年，是河南武术文化和中国佛教

"禅宗"的发源地,这里的僧人创造出少林武术,经过千年的发展,逐渐形成了兼禅学、武术、医学、艺术为一体的少林文化。"天下功夫出少林",少林武术成为中国功夫的代名词,是中华民族传统文化品牌,具有广泛的号召力和影响力。从 20 世纪 80 年代开始,因《少林寺》、《少林小子》等一批影视作品的热播,郑州少林寺成了家喻户晓的武术圣地,国内外的武术团体纷纷来到少林寺归宗朝圣,来此参观、学习武术的人越来越多。从 1991 年郑州市开始举办"中国郑州国际少林武术节",搭建起武术学习、交流的平台,进一步加深了国内外民众对中国传统文化的了解,产生了深远的影响。武术节由中国武术协会、河南省体育局主办,郑州市人民政府承办,从第三届后,改为每两年举办一次,2006 年少林武术被列为中国第一批非物质文化遗产名录。目前全球自发成立的各种涉及"少林文化"的机构近 10 万个,全球少林功夫当期学员不少于 800 万人,少林爱好者和累计学员约 6000 万人,少林寺仅每年"五一"黄金周接待游客都在 10 万人左右。①

2016 年第十一届中国郑州国际少林武术节将于 10 月 16 日至 20 日在郑州市举行。武术节期间,除了进行少林拳项目、国际竞赛项目、传统拳术、传统器械、对练项目、集体项目外,还将邀请国内外专家学者进行专题报告,探讨武术文化的传承和发展问题。在往届群众武术展演、武术竞赛的基础上,2016 年武术节新增了"世界功夫争霸赛"等活动,进一步提升登封"世界功夫之都"的认知度。少林武术节的举办促进了少林武术文化资源的进一步开发,加强了少林品牌的塑造,对弘扬中国武术、促进国际武术交流、推动中国文化走向世界等方面起到了重要的作用。②

武术节的举办带来了显著的经济效益。登封将少林武术与旅游深度融合,积极打造少林综合文化产业基地。《风中少林》《禅宗少林·音乐大典》等演艺节目在国内外广受好评,卡通动画《少林

---

① 《登封彰显旅游新"功夫"》,郑州市人民政府网站,2016 年 6 月 16 日。

② 王德胜:《郑州少林武术节研究》,第十届中国科协年会——文化强省战略与科技支撑论坛,2008 年 9 月 18 日。

传奇》、影视作品、少林武术研究、表演、培训、少林素食、医疗养生、旅游观光等，已逐步形成一个完整的产业链。具有重大民族文化价值和社会经济价值的"少林文化"，为中华文化的传承和弘扬、当地经济的发展作出了突出贡献。[①]

（五）郑州国际街舞大赛：郑州文化产业时尚新名片

街舞诞生于 20 世纪 60 年代末，是美国黑人青年创造的一种快节奏音乐伴奏下的即兴舞蹈。从 20 世纪末开始，街舞风靡世界各地，逐渐发展成为全球性的青年流行文化活动。我国青少年最早接触街舞，始于 20 世纪 80 年代，美国电影《霹雳舞》传入国内，引起一股热潮，吸引了大批青少年，国内逐渐开始涌现出一批中国本土的街舞团体，各大城市街舞比赛如火如荼，街舞被视为一种文化时尚。[②]

1. 郑州国际街舞大赛

中原文化源远流长、兼容并蓄，郑州不仅拥有着厚重的传统文化，还盛行着很多新的时尚潮流、新的文化。街舞，就是其中之一。郑州自 1998 年开始兴起街舞文化，是国内最早的街舞起源地之一，是公认的"街舞重镇"，对国内街舞的发展有着巨大的贡献。郑州的街舞水平较高，拥有吕龙、李阳、"嘻哈帮"等众多顶尖舞者和团体，他们在国内最早的一些街舞比赛中屡获佳绩，为郑州街舞打下了良好的文化基础；郑州街舞参与人群广泛，拥有大量培训机构、从业人员和爱好者，培育了浓厚的街舞文化氛围。后来有了企业的投资，郑州街舞有了长足的发展，街舞培训、衍生品销售、媒体演出等方面也在全国占有明显优势。现在更是有了政府的大力支持，郑州街舞产业的发展如虎添翼。

郑州街舞具备深厚的文化基础和群众基础，街舞艺术水平在全

---

① 李世宏，王岗：《少林武术文化品牌的培育与推广》，《成都体育学院学报》2012 年第 5 期。

② 陈敏：《中国街舞文化——文化全球化的本地实践》，《文化与传播》2013 年 12 月第 6 期。

国享有盛名，自2013年起郑州永久性承办"中国国际街舞大赛"这个文化品牌。"中国郑州国际街舞大赛"（简称WDG）是中国舞协联合郑州市委举办的专业国际性的街舞赛事，每年一届，完全采用市场化的运作模式。首届国际街舞大赛于2013年9月19日至21日举行，吸引了国内外3000多名选手参赛，大赛邀请了世界顶级街舞大师为评审，还策划了国际街舞大师授课、街舞委员会年会、街舞文化产业博览会等一系列主题文化活动以丰富赛事内涵，把比赛从单一的舞蹈项目发展为融表演、教学、论坛、博览经济为一体的特色文化产业链条。

郑州国际街舞大赛的连续举办，为郑州街舞文化产业的发展带来了许多契机。大赛的举办吸引了近10万人来到郑州，众多选手和观众在郑州的吃、住、行、游、购、娱等方面直接拉动当地消费，仅5天时间，当地就有超过500万元的纯收入。[①] 大赛的举办还增加了街舞相关产品的销量，同时刺激产品的研发、制作、推广等环节更好地发展，拉动了街舞培训机构、街舞服饰、动漫人物、演艺机构等系列文化产业的发展。大赛还举办了进社区、进校园活动，给当地群众一个广泛欣赏、学习街舞的机会，拓展了街舞文化普及面。大赛不仅为国际街舞爱好者搭建了一个展示交流的平台，还为发现更多街舞人才、丰富群众的文化生活作出了贡献。各地的观众通过街舞重新认识了郑州，改变了过去认为郑州土、旧的印象，进而树立了郑州开放、时尚、活力的城市形象，提高郑州的影响力。

2. 郑州街舞的发展道路

郑州要做大做强街舞这一新兴文化品牌，将郑州打造成全国街舞中心，弘扬郑州城市文化，提升郑州的影响力。

（1）打造完整街舞文化产业链

利用郑州街舞在全国举足轻重的地位，以郑州街舞大赛为依

---

① 左丽慧，秦华：《街舞，吹响全面发展号角》，《郑州日报》2014年8月22日第16版。

托，打造完整的街舞文化产业链，继续完善郑州街舞大赛的赛制，提升专业水准和市场化运作水平，加强街舞跨界合作发展、文化交流、文化周边产品生产；加强街舞理论研究，规范街舞考级制度和教师资质认证，加强对街舞裁判员的培训考核，提高街舞人才的整体素质，引导行业健康发展；加强资本运作、品牌积累，深层次挖掘街舞文化价值，让郑州街舞大赛产生品牌效益，推动中国街舞品牌的国际化发展。

（2）加强街舞文化与郑州城市文化的融合

街舞赋予了郑州现代感的人文活力和精神，现代感的文化与郑州的个性文化融合在一起，提高了郑州文化核心竞争力。街舞大赛作为一种文化活动，在赛事中融入能反映郑州特色的艺术活动，能让观众更深入地了解郑州的文化背景和价值。要把郑州街舞打造成像少林功夫一样代表河南形象的文化品牌，就要继续激发城市活力，让街舞真正融入郑州的群众文化生活中，推动街舞人才的发展，鼓励原创街舞作品的创作。如利用郑州街舞的人才资源和文化氛围拍摄以街舞为主题的电影，结合街舞、说唱等都市文化新形式，利用中原武术与街舞的密切关系，创新演绎中原传统文化，体现古老郑州和现代街舞的融合统一，推动郑州的现代化、国际化。

三　河南节会中存在的问题

近年来河南各地的文化节会活动，虽然取得了一些成绩，但总体来说还存在着一些问题。

（一）品牌意识薄弱，影响力有限

河南省目前举办的节会虽然数量多、类型丰富，但举办历史短，有影响力的大型节会很少，大多只是在已有资源的基础上简单地开发，缺乏整体、长远的发展规划和品牌化运作，寿命短，效益不佳。在河南每年举办的各类节事活动多达几十种，但只有洛阳牡丹文化节和新郑黄帝故里拜祖大典品牌化程度较高，有了一定的知名度，其他如河洛文化节、南阳诸葛亮文化节等规模小，只在当地小有名气，对外界吸引力和影响力有限。另外，一些地方举办节会只追求一时的轰动效应，缺乏完整、长期的规划，形式老套，内容重复，逐渐失去了魅力和吸引力，越办越萧条，最终走向销声匿迹。例如淮阳的中华姓氏文化节，仅举办了两届就停办了。文化节会只有形成文化品牌，才能保持旺盛的生命力，才能形成全国乃至国际上的影响力和美誉度。

（二）特色不鲜明，旅游产品单一

有些文化节会主题雷同，内容比较枯燥、乏味，缺乏新意，没有深挖文化底蕴；文化资源的开发盲目无序，档次和品位都比较低级；旅游产品的文化附加价值不高，难以展现当地文化的真正魅力，品种也比较单一，游客只是简单地游览观光，很少有能够参与的项目，难以带动旅游消费，不能满足当前旅游者日渐多样化的文化旅游消费需求，不能调动群众参与的热情，这样的文化节会是无法持续发展的。[①]

（三）市场化程度低，专业人才缺乏

目前，河南省内的文化节会大多由政府主办，而市场作用发挥不足。没有引进市场化运作模式，导致缺乏竞争力，在策划上也没有重视和满足参与者的需求，最终造成节会质量不高，专业性不足，参与性差，收效不理想。举办文化节会，发展文化产业不仅需要丰富的文化和自然资源，更需要人才资源。目前，河南产业从业人员整体素质不高，缺少包括经营管理、文化创作和营销等方面的专业人才。另外，管理和服务水平低，交通、食宿、娱乐购物等旅游配套设施条件比较简陋，造成游客停留时间短，节会结束后的跟进措施不足，因而内容没有得到升华。这些都制约了河南文化节会

---

① 泥倩倩：《山东省旅游节庆品牌化发展研究》，硕士论文，华中师范大学，2013年，第33页。

向更大规模化、更高层次发展。

四 河南节会的创新策略

河南大大小小的节会有很多，但在全国范围内，河南的节会活动还没有充分发挥出它应有的影响力。河南要加紧对节会文化资源的开发利用，利用节会弘扬中原文化，促进河南旅游业及相关产业的发展，提升中原文化在全国乃至世界的知名度。

（一）提高科技含量，注重文化的体验开发

发展文化节会，需要大力推进高新技术与文化的结合，运用科技手段提高文化产品质量，这对提升文化产业的竞争力至关重要。在体验经济时代，旅游者已经不满足于传统、单调的游览观光，人们期待的是更深度的旅游体验效果。旅游的参与程度直接影响旅游的体验效果，要丰富节会文化的表现力，精心打造体验型、参与型旅游产品。如开封的"光影铁塔秀"，利用4D成像、全息技术等营造视觉美感和艺术氛围；登封的《禅宗少林·音乐大典》、洛阳的《天下洛阳》、开封的《大宋·东京梦华》《千回大宋》以及《大河秀典》等演艺节目，通过国际化时尚流行视听语言的文化诠释力，运用现代声、光、电等高科技手段"活化"文化资源、打造视听盛宴，给观众以亲身的感官体验，让人能更深入地感受中原文化，深受大众喜爱。

（二）充分挖掘文化内涵，塑造特色旅游

地区文化节会要树立品牌塑造和创新意识，不同地区节会要突出地域特色，不能盲目跟风、简单复制其他地区成功模式，要进一步提高文化品位，准确挖掘地区文化内涵，最具特点和典型性的资源要进行创新性地深度开发，打造亮点和热点；从内容和形式上不断推陈出新，设计有特色有新意的旅游产品，加强活动项目的体验性和参与性，调动起群众的积极性和参与热情，让文化节会充满生

机和活力；把文化资源进行规划组合，形成规模化、高层次的旅游产品，形成整体的文化景观意象，使文化旅游资源转化为具有很强吸引力和较强市场竞争力的旅游产品。通过科学的设计，独特的创意，持续的运作和营销，不断提高节会质量，树立起自己独具魅力的旅游形象，逐步实现品牌化。

（三）科学的开发和管理

第一，节会的开发和运作要有科学的组织与管理，对文化旅游资源要进行宏观规划和整体开发；第二，强化媒体宣传，充分运用不同媒体的传播优势，创新宣传内容，持续扩大影响力；第三，采用市场化运作模式，拓宽融资渠道：政府要改变包揽一切的管理方式，主要发挥宏观规划、指导以及监督的作用，做好政策支持和治安工作，把文化旅游活动、文化产品交给专业的公司去策划和管理，进行品牌打造和营销；第四，住宿、饮食、交通、娱乐等，是发展文化旅游的基础，要完善城市旅游配套设施；第五，要培养、引进一些高层次的文化节会专业人才。

河南要进一步研究文化节会的开发，将理论研究与实践相结合，总结经验，不断提高办节水平，通过举办文化节会，把丰富的文化资源转换成文化产品，打造知名的文化品牌，带动旅游资源的集中开发，展示河南旅游新形象，带动旅游业及相关产业的全面发展。

附

拜祖大典是中华民族的精神家园
——访黄帝故里拜祖大典组委会办公室
副主任董建山
采访人：汪振军　李畅
2016 年 3 月 19 日

文化节会是传承华夏历史文明的重要平台。作为河南影响力最大的文化节会之一的黄帝故里拜祖大典，是一笔巨大的、有着特殊历史地位和社会作用的精神财富。为更深入地认识黄帝故里拜祖大典政治、文化、经济意义，我们在2016年3月19日上午对黄帝故里拜祖大典组委会办公室副主任董建山进行了采访。

1. 问：自2006年以来，黄帝拜祖大典已经成功连续举办了10年，每年都吸引数十万海内外华夏子孙前来寻根拜祖，如今拜祖大典已经成为华人世界极具影响力和标志性的文化名片，也是推广中原文化的一个重要平台。您是怎么认识拜祖大典的？

董建山：拜祖大典不仅仅是一个简单的仪式。首先，仪式本身就非常有意义，通过仪式能走向人的灵魂。文化的核心要义，对内来讲，主要是走向人的灵魂，对外，它要通过各种方式来表达和呈现。习总书记讲，文艺要有温度，要像阳光一样能温润人的心灵。对心灵的影响，是我们做文化工作应该围绕的中心。仪式给人一种神圣感，能穿越时空让人受到教育，进而让人产生很多想法。比如大典本身可以打通古今，把当代中国的命运共同体，建设在深厚的历史文化沃土上。在大典中我们回望祖先的丰功伟绩，想到中华民族5000年屹立于世界民族之林不倒，能够大大激发华夏儿女的民族自豪感和凝聚力。

其次，拜祖大典是对中国优秀传统文化的继承。慎终追远、崇宗敬祖是我们中华民族精神信仰的主脉，这是我们区别于西方神的崇拜的一个重要的不同点，我们不仅尊重血缘的传承，更注重文化的传承。祭拜就是让后代人怀念，父辈们效奉先辈们做，子孙们跟着做，通过言传身教的方式，不断传承文明，这就是文化共同体，就是传承和创新，这是中华文明5000年文化和价值观延绵不断的重要根源。拜祖大典是我们的精神寄托，我们在黄帝故里进行寻根，在拜祖大典的仪式中祈福中华民族团结和谐、伟大祖国繁荣富强，回忆中华民族5000年屹立不倒、自强不息、越挫越勇，从而给自己带来精神力量。我们通过对历史的传承，来对现代加以影响，进而延续到未来。而价值观的扩展，必将引起文化共同体，命运共同体、世界共同体。对文化价值的认知，是形成各类共同体的最根本的要素，这就是价值观在构建命运共同体中的重大作用。

最后，认识拜祖大典首先要认识黄帝。关于黄帝有各种说法，有的说是一个人，有的说是一个部落一个族群的名称，但是不管是哪种说法，首先，从文化意义上讲，黄帝是我们中华民族的精神符号，我们这个民族的人都认可他，这就是他的精神力量，是他必然存在的意义。在新郑黄帝故里举办的拜祖大典，不管是从传世文献还是考古文物来说，都有充分的支持。近年来，人们一直在努力从史学和考古等层面上把黄帝确立为信史。我们也在做一些研究，在具茨山上发现了很多岩刻岩画，引起了学术界的高度重视，我们请了多位世界权威岩画专家到具茨山进行考古调查与研究，对黄帝故里的确证提供了新的实物依据。各种史料、传说和考古发现互相印证，从根本上确立了黄帝文化是中华源头文化的地位。

目前有几个结论是确定的：第一，黄帝是我们中华民族的人文始祖。第二，黄帝是我们中华民族的人文共祖。第三，黄帝建立了国家雏形，是中华民族第一位政治领导人，创建了政治制度和社会管理方式，开创了更高形态的政治文明，拉开了中华 5000 年文明的序幕。所以说，黄帝文化是我们中华文明的源头文化，黄帝是我们的人文始祖。接下来我们还要继续做黄帝文化的传播和普及工作，强化黄帝文化宣传交流，通过"拜祖"，把优秀传统文化与时代精神相结合，用黄帝文化唤醒整个民族的集体记忆，把黄帝拜祖大典建设成为中华民族共有的精神家园。

2. 问：轩辕黄帝是 5000 年前开启农耕文明的始祖，而我们现在进入了城市文明阶段，拜祖仪式对我们现在的发展有什么样的时代意义呢？

董建山：回忆过去就是为了正视未来，我们拜黄帝不是简单地回忆过去，拜祖大典不仅有当世意义，更有未来的意义。这些年来拜祖大典一直在做的就是"面对当下，面对世界，面对未来"。

首先，我们下一步希望黄帝故里拜祖大典上升为国家祭拜，扩大其影响力。中国社会科学院考古研究所所长刘庆柱先生说，国家祭祀实际上就是祭国，祭国自然就要从第一位政治领袖黄帝拜起。拜黄帝对当下的意义，最重要的就是解决民族认同、国家认同的问题。传说黄帝经过战争统一融合了各部落，将各部落图腾整合成"龙"图腾，它由不同族徽的族氏所组成，也说明黄帝族并非一个族氏。我们中华民族起源的时候就是多民族融合统一形成的血脉相连、不可分割的大一统集团，他不仅是汉族人的先祖，他还是这片国土上众多民族的共祖，对黄帝的祭拜不单单是血缘关系，也包括地缘关系，我认为，还有文缘关系，因为，他是中华文明的肇造者，开创了各项物质文明、制度文明和精神文明，掀开了中华文明的历史篇章。

其次，黄帝文化的内涵是不断发展的。黄帝"协和万邦"，联合炎帝、打败蚩尤，统一天下后，善待各部族，因而得到越来越多部族的归顺和拥护，这体现了黄帝文化乃至中国文化的和谐包容精神。世界历史上有很多灭族的惨剧，而"和平""和睦""和谐"是我们中华民族的文化特色。面向世界，通过拜祖大典把我们"协和万邦"、促进团结的价值理念宣扬出去，追寻获得文化认同，进而促进我国文化软实力的提升，这就是大典重要的现实意义。

最后，拜祖大典具有促进民族认同和国家团结统一的重要作用。大典的邀请工作立足于全球华夏儿女广泛参与，我们每年都会邀请党和国家领导人、台港澳政要和知名人士、海内外优秀华人代表、各界优秀群众代表等嘉宾参加，促使优秀传统文化与时代精神结合之后，产生新的时代文化，来影响国人、影响世界。连战在参加大典期间多次提及"两岸人民同根同祖、一脉相承，中原是中华儿女心灵的故乡"，这就是对民族对国家的认同。近两年来我们还在做一个"同时、同像、同主题，两岸三地同拜黄帝"的活动。2015 年，中国台湾在台北中山堂广场同步举行拜祖仪式；2016 年，华人社团已专门成立组织，将于 3 月 27 日在当地举办海外炎黄子孙同拜黄帝活动，采用和新郑黄帝故里拜祖大典统一的主题、主要仪程、黄帝故里黄帝像和其他文化标识、礼制元素。10 年连续举办黄帝故里拜祖大典，大典的海外影响力与日俱增，海外华人社团纷纷联络黄帝故里拜祖大典组委会，争取同步举办"同拜黄帝"活动。这就是黄帝作为中华民族的人文共祖、文化标识所具有的巨大号召力和凝聚力。

3. 问：您身兼大典组委会办公室副主任，多年来为拜祖大典的筹办做了大量工作，大典已经做了 10 年，从各方面来讲郑州组织大典都具备了充分经验，您认为大典现在存在什么困难和挑战吗？

董建山：接下来我们要做寻找理论支撑的工作，支持黄帝文化研究，研究拜祖大典和当代中国主流价值观之间的关系，加强黄帝文化与时代精神相结合的研究。我们祭黄帝和无神论没有冲突，拜祖大典是对先祖的怀念和敬拜，是对国家的信仰，对中华民族的信仰。

再一个是如何解决多民族信仰问题。黄帝不仅是汉族人的先祖，他也是这片国土上众多民族的共祖，历朝历代都拜黄帝，都说自己是黄帝的子孙。我们要通过"拜祖"的神圣仪式，增强整个中华民族文同源、族同源、国同源的意识，更好地团结世界华人共筑中华民族伟大复兴的中国梦。

还有就是如何破解国际问题。现在有的人宣扬"中国威胁论"，而我们就是要通过拜祖大典，让全世界看到我们的价值理念就是"和平、和睦、和谐"，使我们的和谐文化真正为国内和国际民众所接受和认同，提高我们的文化软实力，影响未来世界的价值观走向。2012 年，万达收购美国院线 AMC，当时人们对此举表示担心，但并购仅仅一年多后，AMC 就实现了扭亏为盈，万达集团文化产业的规模和国际形象获得了极大提升，并由此带来一系列积极的连锁效应和经济利益。中国注重和平、发展、合作、共赢，2012 年已成为 120 多个国家的贸易伙伴国。华商把中国传统文化观念贯彻到经营实践中去，使华人经济在世界各地迅速崛起。这就是对中国包容精神的成功诠释。

世界发展不应是侵略和战争，而应走"和平、和睦、和谐"的道路，人活着不是为了竞争、痛苦，为的是心灵的平和、幸福，人活着最重大的一件事情就是要塑造灵魂。通过拜祖大典"和平、和睦、和谐"的主题，我们要让全世界了解和认同中国的"和谐文化"。

4. 问：在传统文化复兴的时代背景下，我们已经充分认识到了拜祖大典的重大政治和文化意义，那举办拜祖大典获得了怎样的社会效益和经济效益？

董建山：服务于中心工作，让人民更幸福，我们大典还在做一些经济的联络工作，利用好侨资源，吸引海内外杰出华人积极参与中原经济区建设，努力让拜祖大典在郑州推进"国际商都"建设过程中发挥更大作用。

人类活着是要追求幸福的，幸福离不开物质，经济工作也是我们的中心工作，良好的经济状况也能促进政治、文化等方面建设。我们郑州市从 2000 年开始不断地壮大发展，郑东新区、高新技术开发区、经济技术开发区、出口加工区、航空港区，蕴藏着巨大商机。通过拜祖大典，我们在锻造精神的同时，拓宽了经济贸易的合作与交流渠道，给世界各地的华人华侨提供了盈利的机遇。每年的黄帝故里拜祖大典都在郑州举办经贸活动，为嘉宾投资、互动交流搭建平台，11 年来累积签约项目总额已达数万亿元，有效促进了河南经济的快速发展，吸引更多的华侨华人以及海外友人到河南寻根谒祖，观光旅游。

（执笔人：李畅）

第十一章　河南书店与华夏文明传播

　　城市书店是人类传播知识与文化的场所，也是反映一个城市精神面貌的窗口。区别于国营新华书店、网上书店和专业性较强的图书俱乐部等，独立书店是一种独特的零售书业形态。独立书店的价值不在于它对商业利益的追逐，而在于浓厚的文化及氛围。有什么样的城市，就有什么样的书店，书店也逐渐成为一所城市的市标。很多独立书店通常被称为一座城市的文化形象与名片，比如台北的"诚品书店"、北京的"单向街书店"、郑州的"纸的时代书店"等。城市独立书店的发展，对于我们感受一座城市文化有着重要的体验作用，也是我们在烦躁城市中的心灵休憩处。

　　近几年来，随着文化体制改革的不断深入和市场经济的蓬勃发展，国家对于书店政策的回暖，为城市独立书店的发展提供了一个契机。同时，随着互联网时代的到来，网络书店成为书商的主战场，网上书店的竞争以及数字阅读的竞争，经营成本的飞涨，这些使城市独立书店发展也面临一系列新的问题，机遇与挑战并存，在挑战中寻得机遇，在机遇中寻求长远发展。

一　城市独立书店的现状

（一）城市独立书店

　　独立书店，它是由个人或集体独立经营，有着自己的独特风格，人文情怀等特征的实体形态书店。区别于国营书店、网上书店和图书俱乐部等书业形态，是零售图书业态的一种存在方式，它的卖品往往集中在几个知识或学科领域，最重要的特质是不以图书销售为单一目标，而是有其独特的价值取向。它密切参与当地精神文化生活，同时起到任何其他方式都无法替代的作用。

（二）独立书店发展情况

互联网时代的到来，数字阅读普遍普及，电子书横行，我国的独立书店正处于国民低购买率、低阅读率时期，网络书店和连锁书店占据书业市场的较大份额比例，实体书店店面租金高、税收以及人员工资高这样的严峻市场行业环境中。继广州三联书店、必得书店，北京光合作用书店以及有 40 年历史的"全美最佳书店"borders 旗下的 399 家店面相继关闭，退出文化的舞台，类似的书店、同样的命运还在继续上演。

2013 年，成都今日阅读书店开了两家分店，还有两家在规划中，都是特别大型的书店；贵州西西弗书店在 2013 年成功地开了第 20 家店；Pageone 在北京开了三家；库布里克书店开了两家。2014 年 1 月 10 日下午，"第三届中国独立书店高峰论坛创新经营案例分享会"在北京举行，20 余位独立书店的经营者、研究者及阅读机构代表参与论坛并讨论。近年来，实体书店倒闭的消息不断从各地传来。据中华全国工商联合会书业调查显示，在过去的 10 年中，有约 5 成的民营书店陆续倒闭。与此同时，欧美一些连锁书店，也在不断地关闭旗下门店。论坛期间，金城出版社、蜜蜂文化公司策划并出版了《书店之美》（珍藏版）、《中国旧书店》、《北京书店地图》（修订版）等相关图书与衍生品。

中国出版传媒商报多年里一直关注独立书店的生存与发展，不断呼吁有关各方予以扶持；而金城出版社也以另一种方式关注独立书店的发展，其近两年的出版物中以书店为主题的图书就有 10 多个品种；蜜蜂书店作为独立书店的典型代表之一，多年来为独立书店的发展与团结作出了贡献。

2012 年中国出版传媒商报与金城出版社、蜜蜂书店在北京图书订货会上联合举办了首届独立书店论坛，主题为"独立书店的生存与解决之道"，邀请在经营上比较有创新且摸索出一些发展思路和道路模式的独立书店经营者，分享经验。2013 年第二届独立书店论坛，主题为"中国独立书店的坚守与创新"。独立书店论坛连续两届举办，引发了各界对独立书店生存现状的热论。独立书店生存紧迫的问题，日益成为政府和各界共同关注的焦点。两年多来，包括中央电视台在内的众多媒体对"独立书店的生存与坚守"做过专题报道。①

（三）政策支持情况

2014 年，财政部和国家税务总局下发了《关于延续宣传文化增值税和营业税优惠政策的通知》，规定自 2014 年 1 月 1 日起至 2017 年 12 月 31 日，免征图书批发、零售环节增值税，同时，北京市出台了鼓励民间投资文化产业的新政策，此外，同年，财政部和国家新闻出版广电总局又联合下发了《关于开展实体书店扶持试点工作的通知》，决定对北京、上海、南京、杭州等 12 个试点城市开展实体书店扶持试点，56 家实体书店获得 9000 万元中央文化产业发展专项资金。

2016 年，中宣部、国家新闻出版广电总局、文化部等 11 部门联合印发《关于支持实体书店发展的指导意见》（以下简称《意见》）从完善规划和土地政策、加强财税和金融扶持、提供创业和培训服务、简化行政审批管理等各方面着手，支持实体书店发展。《意见》指出，到 2020 年，要基本建立以大城市为中心、中小城市相配套、乡镇网点为延伸、贯通城乡的实体书店建设体系，形成大型书城、连锁书店、中小特色书店及社区便民书店、农村书店、校园书店等合理布局、协调发展的良性格局。②

2016 年，财政部发布《关于申报 2016 年度文化产业发展专

---

① 新浪网：《中国独立书店如何活着并快乐着》，http://history.sina.com.cn/cul/news/2014-01-13/093779811.shtml.

② 中国政府网：《11 部门联合印发〈关于支持实体书店发展的指导意见〉》，http://www.gov.cn/xinwen/2016-06/18/content_5083377.htm.

项资金的通知》，"实体书店扶持"仍在列。国家新闻出版广电总局同时下发《关于征集 2016 年度文化产业发展专项资金新闻出版广播影视重大项目的通知》，其中包括"继续扶持实体书店发展。①

2015 年 8 月初，河南省委、省政府印发《河南省文化创意和设计服务与相关产业融合发展规划（2015—2020 年）》，提出要切实提高文化创意和设计服务整体水平和核心竞争力，大力推进与相关产业融合发展。

2016 年 3 月，开封最大的独立书店诗云书社准备关门事件传出，引发河南大学师生、开封市民纷纷发声挽留，《大河报》对此进行报道后，开封市委、市政府宣布拿出 200 万元资金支持开封市区实体书店发展。6 月，这项奖励政策正式落地，开封市文广新局在诗云书社举行开封市实体书店奖励资金发放仪式，共有 26 家书店根据奖励标准获得相应奖励资金。②

二　郑州独立书店传承华夏文明的个案

读书仿佛成了一件古典的仪式，只有"嗜书重症患者们"还在试图保卫书店，并孜孜以求一种情非得已的生存之道。③"书"是给予一座城市文化气息的生命养分。在郑州这座古都城市中，城市、书、人相聚并交融，时间在纸张中停滞，借着纸背透出的光，先贤的思想和今人的智慧在其中流淌，让历史与文化的记忆在书中永恒。

多少读书人坚守着开一家书店的理想像是在做一场绵延的古

---

① 中国出版网：《实体书店扶持政策不完全报告》，http：//www. chuban. cc/cbsd/201606/t20160607_ 174348. html.

② 大河报：《开封奖励实体书店政策落地　首批 26 家书店获奖励资金》，http：//henan. sina. com. cn/news/z/2016－06－23/detail－ifxtmweh2349633. html.

③ 史燕尔：《独立书店：行走在消逝中》，《阿拉旅游杂志》2012 年 2 月，http：//nbtravel. dooland. com/？year＝2012#top2.

老的梦。那些分布在城市中被唤为独立书店的小小因子，成就着爱书人的梦，也在激烈更新汰旧的现代岁月里不断飘散、遗失。一座城市都有值得一去的书店，郑州这座城市也衍生出了一些城市书店，成为郑州精神的守护者与瞭望者。书是生活书店不能被描述为有什么特点，或多少先锋，普通到书架老老旧旧有了弧度，指引书目类型的纸张卷起棱角，绿色木框玻璃门会吱吱地响。阅开心书店是郑州市开设分店最多的书店。各个分店的装潢设计各有风格，每家阅开心分店都有着别样的惊喜，文艺范、商业范总有一款适合你。郑州三联书店是郑州市唯一一个几十年风格如一的书店，马国兴曾写过关于它的书《我曾经侍弄过的一家书店》。如果迷茫看什么类型的书籍，就去看看三联书店图书销售排行榜。三联书店就像一个朴实无华的老朋友一样，静静地陪伴着郑州这座城市。三千集书店是郑州一家租书会员制独立书店，独有的阅读小季节，这是一个租书、畅读的地方。还有许许多多的城市书店用自己独特的美丽来书写这座城市的文化传承，每一家独立书店都应该是一扇反映城市人文风景的窗口。"一个城镇的综合文化几分高否，或许也能从书店看出不少来。"（舒国治语）通常为人们所认同的是，比起商业价值，独立书店"文化地标"的身份更富有意义。①

（一）城市之光书店的发展与特色

2006 年 3 月，城市之光书店开业，至今走过了它的第 9 个年头，且将要迎来它的 10 岁生日，它是郑州土生土长的城市独立书店，它的存在本身就是对郑州文化的一个见证和传承。

城市之光书店坐落于河南高校郑州大学南校区南门西侧，门头很不起眼，店门斑驳，漆掉得厉害，见证了它的成长与发展，但是从走进书店的那一刻起，脚步节奏便缓了下来，呼吸也突然变得缓

---

① 史燕尔：《独立书店：行走在消逝中》，《阿拉旅游杂志》2012 年 2 月，http：//nbtravel. dooland. com/？ year = 2012#top2.

慢，似乎就能感觉到它的与众不同，原创、民谣，阅读，都在彰显它的个性与执着。简洁的装饰，具有民族特色的创意生活馆，精心选择的图书，都能让读者感受它独特的风格和人文情怀。

1. 书店的 Logo 标识

城市之光书店的 Logo 标识，不似其他书店是文字或是代表其书店的创意设计，它取自巩义市石窟寺的飞天浮雕造像，是北魏艺术文化的体现，其本身就是对华夏文明的一个发展与传承；飞天是天龙八部中掌管文艺、艺术的一部；独立书店创始人小开哥本身也是信佛之人。因此，飞天承载着这三层深意成为城市之光书店的 Logo 标识，其文化深意让书店显得厚重多彩。

2. 书店图书的特色

图书与独立书店的特色人文风格紧密相连，休戚相关。城市之光的创始人小开哥认为，书的选择就是我们个人价值的判断，书的好坏不以好不好卖为选择的标准。"我希望带给别人好书，不会误导别人的书。"城市之光书店的书籍，既有分类的图书摆放，如西方经典学术、书画民俗、电影音乐艺术等种类，同时又有主题陈列，如："独立之精神，自由之思想"主题陈列，摆放的书有：《论美国的民主》《自由史论》《第三帝国的语言》等。

3. 书店的品格

独立书店之所以称为独立书店，是因为它是市场条件下具有法人资格独立经营的市场主体，具有自己的特色和价值取向，也在于它不同于国营的新华书店与大型图书连锁超市。相比之下，独立书店更加注重营造独特的书店氛围，是书店的独立品格的体现。

城市之光书店的创始人小开哥说："我们想做成的不是一个书店，而是一个文艺休闲空间。这个东西没有办法盈利，最开始想的就是只要能活就行，因为知道它挣不了钱，只要它能持平我们就会坚持做下去。"城市之光书店成立的初衷就是希望城市之光书店就如同卓别林的电影《城市之光》一样，我们在这个城市的水泥森林中流浪，寻找爱情，寻找梦想，生活中却充满了浮躁、不安和紧张，这些情绪如同梦魇与每一个城市人紧紧相随。在一个阴郁的下午，放下心情，喝一杯咖啡，读一本好书，这世界的纷扰仿佛也变得遥远了。书店，是城市的一个梦，是一种生活方式，它提供阅读、聆听与交流，在精神层面它承载着与另一个世界的出口。"作为垮掉的一代"发源地的美国旧金山城市之光书店，代表着自由、平等、先锋的生活理念，我们的城市之光书店正是源于这样一种梦想。与城市之光的相遇，就好像与一种生活方式的相遇。

4. 书店商业推广活动

（1）城市之光书店，根据热点时事，进行创新。2015年6月7日02:54欧洲杯决赛尤文图斯:巴塞罗那，书店利用设施将书店当成大家一起看球的最佳场所，200吋的大屏幕，大家聚在一起看球，情绪激昂高涨。

（2）根据该书店官方发布信息进行统计，2015年城市之光书店举行了多场"7LiveHouse民谣现场，原创音乐就在现场"等活动。民谣作为中国音乐文化的一部分，在书店这个舞台上结合，实现了双向的共赢。

（二）松社书店的发展与特色

松社书店位于郑州市金水路与文化路东北角中州索克影城三楼，书店的门头很大，弯弯转转的楼梯，墙面上挂着各种各样的画，让人仿佛走进了中世纪建筑之中。地面也被细心地贴上了指示标，店门是感应设置，如果有读者到来，店门自动感应打开。书店氛围不仅在于设立的高大书架，更体现在店内简约的装潢结构和以白色的为主色调的墙面艺术空间以及松社茶室，书店致力于打造家与工作之外的第三个空间。松社书店不仅以高端雅致的整体设计和店内悬挂的映像展览营造出书店氛围，还在于书店员工对顾客的亲和力、耐心、微笑服务每一位到来的读者。

松社书店老板在接受采访时，说道，"读书的地方是一个高端的地方，如果让我参观你的书房，那样我就知道你是一个什么样的人，这书店遇到一些志趣相投的人，思想交流的共鸣更能使人愉快和满足，这才是精神境界的提升。松社书店会议室的桌子一万多块钱，一把椅子三四千块钱，我只是想让读书人更有尊严地阅读。"

1. 书店的自我定位

松社书店为何叫松社，书店解释是：松，傲然挺立不为春夏秋冬风霜雨雪所动容之树。社，志趣相投者形成的团体。松社：有独立思想、人文精神、普世情怀、历史担当的读书人聚会场所。该解释自成一说，"松社"这个名字也确实让很多人记住了这家独立书店。松社书店致力于打造集高品位阅读、音乐欣赏、电影交流、先锋剧社、艺术展览、文化沙龙、创意生活、休闲咖啡为一体的复合型文化休闲生活空间，让阅读、设计、时尚、品位、文艺互动，倡导高尚的新生活休闲情趣，建立中原独特的新生活美学体系。

2. 书店的"互联网＋"思维

在"互联网＋"走向各行各业的时候，松社书店紧跟时代步伐，将视角转向互联网新思维。松社书店成立之初，就确立了书店的自身定位。书店店名标识："松社书店＋"，书店名片也是印有"松社书店＋"，针对这一细节设计，书店老板说道，这正是松社与别家书店不一样的地方，就是在走"互联网＋"的模式，运营互联网方式，将互联网的创新成果深度融合于书店的发展之中，提升书店经济的发展，形成以互联网为基础的独立书店发展新形态，实现书店的可持续发展。"互联网＋"思维的融入不得不说是松社书店的特殊魅力所在。

3. 书店公益性的推广活动

松社书店开展的一系列"松社我来讲"讲座、松社映像等活动，都是讲者纯公益，听者纯免费。松社书店从成立至今，仅仅一年多时间，就举办了几十场活动，其质量及活动密集程度都可圈可点，得到了业内人士的认可。每月都有此类的讲座和观影活动。

松社书店 2016 年 5 月讲座活动一览表

1. 独角诗剧《情爱长安》	杨晨/著名主持人	5 月 1 日 19:00
2.《至味在人间》新书分享会	陈晓卿/《舌尖上的中国》总导演，纪录片制作者，美食专栏作家	5 月 2 日 15：00
3. 一封家书抵万金——2015 年中国好书《谢觉哉家书》分享会	谢飞/著名导演，谢觉哉之子	5 月 10 日 19：00
4.《我们爱过又忘记》新书分享会	余秀华/著名诗人	5 月 17 日 19：00
5. 我们这个时代的失败与抵抗——《世间已无陈金芳》新书分享会	石一枫/小说家	5 月 24 日 19：00
6.《安的种子》创作历程分享会	王早早/儿童文学作家 黄丽/《少年科普世界》杂志社美术总监	5 月 31 日 19：00

注：表格内容系作者根据书店信息整理。

4. 书店品牌特色

松社书店的两大主要股东是中州索克文化传媒、香漫湖庄园，以此作为支撑平台，实现松社书店的长远发展，而松社书店所形成的顾客群，也会是索克影城与香漫湖庄园的潜在客户群，这样双方就形成一个良性循环，实现了经济效益与社会效益的最大化。松社书店的总部是中州索克文化传媒，主营有索克影城，如此，越来越多的经典名作被搬上屏幕，读者在阅读书籍之余，只需下楼就能走进索克影城观影，深刻体会和感悟图书与作者思想，将经典视觉再现。

松社书店给 100 多个家庭安装了家庭书房，让书走进家庭，也是其以后的经济增长点和经营特色；松社书店还与汽车行业合作共生，目前承包奔驰等多家汽车行业的文化推广活动，为汽车客户提供文化服务，这样在无形中就进行了品牌宣传，扩大了影响力。松社书店还与 7 家银行建立合作，负责其管培服务，包括设计、安装以及后续服务等。

5. 松社书店打造"文化之旅"旅游路线

松社独立书店由小做大，逐步地扩大书店消费群体，逐渐开展了几条文化之旅路线，比如，沈从文故居之旅，莎士比亚文化之旅等。其中，松社书店为读者量身打造了莎士比亚文化之旅路线，充当导游的是研究莎士比亚的专家，将文化课堂开在早餐店、故居地、博物馆等，讲述莎士比亚在每个地方所发生的故事，他的感情、他的生活状况、他的写作、他的思想变化等，让读者近距离感悟莎士比亚，以后读者在阅读莎士比亚的作品时，能有更好的理解与品味。松社全权举办，一次文化之旅更能深刻地影响参与者，实现思想的提升与社会效益。

6. 独立书店与地域特色文化融合

松社书店背靠中原大舞台——河南文化产业重点项目，这给松社书店带来不一样的文化氛围。松社书店的文创产品都是围绕着河南、围绕着郑州来做的，为这座城市做贡献。松社书店将书店开设在生活社区之中，更好地服务于社区居民、社区文化，让广大市民通过这种发散性的传播方式分享知识和阅读的快乐，也实现书店与地域特色文化产品融合在一起，实现河南文化发展与传承。

（三）纸的时代书店的发展与特色

纸的时代书店位于郑州市中原区建设西路大摩西元广场 3 楼 C302 单元（秦岭路口西北侧），交通便利的地理位置，安静优雅的纸的时代书店就像是浮躁城市中的象牙塔，长长的走廊，绿色盎然的植物壁纸，将书店与商场的热闹完全隔离开来，走廊的植物也让冰冷的水泥建筑多了些绿意与清新。"纸的时代书店"几个大字镶嵌在花草中，显得格外引人注目。满眼望去，嫩绿色植物映入眼帘，小溪流水清澈，灯明茶香，镂空雕窗，仿佛置身古色古香的书房之内。书店分为办公交流区和读书区，圆形木桌能够拉近人与人之间的距离，不同创意设计的书桌，满足了不同读者的需求，有躺椅式的椅子，也有高脚椅等。舒适的座椅，错落有致，清脆的流水声，淡雅的钢琴伴奏曲，抚平浮躁，减慢喧闹、匆忙的脚步，让心灵停下来，充实思想。

1. 书店进驻商业区

2014年11月8日，纸的时代书店进驻郑州市建设路西元广场，为喧闹的商业区提供了一块清静休息场所，也为特定的消费群体提供更集中、专业的图书和文化服务，在新媒体时代下，阅读时间碎片化，阅读空间的挤压化，压缩了人们的阅读时间，而在商业区的书店让人们在逛街、娱乐的同时，能够充分利用时间，在喧闹中能够安安静静地看书。物质满足与精神享受并在，让人们在浮躁的城市中得到文化的提升。

2. 销售特色

图书的销售是书店生存下去的关键，书店按当当网实时查询价格进行销售，最低折扣为定价的65%；如果当当网的售价低于65%，差价以咖啡券的形式补给读者；如果当当网没有或者缺货的图书，则按定价的90%销售。纸的时代书店是大摩商业有限公司的子机构，因此，纸的时代书店的生存发展是基于大摩商业有限公司的财力支持，书店举办的醉醒客沙龙、读书会、展览映像等都是公益活动，书店的盈利建立在半公益的推广活动基础之上。

3. 书店活动

郑州"纸的时代"书店的活动分为四部分：文化沙龙、展览映像、读书会、奇遇纸间。

郑州"纸的时代"书店活动一览表

文化沙龙： 12 月 27 日 15:00	你所不了解的徐玉诺：《徐玉诺诗歌精选》分享会	海因	12 月 13 日 15：00
	张爱玲、李君维及其他	陈子善	12 月 26 日 15：00
	《圆圆魂》新书分享会	叶辛	
展览 映像：	想画故事给你听：兽桃 2014—2015 年绘本（插画）作品展		11.21—12.02
	寂静之声 II 特殊儿童画展		12.05—12.13
	不一样的美：服装艺术设计手稿联展		12.13—01.14
读书会：	1. 分享你在 2015 年的读书心得与收获		12.06.15：00
	2.《道德经》系列读书会		12 月每周五晚 7：00
奇遇纸间：	立体飞机，纸编装饰圣诞彩球，节日彩灯，衍纸圣诞节贺卡		每周六晚 7：00

注：表格内容系作者根据书店信息整理。

4. 纸的时代"微基金"

纸的时代书店在一个物欲横流的社会，在自身是公益性书店的情况下，依旧投身于社会的公益事业，承担了社会责任，是一座城市文化的守护者与捍卫者。在广袤的沙漠里，我们以书为源，凝结点滴可浇灌的力量，微聚成洲，为坚定行走的你们，提供微小的支持，……微小的支持，为坚定行走的你们——郑州纸的时代书店"微基金"启动，本季时间从 2015 年 11 月 4 日至 2016 年 2 月 8 日，首期额度在 2015 年冬季为 20 万元人民币。赞助方向主要有两种：一种是学生社团活动小额赞助基金，范围是人数不少于 9 人的学生社团或社会活动，额度上限 2 万元人民币；另一种是当代艺术创作小额赞助基金，范围是装置、行为、影像等当代艺术，额度上限 2 万元人民币。书店的"微基金"流程是，先提交申请表，3 个工作日内回复；然后提交财务票据及结案表，7 个工作日内领取基金。不得不说独立书店是一个城市的文化地标，也更是城市精神窗口标志。独立书店更承担了对社会对城市的责任态度，体现了人文情怀。

（四）我在书店的发展与特色

当人们居住的地方已远离闹市、远离商圈、远离城市核心区的时候，有人却执意在闹中取静，完成一场场人与书的邂逅。一群建筑师开的书店，一个青年创新的聚集地——"我在"书店，就在郑州。"我在"书店坐落在郑州二七路大卫城六楼 Mall 区。穿过密密麻麻的品牌商店，在六楼一个僻静的角落，终于看到了"我在"两个秀气的小字。走进书店，没有队列整齐的多排书架，没有布满畅销书的大桌台，书店格局通透大气如《红楼梦》里探春的居所。所有藏书，通通紧贴墙壁。店里有一面仿佛热带雨林般的墙壁，这就是书店的绿植墙，为了改善室内微环境、清洁书店内的空气，让在室内阅读的你，也能感受到大自然的气息。走进店里，空气中弥漫的不只是浓浓的书香气息，书店的各个角落里都充满着设计感。①

1. "我在"书店店名

这家店有个特别的名字，当朋友问你在哪儿，你说，我在"我在"，朋友会不会懊悔地问，你到底在哪，你说，我在"我在"啊，真的在"我在"啊！也许真的会碰到这样的趣事呢，其实，这是一家俯瞰城市上空的书店，这是一群建筑师开的书店，书店店名就叫"我在"，店名取自笛卡尔在《谈谈方法》的第四部分提到的一句名言："我思故我在。"我想，所以我是。它是笛卡尔全部认识论哲学的起点。他从这一点出发确证了人类知识的合法性。"我在"书店店名也就源于此。

2. 图书捐赠

书店一角，柱子四周围着一层方格框，架框上摆满了绿植，但这并不是一个普通的置物架，而是一个书架，这里将集齐各界爱心

---

① 文艺 FUN：《郑州最疯狂的书店》，（微信公众号：iwenyifun）。

人士捐赠的图书。一旦这个书架上接受社会和会员捐赠的图书量达到 2000 册，老板就会把这些图书捐赠给希望小学或者是贫困小学。因此，这里不仅仅是一家单纯的书店，更是一个爱心的聚集地。

3. 建筑与美学相结合设计

每家独立书店的成立，都是一群人或是一个人的精神执着，"我在"书店的老板们不仅仅是这样的人，还是专业的建筑师，这样的一个职业让他们将书店设计得更加有美感，将建筑与美学相结合，成就了"我在"独立书店的独特风格。"我在"书店的合伙人最初在朋友圈宣布书店开张的消息时，贴出了一张至今仍被多个造访者模仿的照片。这张照片的拍摄地，就是"我在"的女性阅读专区，这个区域的座位是你在任何一家书店都从未见过的六棱形。就像是一个洞穴，蜷缩在那里看书，能令人想起母亲的怀抱，能让人回到最原始、最有安全感的姿势。有趣的是，洞穴的尽头有一面镜子，面向它自拍时，你的背面是满满的书架——之所以能够站出最美的姿态，是因为你背后有思想的力量，折射出了智慧的光芒。

在女性专区的对面，有一处可沿台阶而上的立体区域。这个区域是"我在"的两位合伙人精心打造的建筑设计图书馆。其间的建筑设计类书籍，在国内堪称翘楚，占书店第一批藏书的五分之一。他们希望将这里打造成建筑设计人才的交流空间，共同激发新的思考。[①]

4. 独立的私人书房

一扇与墙体颜色完全一致的隐藏门，门内，是连接橱窗的独立小空间，这是书店老板为顾客特别设计的一人书房，他希望能透过橱窗，为每一个有勇气、有定力坐在这里读书的人拍摄一张照片，这透明的所在，瞬间让读者想起了《楚门的世界》。也正如卞之琳的《断章》写得那样美好："你站在桥上看风景　看风景的人在楼上看你　明月装饰了你的窗子　你装饰了别人的梦。"私人书房的圆桌上放着一盆绿色的植物，双层玻璃门隔音效果极佳，在这里捧上一本自己喜爱的书籍，专心地看上一个下午，根本就不怕别人打

---

① 文艺 FUN：《郑州最疯狂的书店》，（微信公众号：iwenyifun）。

扰。一杯咖啡，温暖；一本好书，美好；明净的窗边，品读。就这样慢慢地忘记了自我，忘记了周围的一切，即使有些人开点儿小差，也只是祈祷这样的生活能够继续。

（五）城市独立书店的特点

城市独立书店的发展历程和经营模式各有其特色，差异化的存在也让我们看到了城市文化发展的多面性与多样性，每个独立书店都有其独特的魅力。但是它们之间还是有着某些相同点，成为整个城市独立书店的一个重要的有机组成部分。

1. 独立书店注重城市文化内涵

一座城市的独立书店，往往能寻找到这所城市的发展历程，记录着一座城市的盛衰变迁与历史，独立书店的最重要的价值不在于它的商业价值，而在于它的文化所呈现出的这座城市的文化内涵与底蕴。一家独立书店的文化性与历史性更能显示出一座城市文化的厚重感和历史感。因此，独立书店注重城市文化内涵。

纸的时代书店刚开业期间，慕名而来的大多是年轻人，书籍也多数以人文社科、艺术创意为主。书店致力于倡导"完整阅读，深度思考"。纸的时代书店立足城市的不同而特意设置了介绍不同省市的书籍，因此，郑州纸的时代书店，专门布置了介绍河南及其省会郑州的书籍书架区，在郑州城市化建设过程中，随着"城中村"的拆迁和改建，一些老年读者来此寻找有关"老郑州"的书籍，越来越多的年轻人在休闲之余对关于河南省省会郑州的书籍也非常感兴趣，如《郑州商都文化》《郑州与黄帝文化》等书籍。

松社书店隔壁就是中州电影院，书店老板说，中州电影院是20世纪70年代建立的，迄今有36年的历史，这是郑州文化历史的所在，是郑州这座城市的文化记号。电影大屏幕的背后就是书店的书墙，也是以前放置放映机的地方，寓意着松社书店的文化产出，影响着读者，给社会带来正能量。

城市之光书店是一家土生土长的独立书店，它的存在本身就是对郑州文化的传承，见证了郑州的发展变迁历程，承载着郑州文化符号。背靠着河南高校郑州大学，其文化氛围与文化底蕴浓厚。

2. 独立书店与其他产业复合型经营

大部分的独立书店一直都是微利甚至亏损经营，店主坚持下去只是因为"喜欢"。现在的独立书店很难再找到一家纯粹卖书而不兼营其他与书相关产品的书店了。

松社书店开辟了书店创意角，摆放的有限量版的纯手工制作品，比如：手提袋、四杯一壶的陶瓷茶具、书签、签名书籍、松社标识的专属茶叶等。纸的时代书店背后有强大的商业财力支持。物质世界与精神世界的碰撞，却又显得异常和谐。

纸的时代书店是盒子众创空间策划执行单位。盒子众创空间是各类新型工程师、文化艺术创作者的小型孵化平台。盒子集中营的创意小作品也会放在书店进行售卖，比如：用木头包裹的木头笔。

城市之光书店，除了满架的书，让人眼前一亮的是书店开设有城市之光创意生活馆。书店中手工自制的桌祺，手工抱枕、民俗靠枕，地席、茶席，个性披肩，枕头等用品，独具城市之光书店的特色和标志。创意馆中还有书店老板在世界各地淘回来的一些风情器具，更为创意馆增添了不少异域风情，让人眼前一亮。城市之光书店从 2006 年开业，之后的几年都是亏损，近年来，不赔也不赚。

城市之光创始人小开说，如果不想"赔钱赚吆喝"，独立书店必须考虑多元化经营。如今，在城市之光书店里，除了常规图书销售区外，还有咖啡、食品销售区，休息办公区等，此外还利用微信平台、新浪官方微博推广书店定期举行的各种活动等。

3. 充分拓展和利用新媒体营销

独立书店的新媒体营销，从实质上说，是书店利用新媒体平台对网络用户进行的品牌或广告宣传，借助不同介质的新媒体传递信息、表达舆论，使消费者自然而然地认同该书店或是某种理念、服务。独立书店可以利用社交网络平台进行传播，比如，将书店的活动录制下来，传到视频网站上。独立书店还可以注册自己的账号或建立微信公众号，设立公共主页，添加潜在客户关注度，经常性发布或定时推送书店文字、书店风景、产品信息、活动照片、活动视频等信息，依靠网络用户的转发、评论、分享进行病毒式传播营销，实现独立书店的社会效益与经济效益。例如：松社书店的微信公众号——松社；城市之光书店的微信公众号——城市之光；纸的时代书店的微信公众号——郑州大摩纸的时代书店。

4. 独立书店以会员制稳定读者群

当前，会员制、会员卡已经成为各行各业普遍采用的一种营销手段，在独立书店的经营营销上也不例外。实行会员制对于独立书店来说，往往起到拥有稳定的读者群，培养读者的忠诚度，掌握消费者信息，了解其阅读需求以及增加收入和利润，实现书店盈利的作用。大多数书店的会员制都包含跟踪读者购买记录，根据读者喜好推荐新书，为读者免费或收费开展文化活动，提供购书优惠等服务项目。尽管大多数书店实施会员制，其内容协议或许不同，但会员制在一定程度上稳定了一群较为庞大的忠实读者，比如，城市之光书店开店至今也有9年，累积了2000多会员，买书9折起，他们陪着城市之光一起成长，也成了城市之光坚持运营的一大动力支持。松社书店的会员制分为两种：一种是"松社文化休闲空间"一卡通（消费卡），可在"松社文化休闲空间"任意连锁店进行消费；另一种是"松社文化休闲空间"年卡（借阅观影卡），凭卡可以观看365场电影，每天可以借阅两本书，同时松社会员还可以获得"松社我来讲""松社电影日"等松社系列互动的专项服务。

三　独立书店面临的问题

（一）新媒体环境下，人们阅读时间减少

新媒体环境下，人们的阅读方式转变，随着电子书及数字出版业务的快速增长，电子阅读器、智能手机、平板电脑的硬件普及，数字化阅读的快速增长势头也水涨船高。特别是生活工作节奏的快速化、阅读碎片化，人们更愿意在碎片化的时间里娱乐而不是苦读，再加上由于中国的社会和教育体制的影响，人们缺乏系统的、深入的阅读习惯教育，阅读推广工作相对比较落后，比不过火爆开

展书展的中国香港，他们在推广图书时线上多媒体展示与线下创意活动完美结合。联合国教科文组织进行的一项调查显示，全世界每年阅读书籍数量排名第一的是犹太人，平均每人一年读 64 本书。中国新闻出版研究院最新调查结果显示，2012 年中国 18—70 周岁国民纸质图书阅读量仅为 4.39 本，人均阅读量低得可怜，远低于欧美发达国家，甚至呈明显下降趋势。不少人去书店，也是浮皮潦草地逛逛了事，没有那么多人安心买书看书了。纸的时代书店，书店里面的年轻人居多，询问了在看书的一个年轻男孩，他来过书店五六次，每次都是在逛商业街累的时候，会来到书店休息，选本好书，就此阅读一个多小时。大多年轻女孩，选了一本书，但是还是低头在玩手机，书店有充电设备的座位更是座无虚席，也有很多人都是慕名走进书店，逛了一圈，又走出书店。

（二）经营成本增加，难以为继

独立书店的一个特征就是它的实体性，房租一项成本支出就让独立书店的经营不堪重负。一些独立书店既想吸引客源，选择热闹地段，但租金昂贵独立书店望而却步。城市之光书店依靠于郑州大学，房租相对比较便宜，一年房租在 6 万—7 万元人民币左右，但地理位置不是那么便利，附近大多是小商小店，读者人群较少。而且作为人力密集型产业，独立书店的经营方式的多元化必须依靠人力来实现，一个好的独立书店必须配有人文素养较高的员工，但是近几年的用工成本不断上升，实体书店的低利润难以支付工资。城市之光书店有 4 名员工，员工工资占书店每个月固定支出的很大一部分，书店收入常常入不敷出。相对于大摩商业有限公司西元广场的纸的时代书店和依托于中州索克文化传媒的松社书店来说，城市之光更能代表独立书店的经济财务困境。

（三）网上书店冲击，独立书店举步维艰

图书是一种微利产品，又是一种限价产品，但为了吸引客户，很多书店的图书价格基本上都是折扣出售，是否办理会员卡，决定

着折扣程度不同。据悉，正常情况下，一本书的出版成本占书架的 35％—40％，加上管理和发行费用，到了分销手里上升到了 63％ 左右，对于独立书店来说，八五折甚至九折才能不赔不赚。

网络商城的兴起造成传统意义上书店的式微。网上购书不仅折扣优惠多，送货上门，保证正品，还能提供发票。网上书店，以 Amazon 为代表，利用技术进行大数据分析并进行准确推荐，图书在网络上的简介、图书作者的其他系列图书、购买者的评价都能一一显示，不仅提升了用户体验，同时也提高了销量，再加上电商财大气粗，频频发动价格战。以当当网为例，每逢开学季，当当网开展图书满 100 元减 30 元，买书之后去下单时，还可以 1 元购指定书等活动。因此，相比之下，独立书店的折扣空间小，位置不变，逐渐成为读者试读的场所，越来越多的读者转向这些电商购买低价图书。松社书店原价出售店内所有图书，使得很多读者在阅读时，因为书价不得不放下，转而在网上书店购买。很多独立书店对书都进行了封膜保护，读者不能随时翻阅，与一本好书错过，这也会导致读者阅读体验不佳从而降低了读者的购买率。

四　独立书店发展的解决思路

优秀的独立书店往往被定义为一座城市的文化地标，是体现城市文化内涵及特色的缩影，通过独立书店窥看一座城市，感受这座城市所散发的文化魅力和气质内涵。什么样的书店也是一座什么样的城市的象征。近年来，由于网络书店的纷繁出现，新媒体技术的发展并广泛普及，实体书店的店面租金等经营成本上涨等原因，独立书店的发展难以为继。在新媒体时代下，独立书店如何运用新兴文化业态、新载体或者新形式等方法实现自身的改革与转型，获得长足发展，成为当前一个亟待解决的热点、难点问题。

（一）运用"互联网＋"转变思维

在新媒体环境下，独立书店要获得长远发展，必须将实体书店与新媒体融合，融合首先就是思想观念的融合，产生新思维，实体书店经营者要积极拥抱互联网思维，以互联网思维整体改造和推进书店文化与其他产业融合的商业运营模式，认同"互联网＋"思维，要去学习、运用它。

独立书店虽然面临诸多困境，有些书店相继谢幕，在未来社会发展过程中，独立书店不会消亡，但是会变得越来越不像书店，不同于国营新华书店或是大型连锁书店超市，成为人类的文化体验空间和文化交流的场所，其服务功能增强并与其他产业融合发展，满足读书同时又有延伸需求，实现新兴业态的发展与转型。正如松社书店那样，在成立之初，就已将"互联网＋"思维融入其中，借助互联网平台成就其长久的可持续发展。

（二）独立书店的网络营销

相较于网络书店，实体书店在图书市场上日益窘迫无援已经毋庸置疑。然而独立书店自身具备的人际传播、人文关怀、书店氛围、文化服务，是网络书店所不具备的优势。独立书店始终固守着人类心灵上的一方净土，但是，在新媒体时代下，独立书店获得长足发展，更好地传承文化，必须借助于新媒体改革原有的营销模式。

松社书店在 2015 年 12 月在网上建立自己的微店，只卖别人没有的，自家物品的独特性，实行差异化发展策略，如限量版的纯手工制作品，签名书籍、松社的专属茶叶等，实行专人负责网络。松社书店打算将网络销售定位于全国市场，并与《罗辑思维》达成合作意向，通过《罗辑思维》的销售渠道进行自身的网络营销，实现共赢。目前，松社书店微店只出售相关作家的签名版图书，其他服务正在努力完善当中。

独立书店进行网络营销时，可以跟随网络市场，又保持实体书店自身的特色，形成自己的差别优势。在网上具备几类网络书店少有的专业性图书，这类图书也势必能成为该书店的卖点之一。这样不仅能够实现自己的市场目标，拓宽图书销路，同时不断地发挥自己的资源优势，提升自己的竞争力。

（三）政府扶持政策应积极落实

独立书店是城市的文化高地，但近年来，一大部分已具有相当知名度的独立书店纷纷面临倒闭，引起了社会和群众的广泛关注，中国进入了每个国家图书行业发展过程中均需经历的"网络时代的书殇"。而在面对冲击之时，独立书店自我谋求发展、在经营服务理念等方面下苦功，以特色和服务吸引读者的信心和行动显得尤为重要，同时政府的扶持政策也成为解决问题的有效措施。国家应采取措施，重视文化发展以及对独立书店进行的政策优惠和财政支持。政府在对实体书店扶持试点过程中，要注重对实体书店的管理与研究。探索出适合中国书店发展的可持续的新型业态下的新模式。2016 年 3 月，开封市委、市政府决定拿出 200 万元在全省率先奖补实体书店。目前，开封市奖补实体书店的细则还没有出台，希望这一政策能够长久地固定下来，更希望政府能够积极落实，让更多的实体书店受益，未来才会有更多的独立书店。

（四）独立书店建立微信会员平台

根据已有目标读者群经营和开发电子阅读产品，一方面与出版商合作经营，选取好的图书；另一方面利用自身微信平台将图书碎片化和电子化，将同一主题不同内容的图书推送给会员，通过免费推送部分内容吸引用户。同时通过微信会员平台，为书店社群化经营积累数据和会员基础，整合微博、微信、官网、电商、店内 Wi - Fi 系统、活动、读书会、专题讲座、品鉴会等各渠道会员数据，加强对会员数据的收集和分析，实现精准营销。①

（五）创建不打烊书店，提供"深夜书房"

城市中的夜晚，是喧闹的，也是安静的；是快节奏的，也是慢

---

① 中国图书出版网：《浅谈实体书店与新媒体融合》，http://www.etjbooks.com.cn/show.aspx? GENERALID = 33986&NodeID = 7.

节奏的。城市的午夜，结束了一天的奔波，沿着霓虹灯闪烁的街道漫步回家；或许在喧闹中放松自己，其实有个不寻常的地方让人度过一个充实而有意义的夜生活。有人说："深夜为读书人点燃一盏灯，一座城市被点亮了。"——24 小时书店。三联韬奋书店这间"深夜书房"已经成为北京新的精神地标。郑州的书店是生活书店，书店内部是一个长方形大间，设了不少读书休闲的座位，沙发桌椅，护眼灯光，临窗还能看到窗外的景致，每周五、周六开启24 小时不打烊模式，咖啡、枕头、朋友一起畅聊，思想碰撞，交流分享。北京三联韬奋书店举办了打折，满赠，换购，满 50 元返 5 元书券，购中信、北师大图书满 68 元返 5 元咖啡券，会员 10 倍积分等多项夜场专享优惠活动，每周平均两场夜读会，已举办著名经济学家吴敬琏，著名学者余世存、张鸣等名家大家的演讲和座谈活动；为纪念故去诺贝尔文学奖得主加西亚·马尔克斯举办读书接力阅读活动，历时 20 多个小时，共有 275 位读者参与，通过这些活动刺激图书销售，创造更好的经济效益，弥补经营成本。根据该书店的公开统计数据，2014 年 1—3 月净利润总额为 26.6 万元，4 月净利润 41.1 万元，是第一季度的 1.55 倍；5 月净利润是 62.7 万元，是第一季度的 2.357 倍，前 5 个月的净利润总额是 130.4 万元，是去年整年净利润的 3.14 倍（去年净利润总额是 41.5 万元）。①

独立书店作为文化型企业的重要组成部分之一，它们的生存与发展，对郑州丰富文化产业沉淀，打造城市文化形象，推动文化创意产业的繁荣发展有着重大的意义。一个城市一定要有精神文化的阵地。作为文化创意产业正在蓬勃发展的中原古都，郑州独立书店的生存状况和未来前景值得我们深思，我们要努力打造书香城市，守护个性化独立书店这一城市文化地标，为城市留住一片心灵港湾。

---

① 张作珍：《品牌经营创新两个效益喜人》，三联韬奋 24 小时书店诞生记 2014 年版，第 189 页。

附

让独立书店展现城市的灵魂与气质

——访松社书店社长刘磊先生

采访人：汪振军　刘小妞

2016 年 3 月 29 日

　　独立书店是城市中一道独特的风景线，展现了一个城市的灵魂与气质。但是在网络和网上书店的冲击下，其发展步履维艰。如何借助新兴业态使独立书店走出困境？如何让独立书店发挥文化的传承与创新的功能？独立书店如何影响和引领城市文化？带着这些问题，我们课题组于 2016 年 3 月 29 日采访了松社书店社长刘磊先生。

　　1. 问：**松社书店作为城市中的独立书店，您创办书店的初衷是什么呢？**

　　刘磊：创办书店的理想从小就有，我从小就爱买书，每次去书店就能感觉到那种神圣感，尤其是买完书之后，那种满足感给我带来的生命的力量和读完书之后能够让我提高驾驭生活的分析和总结的能力，让我对书籍一直心存敬畏。我一直都有一个书店梦，这个书店梦基本上和现在的一样，但是还有些差距，例如，我希望书店的面积更大些，图书的种类更丰富些，但我会逐步地朝着自己的目标去迈进。

　　2. 问：**您认为独立书店与新华书店以及大型图书超市有何区别？**

　　刘磊：独立书店之所以称为"独立书店"，就是在于它的独立性。第一，独立书店是个人经营的，每家书店独立运作，没有一个固定的模式来规定书店的管理经营；它是以兴趣以及非商业取向而创办的书店，书店的装饰设计、名称甚至图书种类都是老板自行决定；第二，独立书店讲究一种独特风格。比如松社，打造集名人讲座、先锋剧社、艺术展览、文化沙龙、创意空间、休闲咖啡为一体的复合型文化休闲生活空间，让阅读、设计、时尚、品位、艺术互动，倡导高尚的生活情趣，建立中原独特的生活美学体系。第三，独立书店是独立于市场体制，也独立于市场价值的。书店想卖什么书是书店老板自己想卖的；书店老板真正想卖的书是承载着自己理念的书。

总之，独立书店存在于社会与市场之中，与其他书店不同的是，更强调自己的个性，坚持一种读书的纯粹性和图书的高品质。在某种意义上，独立书店是在坚守和坚持自己的文化理想。

3. 问：现在为什么会产生越来越多的独立书店？

刘磊：第一，很多人自己喜欢书、咖啡，就开了书店。大家认为经营书店能够过一种优哉的理想生活，这种优哉的生活是每个人都向往的。因此，越来越多的独立书店就开办起来了。无论城市生活多么喧嚣，抑或多么沉闷，于车水马龙中觅得一块读书的好去处，总归是一件值得愉悦的事情。

第二，每个人总是有那么一种文人情怀，拥有一家属于自己的书店，让自己的灵魂有处安顿，不再漂泊流浪。在充满生活气息的阅读场所——城市独立书店里，读者可以买书、读书，可以泡上咖啡安静地写作，也可以约上三五个好友听文化讲座，看场电影。在快节奏的城市生活中，让心放慢节奏，在安静的书店里与书来场"约会"，碰撞出思想深处的火花，使人变得睿智与从容。

第三，独立书店作为一个公共场所，它势必要承担一定的社会责任，它应该是文化的传播者、图书的收藏者、精神的守护者；独立书店逐渐成为一座城市的文化地标，打造"书香郑州"，离不开独立书店。一座有文化的城市，是具有读书风尚的城市。独立书店存在的意义就是要让城市中的人们都散发出智慧的光芒，进而迸发出生机与活力。

4. 问：独立书店对塑造城市文化有什么样的作用？

刘磊：一座城市有没有很好的文化传承和城市气质，在某种意义上来讲，独立书店是一个很好的参照或样本。从郑州这座城市来讲，我觉得最应该崇拜和褒奖的是城市之光书店，它在这座城市中起到的引领作用和它坚守文化的精神高度，影响了很多人，包括我，包括松社书店，包括现在新起的独立书店。城市之光是这座城市的一道光，所以说，离开了这些独立书店——这座城市的文化符号，城市气质将不复存在。而每一个独立书店，它的灵魂恰恰是它的创办者，每个书店的气质是不一样的，包括选书、购书，这就是最大的区别。看一个书店的图书风格，你就知道老板是一个什么样的人，好多人走进松社书店，就说这是一个四十多岁的人开的书店。当你一进这个书店，特有的气质就能扑面而来。

5. 问：您对独立书店的生存状况有什么看法？

刘磊：从现在来看，单靠卖书已经无法维持书店的生存，而"咖啡馆＋水吧＋书店"的模式逐渐成为独立书店复合式经营的一种策略。书店为增加收入或者维持生存的一些经营策略，不能取代书店本身所提供的服务。独立书店不只是一个买卖空间，更是人与人之间对话与互动的思想聚集地，进而产生出多元思维及对社会的影响力。

目前，独立书店在发展过程中也遇到了很多困难。但是，今年3月，开封市对实体书店进行资金扶持。政府为发展城市的公共文化支持独立书店，这是一种明智之举。书店不仅具有经营性，是文化产业，更有公益性，是公共文化。因此，我们希望政府大力支持独立书店，真正让书店看得见未来。独立书店在城市当中怎样生存发展，这是一个城市里的读者、居民和政府部门的管理者需要共同探索解决的问题。

6. 问：松社书店是一种什么的运营模式？

刘磊：松社书店是一个复合型业态书店，它是传统的书店，更是"松社书店＋"的概念。其他书店有的，我们书店都有；我们有的，其他书店没有。例如，打造文化旅游路线、松社自己研发文创产品、松社书店为企业设计制作的阅览室、图书馆等；还包括文化的输出服务，这些盈利模式是松社书店得以生存和发展的基础。现在书店内部图书经营的贡献率只占书店生存贡献率的30%。很多企业通过松社书店来做企业文化活动，这就是文化外包服务。松社可以邀请作家到书店举办讲座，也可以邀请作家参与企业的一些活动，可以说松社更像是一个文化产品生产商。

7. 问：松社书店在发展中是如何将河南特色文化和活动融入在一起？

刘磊：松社书店的总部就是中州索克文化传媒，主营有索克影城。读者在书店阅读书籍之余，只需下楼就能走进索克影城观影。同时，松社书店背靠中原大舞台——河南省文化产业重点项目，河南具有地域特色的演艺项目，也给松社书店带来不一样的文化氛围，做到文化互补和文化整合。

另外，松社书店还着力于文创产品的开发，河南的文化资源非常丰富，但开发利用不够。目前，松社书店的文创产品设计达到了400多种，整装待发，一齐上市。同时，我们还和台湾故宫博物院的文创设计团队签约，并与河南博物院合作，围绕我们的文化资源，做一流的文创产品，让我们古老的文化走入当代生活。在公共文化方面，松社书店今年计划开两家分店，今后更多地服务于城市的大型社区，让广大市民通过这种发散性的传播方式分享知识和阅读的快乐。

8. 问：您觉得独立书店如何起到引领城市文化的作用？

刘磊：独立书店密切地参与到当地的精神文化生活，同时起到其他任何方式都无法替代的作用。人的生活方式有多少种，城市的表情就有多少种，要去熟悉一座城市就首先从城市的独立书店开始，由书店便可一窥城市风貌。除了书店的理念价值和经营者自身拥有的文化专业外，书店本身承载着文化传承的使命，对以后的文化发展具有传承的意义，所以书店在城市发展过程中扮演着重要的角色。独立书店给人们提供了一个空间平台去深层次地思考人生或是社会，让读者去发现它被忽视的价值观念和文化传承，唯有读者开始改变，城市、社会才会发展出他们的多元特色和文化。

9. 问：创办松社书店后，书店给您带来了哪些收获？

刘磊：我觉得我的生命在不断地延续，我的整个精神状态越来越好，通过和每一位作者的交流，对每一部作品的理解，我的人生更加丰盈；更加能理解生命，掌握生活的规律和动态，让我更好地预知未来。

读书的好处：有敬畏，不害怕。随着松社举办了越来越多的活动，我们读者的素质也越来越高，大家对书店的"松社我来讲"活动越来越喜欢。曾经有一个女顾客走进松社听课，为了怕高跟鞋踩在木地板上，发出很大的声响，她就光着脚，拎着鞋，这样让我很感动。通过我们的努力让城市居民能够拥有一种优雅的状态，我觉得松社的力量就在这儿。还有就是在这个书店里一些人找到了他们想要找的书后的那种欢呼雀跃，在这儿帮助他们不断丰富自身的能力，这种感觉给了我很大的鼓励，也让我收获了很多希望和快乐。随着时间的推移，大家对松社书店的理解越来越深，作为这家书店的社长，如果能为这座城市的文化发展与传承做一点我力所能及的事，那我的意义也就存在了。

（执笔人：刘小妞）

第十二章 河南利用新业态传播华夏文明的问题与对策建议

一 华夏文明传承创新区建设的优势与不足

(一) 优势：众多而丰厚的文化资源

河南是中华文明的重要发祥地之一。地下文物、馆藏文物、历史文化名城、重点文物保护单位数量均居全国第一。中国20世纪100项考古大发现中河南有17项，全国八大古都河南有其四。中国古今姓氏有8155个，其中起源于河南的有1400个，100个大姓中，源于河南的有78个。世界文化遗产有3处：龙门石窟、安阳殷墟、嵩山"天地之中"。具体的文化资源有：

1. 十大文化类型

（1）以裴李岗文化、仰韶文化、河南龙山文化为代表的考古文化。（2）以夏商周文化、汉魏文化、唐宋文化为代表的政治文化。（3）以老子、庄子、墨子、列子、张衡、许慎、张仲景、吴道子、杜甫、韩愈、岳飞、朱载堉为代表的名人文化。（4）以白马寺、少林寺、相国寺和龙门石窟为代表的宗教文化。（5）以汴绣、钧瓷、汝瓷、官瓷、唐三彩、南阳玉雕、朱仙镇木版年画、汤阴陕县灵宝剪纸、浚县泥咕咕、淮阳泥泥狗为代表的民间工艺文化。（6）以宝丰民间演艺、濮阳杂技、豫西社火、豫南民间歌舞等为代表的民间演艺文化。（7）以豫剧、曲剧、越调、怀梆、宛梆为代表的戏曲文化。（8）以淮阳庙会、浚县庙会、中岳庙会、关林庙会、商丘火神台庙会、鹿邑老君台庙会、汝州风穴寺庙会为代表的庙会文化。（9）以新县鄂豫皖苏区首府、确山竹沟中共中央中原局所在地为代表的红色文化。（10）以嵩山、南太行、伏牛山、大别山、桐柏山为代表的山水文化。

2. 十八区域文化

郑州的商都文化、洛阳的河洛文化、开封的大宋文化、濮阳的神龙文化、鹤壁的淇河文化、新乡的牧野文化、焦作的太极文化、安阳的殷商文化、商丘的火神文化、驻马店的天中文化、三门峡的虢都文化、许昌的汉魏文化、平顶山的曲艺文化、南阳的汉文化、周口的寻根文化、信阳的茶文化、驻马店的红色文化、济源的愚公文化都很有特色。

3. 中原文化的特点

河南（中原文化）文化总的来说，丰富多彩，历史悠久、积淀深厚、博大精深。它的特点：一是根源性；二是原创性；三是包容性；四是辐射性；五是延续性。中原文化这些特点说明河南在整个中国文化中占有特别重要的位置。从全国层面讲，中原文化与齐鲁文化、燕赵文化、湖湘文化、巴蜀文化、吴越文化、岭南文化、京派文化、海派文化等，交相辉映，为整个中国文化的发展作出了突出贡献，是真正的文化大省。绵延的文脉、丰富的资源、坚实的精神为河南建设文化强省提供了得天独厚的条件。

4. 中原文化价值

（1）历史价值。中原文化可以折射出中国历史的发展脉络，让人们清晰地看到从远古到现在的变化过程。"一部河南史，半部中国史"，说明了中原文化在整个中国文化格局中的重要性。

（2）思想价值。中原文化中博大精深的思想直接影响了中国文化核心体系的形成，同时，对中国人影响至深，它是维系国家稳定和发展的基础。

（3）审美价值。中原文化具有极高的审美价值，从仰韶时期的陶器到宋代宫廷用的官瓷，从朱仙镇木版年画到淮阳泥泥狗。中原文化的丰富多彩的物象体现了中原人的朴实、大气、浑厚的审美观。

（4）产业价值。中原文化的许多现象本身就源自民间，是老百姓谋生的手段，是实实在在、地地道道的文化产业。今天，这些文化产业将随着时代的发展具有新的价值。

（二）不足：历史能量没有充分转化为现实能量

河南是文化大省但不是文化强省，过去中原是全国的文化高地，现在风光不再。河南厚重的历史文化在今天没有得到充分的展示和传承。文化观念落后，文化创新能力不强，文化业态落后，守成有余而进取不足，文化缺少时尚性、现代性。大量文化资源没有充分转化为现实生产力，对经济发展的贡献还很有限。河南的文化产业发展还是以传统文化为主体的资源依赖型产业，与以现代文化为主体的创意智慧型产业还有一定距离。摆在河南人面前的突出问题是，我们虽然具有得天独厚的文化资源，但还没有形成文化产业优势，文化资源被别的国家、别的地方利用变成知名文化品牌，获得可观经济效益的事例屡见不鲜。比如：我们有 8000 年的贾湖遗址，美国人利用配方制作出了贾湖酒；我们有古老的花木兰传说，美国迪士尼公司利用同一题材制作了大型动画电影《花木兰》；我们有恐龙蛋化石，美国人依此拍出了电影《侏罗纪公园》；我们有少林功夫，美国的梦工厂拍摄出《功夫熊猫2》；我们有老子和庄子这样伟大的人物，美籍华人导演李安以道家学说为内核拍出了名扬世界的电影《卧虎藏龙》；我们有梁祝传说，上海的何占豪、陈刚创作了小提琴曲《梁山伯与祝英台》，经过俞丽拿演奏后成为华人世界影响最为广泛的一首小提琴协奏曲；我们有白蛇许仙的传说，杭州人将它演绎成大型的实景演出《印象西湖》，成为杭州的文化名片。由此可见，对于河南来说，丰富的文化资源只有转化为文化产品，转化成知名品牌，文化才具有竞争力和影响力。

在构建中原经济区"华夏历史文明传承创新区"过程中，我们既要强调传承弘扬优秀的中原文化，保护好我们的文化遗产的重要性，同时又要强调中原文化自身的创新性，创造更多具有知名度的文化品牌，提升中原文化软实力。当然，文化创新不是对自己的重复，也不是对别人的模仿，它是由"制造"到"创造"的升华，是由"品质"向"品位"的升华，是由一般"产品"向"品牌"的升华。文化创新是继往与开来的统一，是形式与内容的统一，是时代性与规律性的统一，是艺术性与市场性的统一，是"下里巴人"与"阳春白雪"的统一。

我们期待华夏文明与中原文化的再一次复兴。

二　华夏历史文明传承创新的战略思维

在华夏历史文明传承创新方面，我们应该要做好以下几方面的工作。

一是发挥文化创意。文化创意可以使文化资源点石成金，它能激活和再造文化资源和文化符号。当今世界，凡是能够流行于世界的文化品牌都是充满智慧与创意的作品。文化创意最关键的是要有文化想象，文化想象是人对资源的能动性超越，是人对现实境遇的超越，它的思维方式往往是反常化、逆向化、非逻辑化、非现实化，其特征是既在情理之中，又在预料之外。美国导演大卫·芬奇之所以能够将原本不起眼的菲茨杰拉德的小说《返老还童》拍成电影并获得第 81 届奥斯卡奖，就是因为它奇特的想象力，它将现实中不可能的事情在艺术中得以实现，表达了人们对于生活的美好愿望。今天文化的竞争，已经不是资源的竞争，而是想象力的竞争、创意的竞争。有了创意任何地方的文化资源都可以拿来为我所用。现在河南人最缺乏的不是资源，而是创意，是把文化资源变成让当代人喜闻乐见的文化产品的创意，是作品能够体现民族文化精神和时代精神的创意，是能吸引外地人来到河南以及让中原文化走出去的创意。我们要通过丰富的想象力、高水平的创意、策划、设计、开发，实现从资源到品牌的转变。

二是要具有世界眼光。随着物质产品的全球化发展，文化产品的传播与流通也跨越了地域和国别的界线，走向巨大的全球市场。因此，在文化传播和文化产品制作方面，我们首先要考虑文化的地域性和民族性，同时，也要考虑文化的跨地域性和普遍性。韩国的《大长今》之所以能进入中国市场并受到观众喜爱，就是因为它表达的是儒家伦理，表达的是人的美德，而这恰恰是中国人所需要和接受的。中国台湾林怀民的《云门舞集》用现代舞诠释中国的写意山水和狂草书法之所以能在不少国家和地区引起强烈反响，就是因为他采取了一种新的表现形式表现中国的文化符号和文化精神。中原文化要"走出去"，最重要的是要有全球眼光重新审视我们的资源。少林功夫、太极拳、濮阳杂技、木版年画、姓氏文化等文化资源在开发的过程中要充分考虑文化的独特性和普遍性，要善于运用新的表现符号、表现形式、表现手段展示中原文化的博大底蕴。

三是注重科技表现。现代科技手段为文化发展插上了腾飞的翅膀，网络、手机、动漫、游戏这些新的文化业态，与现代人的生活方式、学习方式、工作方式相适应，给人带来了全新的体验和感受，大大提高了传播效果。深圳文化产业之所以能走在全国前列就是因为科技与文化的水乳交融。深圳 2011 年文化产业增加值达到875 亿元，增速 20.5%。2011 年新注册的企业中，经营范围内涉及出版、动漫、设计、广告各类的企业超过 2600 家。2011 年，华强原创的动漫产量达到 18512 分钟，在国内同行中无出其右者；华视传媒公交电视覆盖的城市已经增加到 59 个；雅图公司出口 50 万台文化创意与科技相融合的投影机，成为国内外同行业中的领跑者。华强环幕电影打入美国等 40 多个国家，A8 音乐在国内无线音乐的市场份额稳居全国第一；雅昌独创了"传统印刷 + 现代 IT 技术 + 文化艺术"崭新的运营模式，成为国内最有名气的艺术品印刷企业。河南文化产业在现代科技表现方面无疑与深圳等发达地区存在不小差距，尽管《禅宗少林·音乐大典》采用山水实景演出的形式拉长了文化产业链、开辟了文化"夜经济"，但整体上我们仍旧需要借助现代科技手段实现传统文化产业的转型和升级。

四是彰显民族精神。文化产品能不能打动人，能不能引起人们的共鸣，不仅在于以情动人，在于形式的新颖，更重要的是表现一种让人们能够普遍认同的价值观。电影《阿凡达》之所以成为人们关注的对象，不仅在于3D动画所带来的视觉冲击力，还在于它所反映的主题是对爱情的执着追求、对工业文明的批判反思、对人与自然关系的深层思考。在中原文化"走出去"的过程中，我们除了强调文化的共通性，体现人文关怀，反映人类共同的情感和命运，还应强调文化的地域精神和民族精神。我们要在文化产品中彰显天人合一、以人为本、刚健有为、以和为贵的中国精神和开放、包容、大气、实干的中原精神。要大力弘扬兼容并蓄、刚柔相济、革故鼎新、生生不息的中原文化，发扬愚公移山精神、焦裕禄精神、红旗渠精神、三平精神，全面增强开放意识、市场意识、机遇意识和创新意识，要让中华民族和中原文化优秀的价值观深入人心、凝聚人心、感化人心、树立中原和中国发展的新形象。

五是培育创意人才。文化生产是复杂的创造性劳动，相比其他产业而言，文化产业对于人的知识、智力、智慧、创造性要求更高。现代意义上的文化产业有着知识密集、技术密集、信息密集、人才密集的特点，因此，人才成为文化产业发展的关键。美国文化产业之所以走在全世界的前列就是因为它涌现了一批具有世界影响力的人物。以斯皮尔伯格、卢卡斯、卡梅隆为代表的好莱坞电影文化，以卓别林、秀兰·邓波儿、玛丽莲·梦露为代表的明星文化，以迪士尼兄弟为代表的动漫文化、以《奥普拉脱口秀》为代表的电视文化，以安德鲁为代表的百老汇文化，以迈克尔·杰克逊为代表的流行音乐，以劳申伯格为代表的波普艺术，以乔布斯为代表的科技文化，以迈克尔·乔丹为代表的NBA文化，以麦当劳兄弟为代表的麦当劳文化，以山德士为代表的肯德基文化，以潘伯顿为代表的可口可乐文化，等等。这些响当当的人物最初都只是不起眼的"草根"，乔布斯、劳申伯格、迪士尼兄弟都是在车库或仓库中创业的，但他们有旺盛的生命力和创造力，最终成就了一番大业。中国的情形也是如此，没有赵本山这样的代表性人物，就不会刮起强劲的文化"东北风"。由此可见，河南文化产业要大发展，我们就需要在文化创意人才方面狠下功夫，优化人才成长环境、营造创造的氛围，对一批文化领军人才进行发现、培养、扶植、宣传和推介，以影响带动整个区域文化产业的快速发展。

三　华夏历史文明传承创新的具体路径

关于文化的传承与创新，费孝通先生曾经作过精辟的论述："创造不能没有传统，没有传统就没有了生命的基础。传统也不能没有创造，因为传统失去了创造是要死的，只有不断地创造才能赋予传统的生命。"对于具有悠久文化历史的河南来说，要建设华夏历史文明传承创新区，必须肩负传承与创新的双重使命，以大气魄、大手笔、大思路，找到文化发展的突破口。

1. 加强重大文化遗产保护

文化遗产是文明的记忆，是古人文化创造的实绩，是一个地区文明程度的重要标志，是一个地区具有代表性的文化符号，对于彰显一个地方的文化实力，提升一个地方的文化知名度具有重大意义。在今天现代化进程中，一些地方急功近利的行为已在城市改造和乡村建设中将文化遗存毁灭，抹去了人们的文化记忆，人为地掐断了我们的文化传统，这实际上是一种无知和文化短视的表现。河南是文化遗产大省，地下文物总量全国第一，地上文物总量全国第二，文化遗产保护的任务异常艰巨，为此，我们要对全省文化遗产进行全面普查，重点做好国家和省级文化遗产保护工作。加强洛阳龙门石窟、安阳殷墟、登封"天地之中"历史建筑群三大世界遗产及洛阳、郑州两个大遗址片区的保护工作。积极推进长城、大运河和丝绸之路河南段申遗工作和新郑郑韩故城、巩义宋陵、郑州大河村遗址、偃师商城遗址、渑池仰韶村遗址、信阳城阳城址、宝丰清凉寺汝官窑遗址等 19 处大遗址以及安阳殷墟、汉魏洛阳故城等 5 处国家考古遗址公园保护展示工作。举办国际性的文化遗产论坛——"嵩山论坛"，组织专业学术交流活动，探索保护利用新办法，提高全民遗产保护意识和我国遗产保护水平，提升河南文化遗产的国际知名度。定期免费向公众开放重大文化遗产，如龙门石窟和少林寺，真正让文化惠及于民。打造优秀文化遗产传承展示基地，重点推进河南博物院、中国文字博物馆及省辖市和文物大县博物馆的建设。借助现代科技手段，通过文物景观展示、历史场景再现、时空角色体验，使文化遗产从抽象到具象、从平面到立体、从静态到动态，从历史隧道走向现实人间，激发人们的观赏兴趣，充分认识到文化遗产的历史价值、科学价值、人文价值、审美价值，从而提高全社会保护文化遗产的积极性和自觉性。

2. 建设四大古都特色文化街区

特色文化街区是城市的历史记忆，是城市风土人情、文化习俗、文化个性的集中体现，保护和建设特色历史文化街区对于彰显一个城市的个性与品位具有重要作用。一个有文化的城市，人们看到的不仅仅是现代化的高楼大厦，还包括富有历史底蕴和人文传统的老街道、老房子、老字号。从中我们能够感受到一个城市的过去与现在，生命、时光、温情与智慧。现在西安的鼓楼街、杭州的河坊街、南京的夫子庙、上海的豫园、成都的宽窄巷子、厦门的中山街、青岛的八大关、哈尔滨中央大街都已成为人们追寻一个城市历史记忆和旅游胜地。从河南看，中国八大古都河南有四，这些城市都有千年的历史，其文化底蕴和文化积淀非寻常城市可比。因此，以郑州、开封、洛阳、安阳四大古都为重点，在每一个城市建设特色历史文化街区，如郑州的德化街、开封的书店街、洛阳的老城、安阳的老城（九府十八巷），将地方城市文化、民俗文化、饮食文化、特色物产、文化符号、文化名人、特色建筑、特色商店（老字号）融为一体，可游、可购、可食、可看、可娱，使特色文化街区成为城市历史文化传承的重要载体、城市文化的重要地标。

3. 做好非物质文化遗产保护传承

非物质文化遗产是千百年来与群众生活密切相关、世代相承的传统文化表现形式，它包括神话故事、手工技艺、礼仪风俗、岁时节令、生产知识、戏剧曲艺等。非物质文化遗产是一种有别于物质文化遗产的活态文化，它强调的是以人为核心的技艺、经验、精神，具有不可替代的文化价值。为此，我们要对全省非物质文化遗产全面普查，完善四级文化名录体系及保护机制，重点加强省级、国家级非物质文化遗产项目保护工作，争取在申报世界非物质遗产方面取得零的突破。要充分利用现代化的传播手段对非物质文化遗产进行记录、保存，建立河南非物质文化遗产博物馆，对非物质文化进行梳理、分类，通过文化遗产日和重大节日展示非物质文化遗产的独特价值。加强对非物质文化遗产的活态保护，积极申报国家级文化生态保护区。特别是对重要非物质文化遗产传承人要精心培养，要有特殊政策、资金、项目支持，通过保护性传承和生产性传承，使底蕴深厚的非物质文化遗产得以延续。加强河南非物质文化遗产的宣传教育，丰富非物质文化遗产的表现形式和传承方式，建立河南非物质文化遗产数字博物馆、河南非物质文化遗产项目数据库、河南非物质文化遗产网站、河南非物质文化传承展示中心、河南非物质文化遗产研究基地，支持开展具有中原特色的民俗文化活动，吸引全社会的广泛参与，使非物质文化遗产在当代发扬光大。

4. 建设公共文化服务示范区

公共文化建设是提高广大人民群众文化素质和保障人民群众文化权益的重要途径，它是一项惠民工程、民生工程、民心工程，具有公益性、基本性、均等性、便利性特点，其工作重点是重心下移和提高服务质量。因此，在实际工作中要将城市社区文化与农村村镇文化作为重点，硬件建设与软件建设并重。加强文化馆、图书馆、乡镇综合文化站和村级文化大院规范化建设。加强广播电视网和手机互联网的广泛覆盖，让广大群众都能接受最新的知识信息。认真搞好文化下基层、文化进校园、文化进社区、公益性文化讲座、展览、演出，让高雅文化走近群众、走进基层。创新公共文化服务形式，鼓励和支持企事业单位建设职工书屋、俱乐部、职工之家等文化设施，推动文化事业单位与各类企业共建文化服务点，鼓励机关、企业、学校的文化设施向社会开放，丰富职工群众的业余文化生活。鼓励企业、团体、个人与政府一起投入公益性文化事业，共同解决当前文化投入不足的问题。鼓励企业、团体、个人开展各类公益性文化服务，通过免费或降低票价，让群众得到实惠。大力支持郑州国家公共文化服务示范城市和周口"周末一元剧场"

国家公共文化服务重点项目建设。通过国家级和省级公共文化示范区建设全面带动和提升公共文化服务的质量和水平。

5. 实施文化产业支柱产业计划

文化产业是知识经济、智慧经济、创意经济，是衡量一个地区文化发展的重要指标，是一个地区文化实力的具体体现。党的十七届六中全会提出将文化产业作为支柱产业，体现了国家对于文化经济一体化的高度认识。目前全国各地都在竞相发展文化产业，2009年北京、上海、广东、湖南、云南 5 个省市的文化产业增加值占GDP 的比重已突破 5%，一跃成为区域经济的战略性支柱产业，成为产业经济新的增长点。相比而言，作为文化资源大省的河南，文化产业发展还比较缓慢，我们是文化资源大省却不是文化产业大省，这与我们作为文化大省的情况还不相般配。目前河南要发展文化产业最重要的是认真研究自己的文化资源特点，认真研究当今情势下广大消费者的文化需求，以文化创意为中介，实现文化资源向文化产业的转化，将丰富的资源优势转化为巨大的产业优势，通过文化产业支柱产业计划，提升我们的文化竞争力。要以国家级文化产业示范基地、国家级文化产业示范园区、省级文化改革试验区、知名文化品牌、知名文化产品、知名文化节会、知名文化企业、文化产品展示交易中心、文化产权交易中心、文化产业博览会为切入点加快推进文化产业发展。要强力推进文化产业与实体经济的跨界融合，使文化产业向第一产业和第二产业渗透。促进文化产业与教育、体育、旅游、信息等产业结合，促进文化产业与工业设计、环境设计、服装设计、家具设计、建筑设计、景区设计、媒体设计等有机结合，优化中原经济区经济结构，用文化创意促进农业与工业的升级转型，用文化产业成就更多的农业品牌和工业品牌。

6. 构建黄河文化带，发挥一带两翼的带动作用

黄河流域是中华文明的重要发祥地，河南地处黄河的中下游地区，从夏代到北宋，先后有 20 个朝代建都或迁都于此，长期是全国政治、经济、文化中心，自然资源与人文资源丰富多彩。但是，由于现代行政区化的限制，沿黄文化带虽然资源众多，但文化产业

发展基本上各自为政，没有形成资源整合与联合开发。要建设华夏历史文明传承区必须从大黄河的视野整合沿黄文化资源，形成文化旅游产业带，东引西领，上下联动，发挥文化的整体效应。黄河文化带建设要以郑州为中心向西整合洛阳、济源、三门峡的资源，向东整合开封、新乡、濮阳、商丘的资源。同时，要发挥南北带动作用，在豫南要带动许昌、漯河、南阳、周口、信阳、平顶山的资源，在豫北要带动焦作、新乡、安阳、鹤壁的文化资源，形成一带两翼的文化格局，实现中原文化的整体突破。

7. 培育大师，打造品牌

大师是一个国家、地区和民族的文化代表，他以自己独立的人格、渊博的学识、宏阔的眼光、伟大的作品，照亮一个时代的文化道路，创造一个时代的精神高标。作家郁达夫说："没有伟大的人物出现的民族，是世界上最可怜的生物之群；有了伟大的人物，而不知拥护、爱戴、崇仰的国家，是没有希望的奴隶之邦。"中原文化在历史上之所以灿烂辉煌就是因为出现了像老子、庄子、墨子、列子、韩非子、吕不韦、张衡、张仲景、许慎、何晏、阮籍、郭象、神秀、玄奘、杜甫、白居易、刘禹锡、韩愈、李贺、李商隐、吴道子、邵雍、程灏、程颐、李诫、朱载堉、冯友兰等一大批圣人和大师。今天，我们振兴发展中原文化更需要一批能够代表我们这个时代文化水准的大师。为此，河南要营造文化人才成长的良好环境，真正尊重人才、爱惜人才、善待人才，激发人才的创造活力，使更多的人才成为全国有影响的大家，更多的作品成为全国有影响的文化精品。要大力推进文化精品战略，突出中原文化的影响力，充分发挥华夏历史丰富文化资源优势，推出一批展现中原特色，树立河南形象，在全国产生影响的名著、名作、名品、名栏目。大力推进文化原创战略，突出中原文化的创新力。要积极支持一批有功力有潜力的学者潜心从事学术研究，积极扶持文学艺术家潜心从事文艺创作，要对高质量、高水平的原创性学术成果和文艺作品给予重点扶持、资助和奖励。大力推进特色文化战略，打造具有中原个性的文化品牌，使禹州的钧瓷，宝丰、汝州的汝瓷，南阳的玉雕，洛阳的唐三彩，开封的汴绣、木版年画、官瓷，豫西的剪纸，浚县的泥咕咕，濮阳的泥泥狗，王桥的农民画等走向全国，成为中国文化的亮点。大力推进文化品牌推介战略，使河南更多的文化品牌走向全国和世界。政府每年可实施10个品牌推介计划，将河南以少林、太极为代表的功夫文化，以洛阳牡丹文化节、郑州少林武术节为代表的节会文化，以《禅宗少林·音乐大典》《大宋·东京梦华》为代表的实景演出文化，以《水秀》为代表的杂技文化，以淮阳庙会为代表的庙会文化，以钧瓷、汝瓷、唐三彩为代表的陶瓷文化等推向全国，让河南品牌产生更大的社会影响和经济效益。

8. 做好文化教育传承

教育传承是文化传承的重要途径，它培养文化所需要的人才，是文化发展的深层动力和原创动力。文化教育传承需要像冯友兰先生所说的"智山慧海传真火，愿随前薪做后薪"的精神，需要一代又一代人前后接力，文明的火种才能得以延续。温家宝总理曾说过："一脉文心传万代，千古不绝是真魂。"文化的教育传承，不仅是知识和技能的传承，更重要的是心灵追求和精神气质的传承。在教育传承方面，目前河南的高校要建立国家级的研究平台，如华夏历史文明传承创新研究基地、国家公共文化服务研究基地、国家文化产业研究基地，通过对历史文化遗产、中国文化传统、中原文化精神、公共文化、文化产业的研究为文化发展提供智力支持。依托郑州大学办好嵩阳书院国学院，像当年清华办国学院一样，聘请国内国际一流学者，传道授业，培养高端国学人才。大力推动文化专业人才的学科创新和培养模式创新，建立本、硕、博一体化的文化人才培养模式。开展专业学院"3＋2"跨学科本硕连读或硕博连读学历和学位教育。鼓励以中外合作办学的形式，建立学历和非学历性质的国际文化学院，培养具有国际视野的文化人才。开展文化遗产进校园活动，让学生近距离地感受中原文化。组织学者编辑出版普及性的《中原文化读本》，将中原文化作为大中小学的必修课。加强与国家孔子学院合作，建设中国文化体验中心，让中原文化"走出国门"。

9. 加大文化传播力度

在文化发展的过程中，传播手段的创新关系到文化的传承与传播，关系到文化的渗透力和影响力。人类学家萨皮尔说过："每一种文化形式和每一种社会行为的表现都或则明晰或则含糊地涉及传播。"迄今为止，人类的文化经历了 5 个传播时代，即口语时代、文字时代、机械印刷时代、电子时代和数字网络时代。人类的文明正是在科技生产力的推动下产生了广泛而持久的文化变革。文化传播的目的主要是传播价值、传承精神、塑造形象、沟通思想，提升素质、营造和谐、凝聚人心。在今天科技飞速发展、文化走向全球化的时代，必须重视文化传播方式的变革和创新。一方面，要善于利用报纸、期刊、广播、电视这些传统媒体推介宣传我们的中原文化；另一方面，要积极推进三网融合，让手机、互联网等新兴媒体和动漫、游戏等新兴业态成为传播中原文化的有效载体。要大力支持重点媒体建设，形成一些在国内有影响力的报纸、期刊、电台、电视台、综合性网站。要通过对于中原文化的深度挖掘和精心策划，打造一批像《大河报》的《厚重河南》、河南电视台《梨园春》《华豫之门》那样具有中原风格特色、体现时代精神的传媒文化品牌。同时，要与国内外著名媒体形成联动，采取"请进来"与"推出去"的办法，让中原文化走向全国、走向世界。

10. 挖掘培育中原人文精神

中原的"中"，自古以来在中国文化中不仅是一个地理空间概念，如中间、中心、中央、中原，也是一个文化概念，如中庸、中道、中和。中国文化的核心概念源自中原。《周易》有言："天行健，君子以自强不息；地势坤，君子以厚德载物。""自强不息""厚德载物"成了每一个中国人信奉的人生准则。中国传统文化中的三个主干文化儒、道、佛也在中原生根、发芽、开花、结果，和谐相处，共生发展，影响中国文化上千年，成为中国人的精神传统。今天，建设中原经济区，弘扬华夏历史文明，一方面要从传统文化汲取营养，如天人合一、以人为本、刚柔相济、以和为贵，发扬中原人开放、包容、大气、实干的优秀品质；另一方面又要吸取先进的现代思想理念，如科学、民主、法治、公平、正义，全面增强河南人的开放意识、市场意识、机遇意识和创新意识。在挖掘培育中原人文精神方面，一方面要有文化自信，相信我们只要努力、只要发展、只要创新，肯定会赢得尊重；另一方面要有文化自觉、文化自省，认识到自身的不足与缺陷，知耻而后勇，扬长而避短。人文精神的培育是一个渐进而漫长的过程，精神的蜕变与升华是一个浴火重生的过程。其中有继承，也有舍弃；有接纳，也有吸收；有肯定，也有批判；有学习，也有创造；有痛苦也有欣慰；有徘徊，也有前进。人文精神不只是一句口号，它更是一种素质、一种心态、一种氛围、一种胸怀、一种气度、一种气象。相信聪明的河南人，能够以崭新的精神面貌，面对历史，面向未来，以全新的气质形象让国人注目，让世界注目。

总之，华夏历史文明传承区建设是一个庞大而系统的工程，需要有组织、有计划、循序渐进地稳步推进，需要全社会方方面面的齐心协力，需要日积月累的默默奉献，需要一代又一代人的薪火传承，需要创造属于这个时代的文化精品。只要河南人团结一致，中原文化的伟大复兴就一定能够实现，中原文化也一定能够在当今时代发出灿烂夺目的光辉。

后　记

　　本书是河南省社科规划项目《运用新兴文化业态传承创新华夏历史文明对策研究》（2014GXW016）、郑州大学基础与新兴学方向"新媒体与公共传播"研究项目的最终研究成果。本研究先后历时两年，在大量调研的基础上，对新兴文化业态与华夏文明传播进行了系统深入的研究。在研究过程中，得到了我的研究生乔小纳、韩旭、穆毅、刘小妞、王颖颖、李畅、王彬、杨航西的大力帮助，我们一起采访、讨论、修改，十易其稿，并在2016年通过"郑大文化"公众号推出10期业界访谈，得到了良好的社会反响。在此，我对他们付出的心血和汗水表示诚挚的感谢！

　　屈指算来，我从2011年参加河南省《华夏历史文明传承创新区建设规划纲要》起草，到现在，对这个问题的思考已经持续五年。从国务院提出建设"华夏历史文明传承创新区"，到2016年10月河南省委、省政府正式颁布《华夏历史文明传承创新区建设方案》。我深深感觉到：历史的每一点进步，都有千万普通人的默默无闻的劳作，他们用自己的智慧和劳动，推动历史巨轮的缓慢向前，个人的价值和意义也因融入历史向前的洪流得以彰显。

　　在社会发展的过程中，作为知识分子的个人能对时代问题有所探寻，有所思考，有所贡献，不为功名利禄，只为社会责任，也就于心无愧，倍感欣慰。这，也许就是我的追求！